本专著为 2020 年广西创新驱动发展专项资金项目（广西科技重大
游+'智慧化服务技术研发与应用"（项目任务书编号：桂科 AA.
广西哲学社会科学规划研究课题"广西传统村落文化与旅游产业发展耦合机制及实现
路径研究"（项目编号：20FJY023）的研究成果。

广西节庆活动游客满意度
调查及影响因素研究

韦　夷　著

吉林大学出版社

·长春·

图书在版编目（CIP）数据

广西节庆活动游客满意度调查及影响因素研究 ／ 韦夷著.— 长春　吉林大学出版社，2023.11
ISBN 978-7-5768-2654-8

Ⅰ．①广… Ⅱ．①韦… Ⅲ．①旅游区－文娱活动－顾客满意度－研究－广西 Ⅳ．① F592.767

中国国家版本馆 CIP 数据核字（2023）第 232061 号

书　　名：广西节庆活动游客满意度调查及影响因素研究
GUANGXI JIEQING HUODONG YOUKE MANYIDU DIAOCHA JI YINGXIANG YINSU YANJIU

作　　者：韦　夷
策划编辑：邵宇彤
责任编辑：郭湘怡
责任校对：周　鑫
装帧设计：优盛文化
出版发行：吉林大学出版社
社　　址：长春市人民大街4059号
邮政编码：130021
发行电话：0431-89580028/29/21
网　　址：http://www.jlup.com.cn
电子邮箱：jldxcbs@sina.com
印　　刷：三河市华晨印务有限公司
成品尺寸：170mm×240mm　　16开
印　　张：22.5
字　　数：313千字
版　　次：2024年1月第1版
印　　次：2024年1月第1次
书　　号：ISBN 978-7-5768-2654-8
定　　价：98.00元

前　言

　　浓郁的民俗风情、悠久的历史文化，以及得天独厚的旅游资源为节庆活动的举办奠定了坚实的基础。作为全域旅游的助推器，节庆与各产业发展相融合，特别是以节庆促旅游，以旅游促发展，实现了"旅游＋"的创新战略。然而，综观节庆活动的举办现状，我国节庆活动类型多而较为杂乱，许多地区举办的节庆活动千篇一律，活动举办方效仿一些举办成功的节庆活动主题和形式来对本地区的节庆活动进行策划，却未突出当地特色，造成节庆活动文化内涵缺乏、主题重复、形式单一，进而导致游客对节庆活动的满意度下降。由于我国节庆活动繁多，广西节庆活动也面临诸多挑战，特别是同期举办的节庆活动已影响游客对旅游目的地的选择。在此竞争环境下，广西节庆活动亟待发挥自身优势，满足游客需求，提高游客的满意度与忠诚度，在吸引更多潜在游客的同时，防止游客流失，提升游客重游率，进而促进旅游可持续发展。可见，在充分竞争的市场环境下，面对诸多同质化产品，如何吸引更多的潜在游客，提高游客的满意度与忠诚度，提升旅游目的地的经济效益，使旅游目的地可持续发展，已成为旅游经营者关注的焦点。本书以广西主要节庆活动即南宁国际民歌艺术节、中国（柳州·三江）侗族多耶节、桂林国际山水文化旅游节、广西龙胜各族自治县红衣节、资源河灯节、中国·融水苗族芦笙斗马节、广西宜州刘三姐文化旅游节、中国壮乡·武鸣"三月三"歌圩节、广西宾阳炮龙节、梧州国际宝石节为案例，展开游客满意度调查，分析广西节庆活动游客满意度的状况及其影响因素，对游客满意度进行评价研究，并阐述广西节庆活动游客满意度的提升策略，以期在提高广西节庆活动举办质量、彰显广西节庆活动文化内涵、提升广西节庆活动品牌价值等方面提供一定的理论指导和案例借鉴，并对提升游客对该节庆活动体验的满意度、进一步提升广西城市知名度以及指导其他地区节庆活动的举办具有一定的现实意义。

目　录

第一章　绪论 　001

第一节　研究背景与意义 …………………………004

第二节　国内外研究现状 …………………………020

第三节　研究内容与方法 …………………………036

第二章　满意度理论基础与指标构建 　039

第一节　相关概念界定 ……………………………041

第二节　满意度基本理论分析 ……………………042

第三节　节庆活动游客满意度测量指标构建 ……045

第三章　广西节庆活动游客满意度调查分析 　047

第一节　南宁国际民歌艺术节游客满意度调查分析 …………049

第二节　中国（柳州·三江）侗族多耶节游客满意度调查分析 …063

第三节　桂林国际山水文化旅游节游客满意度调查分析 ………075

第四节　广西龙胜各族自治县红衣节游客满意度调查分析 ……089

第五节　资源河灯节游客满意度调查分析 …………………………104

第六节　中国·融水苗族芦笙斗马节游客满意度调查分析 ……118

第七节　广西宜州刘三姐文化旅游节游客满意度调查分析 ……133

第八节　中国壮乡·武鸣"三月三"歌圩节游客满意度调查分析 …146

第九节　广西宾阳炮龙节游客满意度调查分析 ……………………159

第十节 梧州国际宝石节游客满意度调查分析 …………… 164

第四章 广西节庆活动游客满意度影响因素分析 173

第一节 南宁国际民歌艺术节游客满意度影响因素分析 ……… 175

第二节 中国（柳州·三江）侗族多耶节游客满意度
影响因素分析 …………………………………… 183

第三节 桂林国际山水文化旅游节游客满意度影响因素分析 …187

第四节 广西龙胜各族自治县红衣节游客满意度影响因素分析 …190

第五节 资源河灯节游客满意度影响因素分析 ……………… 197

第六节 中国·融水苗族芦笙斗马节游客满意度影响因素分析 …205

第七节 广西宜州刘三姐文化旅游节游客满意度影响因素分析 …212

第八节 中国壮乡·武鸣"三月三"歌圩节游客满意度
影响因素分析 …………………………………… 216

第九节 广西宾阳炮龙节游客满意度影响因素分析 ………… 222

第十节 梧州国际宝石节游客满意度影响因素分析 ………… 226

第五章 原因分析及对策建议 231

第一节 影响广西节庆活动游客满意度的原因分析 ………… 233

第二节 提升广西节庆活动游客满意度的对策建议 ………… 259

参考文献 291

附录 301

南宁国际民歌艺术节游客满意度调查问卷 …………… 301

中国（柳州·三江）侗族多耶节游客满意度调查问卷 ………… 306

桂林国际山水文化旅游节游客满意度调查问卷 ………… 312

广西龙胜各族自治县红衣节游客满意度调查问卷 ………… 317

资源河灯节游客满意度调查问卷 …………………… 322

目　录

中国·融水苗族芦笙斗马节游客满意度调查问卷······················327

广西宜州刘三姐文化旅游节游客满意度调查问卷·····················332

中国壮乡·武鸣"三月三"歌圩节游客满意度调查问卷·········337

广西宾阳炮龙节游客满意度调查问卷·······························342

梧州国际宝石节游客满意度调查问卷·······························345

后记　　　　　　　　　　　　　　　　　　　　　　350

第一章　绪论

　　本章分三节，主要从研究背景与意义、国内外研究现状、研究内容与方法三部分展开论述。第一节以广西极具代表性的十个节庆活动即南宁国际民歌艺术节、中国（柳州·三江）侗族多耶节、桂林国际山水文化旅游节、广西龙胜各族自治县红衣节、资源河灯节、中国·融水苗族芦笙斗马节、广西宜州刘三姐文化旅游节、中国壮乡·武鸣"三月三"歌圩节、广西宾阳炮龙节、梧州国际宝石节为案例，分别从节庆活动的由来及举办概况两个方面展开论述，为广西节庆活动游客满意度调查及其影响因素研究做好背景铺垫。一方面，从提高广西节庆活动举办质量、加快广西节庆旅游产品的创新开发，以及提升广西旅游品牌知名度等方面提出本研究的理论意义；另一方面，从对提升游客广西节庆活动满意度、进一步提升广西各城市知名度，以及指导其他节庆活动的举办指出本研究的现实意义。第二节主要从节庆活动研究、游客满意度研究、节庆活动与游客满意度关系研究三个方面，对国内与国外的节庆活动研究现状展开论述。国内外学者针对节庆活动、游客满意度、节庆活动与游客满意度的关系三个方面开展了大量而有成效的研究，取得了较为丰富的研究成果。然而，一方面，研究对象主要集中于大型或知名的节庆活动，对少数民族的节事研究相对较少；另一方面，学者们多采用模糊层次分析法、logic回归法、重要性—绩效分析法对节庆活动游客满意度的影响因素进行归类，对满意度影响因素的敏感性程度分析方面还有所欠缺。节庆活动要实现可持续发展，就要因地制宜，具体问题具体分析，注重实地调查，特别是要重点关注少数民族节庆活动在提高服务质量及提升游客满意度这两个方面的实践。总之，从游客的角度出发，学者们对节庆活动的感知、期望和满意度缺乏深入、系统的研究和分析，这为笔者对广西节庆活动的研究提供了一定的学术空间和研究价值。第三节主要阐述学界对于节庆活动的研究内容与方法，本研究主要运用文献研究法、问卷调查法、数理统计法，在了解了与节庆活动游客满意度相关的最新研究成果并对其进行梳理和总结的基础上展开实地调研，向参加节庆活动的游客发放调查问卷，获取有效的数据资料，从而更深入地了解广西节庆活动的发展现状，并发现其中存在的问题，进而提出切实可行的解决方案。

第一节　研究背景与意义

一、研究背景

2023 年，《中共中央 国务院关于做好 2023 年全面推进乡村振兴重点工作的意见》发布，该意见提出，要推动乡村产业高质量发展，加快发展现代乡村服务业，发展乡村餐饮购物、文化体育、旅游休闲、养老托幼、信息中介等生活服务，实施文化产业赋能乡村振兴计划，实施乡村休闲旅游精品工程。中共中央办公厅、国务院办公厅印发的《关于实施中华优秀传统文化传承发展工程的意见》强调，到 2025 年，中华优秀传统文化传承发展体系基本形成，研究阐发、教育普及、保护传承、创新发展、传播交流等方面协同推进并取得重要成果，具有中国特色、中国风格、中国气派的文化产品更加丰富，文化自觉和文化自信显著增强，国家文化软实力的根基更为坚实，中华文化的国际影响力明显提升。文化是节庆活动的灵魂，传统文化品牌的构建是节庆活动生命力的源泉。作为与文化不可分割的节庆活动，对打造特色精品旅游产业，保护和传承丰富的少数民族文化旅游资源，抢救濒危文化遗产，实现旅游高质量发展，进而助力本地经济、社会、文化、管理等全方位振兴具有举足轻重的作用。

近年来，随着人们物质生活水平的不断提高，人们对生活质量有了更高的要求，特别是对文化产品、文化服务表现出了越来越高的需求。在旅游方面，人们不再满足于单纯的观光旅游，而是把目光转向了"体验旅游"，近年来，"旅游文化体验"成为游客最青睐的一种旅游形式。以传统文化为载体的节庆活动，依托当地的民俗风情、传统活动、特色产品、地理位置等，开展颇具地方特色的系列活动，使游客感受独特的民俗风情和历史文化，这种新型的旅游形式相较于传统、单一的观光型旅游更具吸引力。节庆活动的举办不仅能够吸引诸多外地游客，更能展现该地域的文化特色，传承和弘扬中华传统文化，同时也能够有效地促进当地旅游业的发展，带动区域经济发展，提升城市的知名度。然而，我国节庆活动仍有很大的发展空间。从横向对比，我国的节庆活动种类虽多，但相同类型的节庆活动模式雷同较大。节庆活动举办方盲目地仿效已有的活动主题和举办形式，却未彰显当地独特的文化魅力，以致节庆活动文化内涵缺乏、主题重复、形式单一、同质化严重，进而导致游客对节庆活动的满意度下降。从纵向对比，我国一些知名的节庆活动虽然举办多年，但活动举办方不再尽心策划下一届活动，而是机械地沿袭以往的举办模式，导致该节庆活动不再对游客具有吸引力，节庆活动的魅力逐渐消失，游客参与度也逐步下降。当前，广西节庆活动也面临诸多挑战，特别是同期举办的节庆活动已影响游客对旅游目的地的选择。南宁国际民歌艺术节、中国（柳州·三江）侗族多耶节、桂林国际山水文化旅游节、广西龙胜各族自治县红衣节、资源河灯节、中国·融水苗族芦笙斗马节、广西宜州刘三姐文化旅游节、中国壮乡·武鸣"三月三"歌圩节、广西宾阳炮龙节、梧州国际宝石节等节庆活动，作为集经济贸易、文化交流、旅游互通为一体的大型综合性节庆活动，对广西城市建设与发展产生了深远的影响。

（一）南宁国际民歌艺术节背景概况

1. 南宁国际民歌艺术节的由来

1993 年，广西国际民歌节诞生，这就是南宁国际民歌艺术节的前身。广西素有"歌海"之誉，是壮族歌仙刘三姐的故乡，这个地区自古以来便有"以歌会友、以歌传情"的风尚，并逐渐形成了以"歌"为主的民族节日盛会。20 世纪 90 年代末，政府将一年一度的"广西国际民歌节"命名为"南宁国际民歌艺术节"，每届定于年末举办。南宁国际民歌艺术节自 2004 年起与中国—东盟博览会达成合作，成为广西与国内外各地文化交流的重要平台。

2. 南宁国际民歌艺术节的举办概况

南宁国际民歌艺术节提倡"以歌会友"，自 2004 年与东盟博览会合作以来，每年都会有数十个国家、地区及国内的游客参加这一活动。2021 年 12 月 20 日，第 23 届南宁国际民歌节在南宁园博园开幕。本届南宁国际民歌艺术节在做好新冠疫情防控的前提下，以"好日子，歌里过"为主题吸引游客，并与园博园合作，首次进行实景演出，采取"线上 + 线下"的举办模式，打破了区域限制，实现了民歌节的线上全景展示。民歌节举办期间，园博园客流量有较大程度的提升，较节前增长了30% 左右，同时，南宁国际民歌艺术节的直播、转播点击量超过 1480万次。

3. 南宁国际民歌艺术节的宣传概况

由于纸媒这种线下宣传方式的辐射范围较小，笔者在此主要分析关于南宁国际民歌艺术节的线上宣传概况。一方面，前期宣传不足。按时间节点来看，南宁国际民歌艺术节在举办过后的曝光率明显大于举办前。究其原因，就是南宁国际民歌艺术节的举办方很少主动展示民歌节的内部信息，也不太注重活动的宣传、预热，这就会导致外部媒体难以在民歌节的官方网站上获得详细的音视频资源，只能依靠在活动举办期间以采访或直播的形式对民歌节进行宣传，以致民歌节的宣传力度不足、影响有限。另一方面，官方维护有待完善。按宣传媒体来看，对南宁国际民歌艺术节进行宣传的媒体分为民歌节官方、各广播电视台、权威性新媒体、自媒体这四种类型。南宁国际民歌艺术节官方的主要宣传阵地为微信公众号，但在公众号内，有关民歌节的宣传介绍信息并不多，其他如大地飞歌官网、抖音、微博等平台的民歌节官方账号，已有 3 ～ 5 年不再维护运营。至于各广播电视台、权威性新媒体、自媒体这三类，也如上文所述，只依靠活动举办期间以采访或直播的形式对民歌节进行宣传。

（二）中国（柳州·三江）侗族多耶节背景概况

1. 中国（柳州·三江）侗族多耶节的由来

"多耶"是侗语，有载歌载舞之意。"多耶"即"唱耶歌"，又称"踩歌堂"，是侗族最具代表性的大型集体舞蹈，起源于劳动，是侗族传统歌舞的形式之一。多耶主要流传于广西壮族自治区柳州市三江侗族自治县的老堡乡、丹洲镇、良口乡等13个乡镇和龙胜各族自治县的侗族地区。中国（柳州·三江）侗族多耶节（以下简称"多耶节"）一般在每年农历十月至十二月之间举办，自创办以来，三江侗族自治县人民政府就将其打造为侗家传统民俗与旅游文化结合的文化品牌。节日期间，侗族当地居民会举办侗族大歌赛、侗族琵琶舞、芦笙舞、特色民族服饰展示、"多耶"篝火晚会等颇具当地民族特色的民俗节庆活动。2021年5月24日，经中华人民共和国国务院批准，多耶被列入第五批国家级非物质文化遗产代表性项目名录。

2. 中国（柳州·三江）侗族多耶节的举办概况

作为广西柳州乃至全国范围内颇具影响力的传统民俗节庆活动之一，侗族多耶节以"欢乐、安定、友谊、团结"为主题，通过向群众传达"和谐、平等、大同"的理念，促进各民族之间的交流、交往、交融。自2003年首届侗族多耶节举办至今，吸引了国内外游客达百余万人，这一活动对当地"文化＋旅游"的新经济业态产生了巨大的推动作用。2021年10月28日，第十八届中国（柳州·三江）侗族多耶节在广西壮族自治区柳州市三江侗族自治县举办，32支来自当地的代表队在舞台上尽情欢唱、舞蹈，以系列民俗文化活动的轮番上演，彰显了侗族文化及当地民族的独特魅力。

在如今文旅融合的大背景下，侗族多耶节凭借其自身的仪式特性，发展成为游客参与民俗文化节庆活动时最具特色的体验项目之一。从非物质文化遗产传承及保护实践角度来考量，三江侗族自治县一直以"多耶"这一民俗文化为核心，全方位打造"侗族多耶"相关文化旅游活动，极大地带动了当地民众对侗族多耶传统文化的保护与传承意识。

作为中国十大最具民族文化特色的节庆活动之一，中国（柳州·三江）侗族多耶节有力地促进了三江侗族自治县侗族文化的保护与传承，也在一定程度上提高了当地群众的收入水平。中国（柳州·三江）侗族多耶节对三江侗族自治县旅游业的发展发挥了重要作用。2019 年，三江全县接待游客量达 1000.55 万人次，旅游消费总收入 80.59 亿元；2020 年，三江全县接待游客量达 698.05 万人次，旅游消费总收入 78.58 亿元；2021 年，三江全县接待游客量达 862.9 万人次，旅游消费总收入 102.48 亿元；2022 年，三江全县接待游客量达 846.5 万人次，旅游消费总收入 95.06 亿元。

2019-2022 年，因受新冠疫情的影响，2020 年，三江全县游客量相较于 2019 年减少了 302.5 万人次；2021 年，新冠疫情态势得以把控，国内旅游业逐渐复苏，三江全县游客量恢复上升趋势，相较于 2020 年，三江全县游客量增加 164.85 万人次，同比增长 23.73%，旅游社会总收入达 102.48 亿元；2022 年，仍受疫情影响，三江全县接待游客量和旅游消费总收入都有所下降，但能基本稳住现有市场份额，如图 1-1、图 1-2 所示。

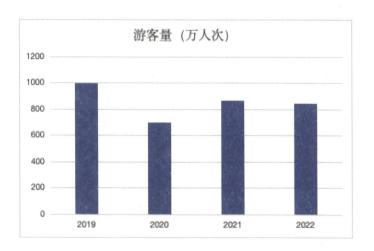

图 1-1　2019—2022 年三江全县接待游客量

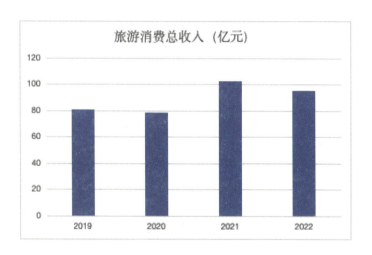

图 1-2　2019—2022 年三江全县旅游消费总收入

（三）桂林国际山水文化旅游节背景概况

1. 桂林国际山水文化旅游节的由来

20 世纪 80 年代到 90 年代后期，随着我国经济的迅速发展，广西的节庆活动在广西各地相继兴起。1992 年，为吸引更多中外游客来桂林旅游，桂林市人民政府抓住中华人民共和国国家旅游局（现中华人民共和国文化和旅游部）举办"中国友好观光年"活动这一契机，经广西壮族自治区人民政府同意，桂林市人民政府举办了首届"桂林山水旅游节"，并取得了良好的经济效益。1993年，第二届桂林山水旅游节更名为"桂林国际山水旅游节"，该届旅游节更突出了国际性，是当时我国向国际旅游界推出的中国40项精选节庆活动之一，也是"93中国山水风光游"桂林汇合点的一项活动。桂林国际山水旅游节每年的节庆活动主要分为旅游、文化、体育、美食、网络和展销等一系列配套活动，力争将此项节庆活动打造为具有桂林特色的旅游节庆活动。

2. 桂林国际山水文化旅游节的举办概况

（1）影响范围不断扩大，联动效应增强。从总体上来看，桂林国际山水文化旅游节的举办规模相对较大，涉及的范围也越来越广泛，目前已涉及旅游、文化、经济等诸多领域，具有极强的联动效应。首先，对于旅游业的发展，桂林国际山水文化旅游节在不同层次向世界展示了桂林旅游发展的新成果，吸引了更多的游客到桂林旅游，在很大程度上促进了桂林旅游业的发展；其次，在促进文化繁荣方面，桂林国际山水文化旅游节的举办彰显了桂林特色的历史文化，使游客受到了桂林历史文化的熏陶，同时也更好地传播了桂林的历史文化；最后，桂林国际山水文化旅游节对桂林的经济发展影响较为显著，经过多年的努力，桂林国际山水文化旅游节已发展成为广西节庆活动的一张名片，对各类投资商具有一定的吸引力，其为桂林经济的发展提供了重要平台。

（2）设施不断完善，活动场地不断升级。从旅游节举办初期较为简陋的活动举办场地，到2021年旅游节开幕式在融创会议中心举行、桂林打造世界级旅游城市文化旅游推介会在桂林大公馆举行、"桂林有礼·旅游商品"品牌发布会在桂林大剧院举办等，这些都表明了桂林国际山水旅游节的主办方不断加强节庆活动管理，建立健全节庆活动管理机制，不断完善基础设施，升级活动举办场地，致力提升该节庆活动的游客满意度。

（四）广西龙胜各族自治县红衣节背景概况

1. 广西龙胜各族自治县红衣节的由来

红瑶是龙胜各族自治县瑶族的一个支系，红瑶妇女爱穿自己编织的红衣衫，故称红瑶。每年农历三月十五或四月初八是龙胜泗水乡红瑶同胞聚会的时间，称为红衣节，红衣节是龙胜红瑶同胞所特有的节庆活动，有着悠久的历史。据地方志记载，早在元朝时，居住在该县境内的红瑶同胞就已于每年农历三月十五日身着盛装，聚集到泗水乡或龙脊山下，举行打旗公、推竹杠、对歌等民俗活动，并交换一年中所需的生产生活用品。而未婚青年则通过对山歌、吹木叶等方式相亲、传情。从1995年开始，红衣节已经成为每年广西龙胜各族自治县内的人民共同庆祝的节日，随着红衣节的内容越来越丰富，该节日被正式确定为广西重点少数民族节日。如今，红衣节已成为龙胜各族自治县向外界展示其历史文化、民俗风情、社会风貌的一个重要窗口，并发展成为瑶、苗、侗、壮等少数民族共同的节日，该节庆集民俗、艺术、商贸及旅游为一体，成为面向大众的民族盛宴。

2. 广西龙胜各族自治县红衣节的举办概况

2019年，民营企业入驻泗水乡，通过挖掘红衣节的文化魅力，发挥旅游的带动效应，打造出集旅游、文化、农业发展为一体的基地，由此带动了该地餐饮、住宿、娱乐、旅游产业的发展，使当地居民的收入有所增加，在一定程度上缓解了农村剩余劳动力的就业问题，促进了该地的经济发展，拉动了该地相关产业的发展。2021年7月15日，广西龙胜各族自治县红衣节如期举办，除了红瑶人民传统的晒红衣外，还举办了红瑶服饰加工、抬金狗走村串寨送祝福、体验红瑶传统婚礼等丰富多彩的民俗活动，吸引众多游客驻足，并激发了游客重游的意愿。在红衣节举办期间，龙胜县客流量较平时大幅增加，促进了龙胜县的经济发展，提高了龙胜县的知名度。但由于疫情影响以及红衣节创新度不够，相比2020年，2021年的游客量增长率未得以较好的提高。同时，龙胜各族自治县的交通线路建设不够完善，这也在较大程度上影响了游客对于该节庆活动的满意度。由于红衣节以打造传统活动内容和民俗民风为主，该地住宿、餐饮等环境相对较差，仅能满足游客的基本需求。

（五）资源河灯节背景概况

1. 资源河灯节的由来

资源河灯节是广西壮族自治区桂林市资源县当地最富有地方民俗特色的传统节日，俗称"七月半节""中元节"。历史上的资源是沟通桂北与湖南的大动脉，特别是清朝时期，资江是资源县最主要的水路运输渠道。资江水运繁忙，时常发生舟覆人亡的事故，不少河工、水手等都因意外不幸丧命于此。因此，为祭奠亡者，每逢农历七月十四中元节，人们会自发为在行船过程中遇难的水中亡灵投放河灯，寄托对亡者的哀思，并许下天下太平、五谷丰登、国泰民安等美好的心愿。资源河灯节经过几百余年的传承，相沿成俗。后来，河灯节又与资源当地五排苗寨的山歌习俗相融合，形成了资源独特的七月半河灯歌节。

2. 资源河灯节的举办概况

资源河灯节是资源县最具有代表性的节庆活动之一，是当地民俗文化的重要组成部分。2014 年，资源河灯节被列入第四批国家级非物质文化遗产代表性项目名录；2016 年，是该节庆活动全民参与度最高的一年，也是资源河灯节与当地旅游业融合得最为紧密的年度；2017 年以来，资源河灯节步入重大调整阶段，活动内容不断优化；2018 年，资源县举办的第 24 届资源河灯节，推出了一部具有浓郁民族特色的大型情景剧《河灯谣》，该剧让游客更好地理解了资源河灯节的文化内涵，进一步提升了资源县河灯节的影响力，使资源河灯节的知名度更上一层楼；2019 年，第 25 届资源河灯节依托浓郁的地方特色民族文化，充分发挥独特的自然资源核心优势，接待中外游客数十万人次；2020 年的资源河灯节受新冠肺炎疫情的影响，游客大幅度减少，该年的活动主要包括河灯漂放和文艺演出。如今，以民歌演唱、漂放河灯、文艺汇演为主体文化内涵的资源河灯节已逐渐形成一定规模，并形成了以祭祖、祈福、商贸、休闲娱乐等内容为主的地方性节庆活动品牌，成为资源旅游一张靓丽的文化名片。

（六）中国·融水苗族芦笙斗马节背景概况

1. 中国·融水苗族芦笙斗马节的由来

融水苗族有着悠久的斗马历史，500 年前，融水苗族斗马主要用于裁决婚姻，因此，斗马能手最能赢得苗家姑娘的喜爱。在同一个村寨里，要是几个男青年同时喜欢一个姑娘，村里的长辈们就会采取斗马比赛的方式来决定谁能迎娶这位苗家姑娘——谁斗马赢，谁就最有资格迎娶他心仪的姑娘。随着社会的发展与人们思想的变化，以斗马裁决婚姻的方式也随之发生了变化，斗马逐渐走进大众视野，受到越来越多人的追捧，喜欢观看斗马比赛的人也越来越多。如今，融水苗族斗马逐步演变成苗家人的一项重要节庆活动——苗族坡会。斗马节这一天，县城笙歌震天，鞭炮齐鸣，村寨的人们盛装出席，无论男女老少，都穿着手工制作的苗族服饰，跳起欢快的芦笙踩堂舞。这时，精神抖擞的苗家马主会牵着各自的马匹从四面八方来到斗马场。斗马比赛先由马主以拈阄定人的方式展开初赛，两两相斗，出线者参加复赛和决赛，以此类推，角逐出最后名次。1987 年，融水苗族自治县人民政府把县庆日——11 月 26 日定为斗马节，并于 2000 年正式将斗马节改名为"中国·融水苗族芦笙斗马节"。2013 年，"中国·融水苗族芦笙斗马节"还被评为"中国最具民族特色节庆"。

2. 中国·融水苗族芦笙斗马节的举办概况

从 2000 年到 2021 年，融水苗族自治县已经成功举办了 19 届中国·融水苗族芦笙斗马节。20 多年来，中国·融水苗族芦笙斗马节斩获了不少荣誉称号，但该节庆的影响力还有待进一步提升。2006 年，中国·融水苗族芦笙斗马节入选国家非物质文化遗产；2010 年，融水苗族自治县荣获"中国芦笙斗马文化之乡"称号，此后，融水苗族自治县人民政府以中国·融水苗族芦笙斗马节为契机，努力将融水苗族自治县打造成为中国乃至世界苗族文化的传承地。在 2010 年到 2015 年期间，该节庆活动由柳州市人民政府主办，融水苗族自治县委、县人民政府承办。2016 年，融水苗族自治县人民政府对该节庆活动的举办方式进行创新，由"官办"转化为"民办"，走市场化路线，活动内容更加丰富多彩，吸引了大量游客前来参与。当前，中国·融水苗族芦笙斗马节还处于发展时期，影响力仍有待提升，该节庆活动的参与者更多的是当地居民。融水苗族自治县人民政府对中国·融水苗族芦笙斗马节的宣传方式较为单一，并且，融水苗族自治县的交通不够便利，即使有外地游客了解到该节庆活动也不太愿意大费周章前来参与，再加上场馆等基础设施不够完备，影响了斗马节的整体举办质量。受到新冠疫情影响，中国·融水苗族芦笙斗马节于 2020 年和 2021 年连续两届停止举办，给该地区带来了较大的影响。一方面，中国·融水苗族芦笙斗马节的知名度有待进一步提升，但因疫情原因停滞举办两年，使得该节庆的关注度下降；另一方面，中国·融水苗族芦笙斗马节的举办时间是每年 11 月末，正是该地旅游淡季。在这两方面的影响下，当地旅游业等相关产业的发展也受到了一定程度的阻碍。

（七）广西宜州刘三姐文化旅游节背景概况

1. 广西宜州刘三姐文化旅游节的由来

自 1958 年广西壮族自治区成立以来，刘三姐文化受到广西各级党委、各级政府和各地区人民的高度重视。经过发掘、整理和推广，如今，刘三姐文化已成为壮族文化的代表。2001 年 9 月，中国共产党广西壮族自治区委员会党校宣传部在宜州召开的刘三姐文化品牌研讨会上，将刘三姐定位为壮族民间歌手和"歌仙"。2006 年，广西壮族自治区河池市宜州区申报的"刘三姐歌谣"，入选第一批国家级非物质文化遗产名录。为响应国家号召，广西壮族自治区河池市宜州区深挖本地区文化资源，从 2010 年开始，每年在宜州举办刘三姐文化旅游节。该节庆活动通过打造一系列以刘三姐文化为主题的民俗活动来吸引全国各地的游客，包括"刘三姐杯"全国山歌邀请赛、刘三姐故居风情之旅、宜州特色美食展览会、文艺晚会等。经过多年的发展，广西宜州刘三姐文化旅游节已经发展得非常成熟，现已荣获"中国最具民族特色节庆品牌"。

2. 广西宜州刘三姐文化旅游节的举办概况

广西宜州刘三姐文化旅游节以歌为媒、以节会友，自 2010 年举办以来，广西壮族自治区河池市宜州区每年的客流量达几十万人。2021 年 12 月 10 日，第十二届广西宜州刘三姐文化旅游节开幕式在宜州区人民文化公园举行，活动持续举办至 12 月底。活动举办期间，宜州区内的客流量较节庆前有明显增长，各旅游景区的客流量和各大酒店的平均入住量也有大幅度增长。

截至 2021 年，广西宜州刘三姐文化旅游节虽已举办十二届，但其举办规模与节庆活动影响力并不如前。这主要是由于在节庆活动项目策划方面，每一届刘三姐文化旅游节的活动项目都过于相似，活动形式老套，内容缺乏创新，每一年所策划的活动项目都离不开开幕式文艺汇演、刘三姐山歌会、刘三姐风情之旅、美食展、旅游商品展这几项，甚至有些活动与刘三姐文化毫不相关。另外，该文化旅游节的持续影响力不够强，节庆活动举办的时间不够长。

（八）中国壮乡·武鸣"三月三"歌圩节背景概况

1. 中国壮乡·武鸣"三月三"歌圩节的由来

歌圩节是广西人民在农历三月初三这天，为纪念刘三姐、弘扬壮族文化而举办的特殊节庆活动，内容以男女青年对唱山歌为主。南宁市武鸣区的人民对于"三月三"文化的传承是最完整的，这种文化习俗主要在武鸣区东部的罗波镇、两江镇、陆斡镇、马头镇以及武鸣区西部的锣圩镇、灵马镇流传。为响应国家对非物质文化遗产的保护的号召，武鸣区政府在 2003 年正式将"歌节"复名为"歌圩节"。经中华人民共和国国务院批准，2014 年 11 月 11 日，"歌圩节"正式列入第四批国家级非物质文化遗产名录。如今，广西壮族自治区南宁市武鸣区的"三月三"歌圩节已发展成为全国规模最大、历史最为悠久的大型民族节庆活动，该节庆活动的举办对当地旅游业和经济的发展都有极大的推动作用。

2. 中国壮乡·武鸣"三月三"歌圩节的举办概况

在素有"中国壮乡"之称的武鸣，农历三月初三是其"第二个春节"，作为壮族文化的发源地之一，武鸣有着独特的歌圩节文化。为传承发展歌圩节文化，武鸣从 1980 年起开始举办"三月三"壮族歌节，每到农历三月初三，壮家人聚在一起，唱对应答，四方游客闻歌而来，热闹非凡。在歌圩节活动进行期间，人们还会举办壮族独具特色的山歌擂台赛、千人竹竿舞、抛绣球、抢花炮等文体活动，使游客完全融入歌圩节。经过多年打造，中国壮乡·武鸣"三月三"歌圩节已发展成为广西壮族自治区一张亮眼的文化名片。虽然中国壮乡·武鸣"三月三"歌圩节的举办取得了较大的成功，但仍存在诸多不足。一是城市接待力有待提升。歌圩节举办期间，该地区的公共服务设施集中摆放，对居民的生活产生了一定的影响，并且，在歌圩节结束后，这些设施的利用率较低。与此同时，活动期间，武鸣的餐饮、住宿及其他一些旅游配套服务有待提升。二是经济文化结合力度不够。随着节庆活动形式的增加，武鸣区政府在追求经济效益的同时忽略了对本地区文化内涵的进一步挖掘，在歌圩节中加入了过多的商业化内容，包括一些杂技表演、相声、模特走秀等与主题相关性不大的活动。从短期效果而言，这些形式多样的活动能够吸引人，但深厚的壮族文化内涵却未得以很好的彰显，特色性不够鲜明，对游客的吸引力不够，长此以往，会导致游客满意度下降。三是公众参与度不够高。在近几年的歌圩节活动中，愿意凑在一起唱山歌的人越来越少，这是由于活动主办方要求上台表演的个人及团体全部要经过长时间训练，这直接导致了这一古朴、即兴表情达意的山歌失去了亲切感，使人们不能随心所欲地传递情感。这在一定程度上背离了人们最初唱山歌的初衷，人们也因此降低了自己的参与度，山歌的魅力在越来越精致的歌圩节中逐渐消失。

（九）广西宾阳炮龙节背景概况

1. 广西宾阳炮龙节的由来

宾阳炮龙节是南宁市宾阳县一个融合了汉族与壮族文化的综合性民间节庆系列活动，这是一个全国少有的特色文化节庆活动，该活动每年农历正月十一日都会在当地隆重举行，宾阳炮龙节的活动内容包括舞炮龙、灯会、游彩架等。

关于广西宾阳炮龙节的起源，流传着许多种说法。一种说法认为炮龙节已创立了三百多年，创始于明清时期芦圩镇的卢氏家族；另一种说法则认为该节日起源于另一个节日——灯酒节，理由是这两个节日不仅时间一致，祈求人丁兴旺的风俗也一致。[①] 还有一种说法认为，宾阳炮龙节与1053年狄青元宵夜袭昆仑关有关，学者们还通过翻阅史书证明狄青说，"以达到正本清源"[②]。

2. 广西宾阳炮龙节的举办概况

广西宾阳炮龙节蕴含丰富的民俗文化，曾被中央电视台称为"中华一绝"，宾阳县自2007年成功举办首届宾阳炮龙节以来，吸引了众多的游客，一年比一年办得出色，宾阳炮龙节在2008年6月被列入第二批国家级非物质文化遗产名录。在2007—2009这三年，政府和有关行业主管部门主办了三届宾阳炮龙节，炮龙节的规模逐渐扩大。炮龙节的兴起也为当地带来了新的发展机遇，2018年炮龙节期间，宾阳县成功打造了一系列文化旅游活动，重点发展武陵"品绿留香"、黎塘欧阳村、邹圩清水河等生态乡村旅游景点，给宾阳炮龙节营造了一个良好的发展环境。2019年，宾阳炮龙节吸引了数十万居民和游客参与到舞炮龙活动中，体验节日氛围。这十万参与者中大多是宾阳县本地以及宾阳县周围的外地

① 黄建团.国家级非物质文化遗产舞炮龙研究进展与评述[J].山东体育科技,2017,39(5):11-16.
② 游伟民,覃凤余.从宾阳"炮龙节"源于狄青夜袭昆仑关说起[J].广西民族研究,2009(3):134-137.

游客，也有来自北方的游客，但数量较少，由于外地游客对该节庆活动的了解甚少，宾阳炮龙节的品牌知名度仍较低。2020 年和 2021 年，由于受到新冠疫情的影响，宾阳炮龙节活动暂停举办。

广西宾阳炮龙节独特的活动吸引了众多游客前来参加，为宾阳县带来了一定的经济收益，在一定程度上促进了宾阳县旅游业、交通业、餐饮业的发展。广西宾阳炮龙节还影响着当地体育运动的发展，上至县城下至村落，都开展了迎炮龙体育活动，如以炮龙为主题的篮球赛和拔河比赛等。宾阳炮龙节在产生一定积极影响的同时，也带来了一定的消极影响，如宾阳炮龙节的成功举办对该地区地面卫生、空气质量造成了较大的污染。

（十）梧州国际宝石节背景概况

1. 梧州国际宝石节的由来

梧州人工宝石曾在世界上享有独特的美誉且得到了各地区宝石商的认可。梧州市人民政府规划出梧州宝石加工村、宝石城等地专门生产、加工、交易宝石。号称"世界人工宝石之都"的梧州，从 2004 年开始，为打响城市招牌，打造国内独一无二的节庆活动，举办了每年一度的国际宝石节。梧州国际宝石节通过一系列的展览、经贸活动成功推动了梧州的经济发展，现已发展为梧州规模最大、规格最高、影响最大的经贸盛会。

2. 梧州国际宝石节的举办概况

从历年梧州国际宝石节的举办情况来看，世界各地的天然珠宝、人工宝石生产商、加工商齐聚梧州。参加 2020 年第十七届梧州国际宝石节的企业在 350 家左右，其中，来自东南亚国家的珠宝企业通过了解由梧州市人民政府主办的一系列经济发展合作和文化、商贸旅游活动，纷纷将大批项目落户梧州。自梧州国际宝石节举办以来，每一年的展览会、交流会都会给该地带来巨大的经济效益。

在梧州国际宝石节举办期间，该地还会举办文化旅游艺术作品展览、风筝邀请赛、城市设计周等诸多群众喜闻乐见的活动，通过活动拉动旅游、房地产等相关行业的发展，形成节庆消费高峰。同时，梧州国际宝石节还举办了自媒体带货活动，在宝石节现场进行网红直播活动，有效增加了宝石节的曝光率，也在一定程度上促进了该城市的经济发展。

梧州国际宝石节坚持"政府主导、市场运作、企业参与"的办会经验和原则，全力保障各类展会的商品品质，致力实现口碑和效益双丰收。梧州国际宝石节的举办给当地带来了巨大的经济效益，带动了当地旅游业的发展，为该城市带来了更多的发展机会，大大提升了该城市的知名度。

二、研究意义

本书以广西极具代表性的十个节庆活动为案例，展开游客满意度调查，分析广西节庆活动的游客满意度及其影响因素，对游客满意度进行评价研究，并阐述广西游客满意度的提升策略，以期在提高广西节庆活动举办质量、加快广西节庆旅游产品的创新开发，以及提升广西旅游品牌知名度等方面提供一定的理论指导，对提升游客广西节庆活动满意度、进一步提升城市知名度以及指导其他节庆活动的举办具有一定的现实意义。

（一）理论意义

第一，以广西极具民族特色的节庆活动为例展开研究，分析广西节庆活动的游客满意度及其影响因素，为广西节庆活动的游客满意度研究提供一定的理论指导和案例借鉴。

第二，以广西节庆活动的游客为调研对象，对其进行满意度调查，提出游客满意度的提升策略，从而为其他节庆活动的可持续发展提供一定的理论方法。该研究在一定程度上丰富了会展业顾客满意度理论。

第三，本研究结论对其他节庆活动的游客满意度测评具有一定的理论指导意义。

（二）实际意义

第一，帮助广西节庆活动主办方更好地分析游客满意度及其影响因素。

第二，分析广西节庆活动在举办中存在的问题，并提出具有针对性的改进策略，充分发挥广西节庆活动的自身优势，更好地满足游客的需求。

第三，帮助广西节庆活动在举办中取得更好的经济效益和社会效益，进一步提高广西节庆活动的举办质量及品牌知名度，促进其健康、持续地发展。

第四，帮助广西节庆活动的主办方建立更加完善的运作管理机制，使广西节庆活动提升自身竞争力，提高游客满意度，对指导其他节庆活动的科学测评具有重要的现实意义。

第二节　国内外研究现状

一、国外研究现状

（一）节庆活动研究

国际学术界对节庆活动的研究可以追溯到 20 世纪 60 年代，笔者主要从节事的概念、节事的影响、节事的管理三个方面来谈国外学者对节庆活动的研究。

从节事的概念而言，美国一位历史学家提出了"pseudo-event"的概念，即"伪事件"，也称"媒介事件"。媒介事件是指通过设计刻意创造出来的新闻，具有人为策划、宣传报道两个特点。[①]美国学者里奇

---

① Daniel J. Boorstin. The Image: A Guide to Pseudo-events in America[M].Vintage Books,1962:1-15.

（Ritchie）在 1984 年最先对节庆活动进行定义，认为节事旅游是从长远或短期目的出发，一次性或重复举办的、延续时间较短的活动，并强调节事旅游的目的是加强外界对于旅游目的地的认同、增强其吸引力、提高其经济收入。① 一些学者将大多数在短时间内发生的活动统称为节庆活动，包括特殊事件和标志时间等。

从节事的影响而言，一方面，节庆活动能够对旅游目的地产生影响。里奇（Ritchie）指出，成功举办大型节庆活动对提高举办城市的影响力、促进举办城市的经济发展等方面会产生显著影响；② 迪曼奇（Dimanche）以大型体育赛事为例，从社会、文化、经济以及城市基础设施等方面研究了大型节庆活动对举办地的影响；③ 学者唐纳德·盖茨（Donald Getz）通过对社会科学的分析和研究，认为举办节庆活动在提升举办地的市场竞争力上有显著作用；④ 学者韦尔特哈根（Welthagen）在研究中提到，节庆活动的举办能够较为明显地促进城市景观的建设，他认为节庆活动在城市景观中发挥着中流砥柱的作用，其在城市的发展、创新和旅游相关政策方面具有较强的地方特色；⑤ 关于节庆活动对旅游目的地产生的影响，国外学者认为可以从众多方面进行分析，节庆活动影响一个城市的经济、社会人文等方面，不仅可以提高一个城市的综合竞争力，也可以带动该城市的社会资源重新活跃起来。另一方面，节庆活动能够对游客产生影

---

① Ritchie J R B.Assessing the impact of hallmark events:conceptual and research issues[J].Journal of travel research,1984,23(1):2-11.

② Ritchie J R B,Smith B H.The impact of a mega-event on host region awareness:a longitudinal study[J].Journal of travel research,1991,30(1):3-10.

③ Dimanche,Frederic.Special events legacy:the 1984 Louisiana world's fair in New Orleans[J].Festival management and event tourism,1996,4(1-2):49-54.

④ Getz D,Page S J.Progress and prospects for event tourism research[J].Tourism management,2016:593-631.

⑤ Welthagen L,Geldenhuys S. Attendee satisfaction in festival activity:Innibos National Arts Festival[J]. African journal of hospitality,tourism and leisure,2015,4(1):1-9.

响。赛义德·阿巴斯安（Saeid Abbasian）认为，节庆活动对游客具有重要意义，节庆活动的举办有助于增加游客对当地生活的好感度，特别对游客、移民来说，会产生多方面的积极影响。[①]

从节事的管理而言，大型活动教育学家乔·戈德布拉特（Joe Goldblatt）在其著作中，从如何正确制订计划、如何定位等多个方面对节庆活动的经营管理进行研究，从而达到培养更多节庆活动策划方面的专业人士的目的。[②]梅尔维·洛尼拉（Mervi Luonila）等人认为，节庆的营销与节庆的品牌建设在节事管理中至关重要，声誉、口碑与文化品牌息息相关，这些因素对塑造一个有文化意义的节庆活动具有重要意义。[③]因塔森·蒙蒂拉（Intason Montira）等学者以泰国松克兰节为研究对象，对该节日标志性的文化事件、旅游和商业活动之间的相互作用进行考察，提出节庆活动管理还应涉及空间和时间维度的管理。[④]费尔贾尼奇·霍达克·达尼耶拉（Ferjanić Hodak Danijela）等人从动机理论、动机维度、动机的满足三个方面考察了游客参与节庆活动的动机。[⑤]修尼泽·马丁（Schnitzer Martin）等研究者在2020年首次将项目管理运用在了体育赛事的组织上，他们深入分析了管理方法在组织体

① Abbasian S. Disparate emotions as expressions of Well-Being:impact of festival participation from the participants' subjective view[J].International journal of environmental research and public health,2023,20(1):1-12.

② Joe Goldblatt,Frank Supovitz.Dollars and events:how to succeed in the special events business[M].New York:John wiley&sons inc,1999:2-6.

③ Luonila M,Suomi K,Johansson M.Creating a stir: the role of word of mouth in reputation management in the context of festivals[J]. Scandinavian journal of hospitality and tourism,2016,16(4):461-483.

④ Intason M,Lee C,Coetzee W.Examining the interplay between a hallmark cultural event,tourism,and commercial activities:A case study of the Songkran Festival[J]. Journal of hospitality and tourism management,2021,49:508-518.

⑤ Ferjanić H,Goran,Vlahov.Towards better understanding electronic music festivals motivation[J].Zagreb International Review of Economics and Business,2020,23(2):141-154.

育赛事过程中的重要性。①

（二）游客满意度研究

20 世纪 60 年代早期，美国学者开始对顾客满意度的研究。卡多佐（Cardozo）研究了期望差异理论以及产品绩效在顾客满意度形成过程中的作用，这一研究奠定顾客满意度的研究基础。②游客满意度是由顾客满意度演变而来，起源于制造业的产品质量和服务质量研究。国外有关游客满意度的研究主要从游客满意度的概念、游客满意度的影响因素以及游客满意度测评等方面展开。

一是游客满意度的概念方面。美国学者匹赞姆（Pizam）早在 1978 年就提出了游客满意度的概念，为学界研究游客满意度提供了理论基础。他认为，游客满意度是游客预期与体验相比较的结果，若游客预期与体验感受相当或者体验感受大于预期，则游客对此次的旅途感到满意。③奥利弗（Oliver）提出游客满意度是游客体验得到满足后的心理状态，即游客满意度需要根据旅游产品和服务满足游客需求的程度进行评价。④

二是游客满意度的影响因素方面。匹赞姆等人通过对美国科德角海滨的游客进行满意度调查，提出了海滩环境、游憩机会、花销成本、居民友好度、餐饮和住宿设施、商业化程度等满意度因子。⑤刘车贤（Chenyun Ryn）通过对韩国首尔的外来游客进行调查，在影响游客满意度的几个因素中，如购物、安全、公共交通等，最终发现城市景观对游

---

① Schnitzer M,Kronberger K,Bazzanella F,et al.Analyzing project management methods in organizing sports events[J].SAGE Open,2020,10(4):1-13.

② Cardozo R.Customer satisfaction:Laboratory study and marketing action[J].Journal of marketing research,1964,(2):244-249.

③ Pizam A.Tourism's impacts:The social costs to the destination community as perceived by its residents[J].Journal of travel research,1978,16(4):8-12.

④ Oliver R L.A cognitive model of the antecedents and consequences of satisfaction decisions[J].Journal of marketing research,1980,17(4):460-469.

⑤ Pizam A,Neumann Y,Reichel A.Dimensions of tourist satisfaction with a destination area[J].Annals of tourism research,1978,5(11):314-322.

客满意度的影响最大。① 萨克塞纳（Saxena）等人探讨了国际游客满意度对他们未来行为意向的影响，研究表明，吸引力、可进入性和活动部分的属性是外国游客最看重的。② 托拉比·扎比哈拉（Torabi Zabih Allah）等人的研究表明，在全球疫情流行期间，增加智慧旅游过程中游客的高自由度、高参与性和高交互性探索功能，有利于提升游客满意度和重游意愿。③

三是游客满意度的测评方面。学者尹有植（Yoon）以模型构建手段为基础，论证分析了促使游客出游的原因与游客满意度两者之间的关联。④ 塔帕克（Tapak）等人从服务和产品两方面对游客感知质量、满意度和忠诚度之间的关系进行了研究，并提出了感知质量模型。⑤ 韩国学者刘车贤（Chehyun Ryu）和权永相（Youngsang Kwon）的研究表明，在购物体验、游玩安全性、公共交通服务等影响游客满意度的要素中，城市景观对游客满意度的影响最大。⑥ 苏哈达·法尔哈纳·阿德南（Syuhada Farhana Adnan）等人用度假满意度模型（HOLSAT）确定了游客期望和

① Ryu C,Kwon Y.Elements that affect foreign tourists' satisfaction: a case study in Seoul,Korea[J].Urban design international,2021,26(2):197-207.

② Saxena A,Sharma N K,Pandey D,et al.Influence of tourists satisfaction on future behavioral intentions with special reference to desert triangle of rajasthan[J]. Augmented human research,2021,6(1):1-9.

③ Torabi Z A,Shalbafian A A,Allam Z,et al.Enhancing memorable experiences,tourist satisfaction,and revisit intention through smart tourism technologies[J]. Sustainability,2022,14(5):2721.

④ Yoon Y,Uysal M.An examination of the effects of motivation and satisfaction on destination loyalty:A structural model[J].Tourism management,2005,26(1):45-56.

⑤ Tapak L,Abbasi H,Mirhashemi H.Assessment of factors affecting tourism satisfaction using K-nearest neighborhood and random forest models[J].BMC research notes,2019,12(1):1-5.

⑥ Ryu C,Kwon Y.Elements that affect foreign tourists' satisfaction: a case study in Seoul,Korea[J].Urban design International,2021,26(2):197-207.

21个冒险小屋游客旅游经历之间的差值。[①]

（三）节庆活动与游客满意度关系研究

国外有关节庆活动与游客满意度关系的研究主要从节庆活动游客满意度影响因素、节庆活动游客满意度模型和研究方法。

一是节庆活动游客满意度影响因素方面。阿洪德内贾德（Akhoondnejad）等研究者为探究节庆活动的质量与游客满意度、忠诚度之间的关系，他们以参观观众为研究对象，结果表明节庆活动的质量与游客满意度存在正相关关系。[②]丽塔·保罗（Rita Paulo）等人提出感知质量直接影响总体满意度。[③]奥利纳－奥梅兹（Jesús Molina-Gómez）等学者提出，游客在节庆活动期间的感知属性分为有形方面（节日娱乐和美学）和无形方面（逃避和教育），他也通过构建结构方程模型的方式解释了节庆活动属性对游客满意度的影响。该模型以西班牙参加周末海滩节的440人为样本进行估计，研究结果表明，有形属性对游客满意度的影响更大，具体而言就是人们更加看重旅游目的地的环境体验。[④]学者马丁·修尼泽（Martin Schnitzer）等人通过对大型体育赛事的实证研究，指出口碑传播对游客满意度有明显影响。[⑤]

二是节庆活动游客满意度模型和研究方法方面。学者梅菲尔德

① Farhana S A,Irwana S O. Assessing the tourists satisfaction of adventure lodges: a case study of Tadom Hill Resorts, Malaysia[J]. Journal of ecotourism,2022,21(4):295-310.

② Akhoondnejad,Arman.Loyalty formation process of tourists in sporting event:the case of Turkmen horse races[J].Journal of hospitality and tourism management,2018,34:48-57.

③ Rita P,Oliveira T,Farisa A.The impact of e-service quality and customer satisfaction on customer behavior in online shopping[J].Heliyon,2019,5(10):2-21.

④ Molina-Gómez J,Mercadé-Melé P,Almeida-García F,et al.New perspectives on satisfaction and loyalty in festival tourism:The function of tangible and intangible attributes[J].PLOS ONE,2021,16(5):236-246.

⑤ Schnitzer M,Barth M. Does sport event satisfaction remain stable over time?[J]. International journal of tourism research,2019,21(6):785-789.

（Mayfield）和克伦普顿（Crompton）抽样调查并分析了接近300个活动组织者，并探讨了节庆活动主办方应该如何营销的问题。[①]基思·杜瓦（Keith Dewar）运用跨文化法比较了参与节庆活动的不同游客的动机差异，分析了跨文化对节庆活动与营销活动产生的积极意义。[②]学者苏珊娜·马尔科维奇（Suzana Marković）采取多元回归分析法，得出了游客对活动策划的深层感知、节庆活动工作人员服务质量的高低、节庆活动所涉及范围以及当地基础设施设备的便利性和可到达性都是影响游客进行节庆活动总体满意度评价的关键性因素这一结论。[③]阿塞雷斯·辛塔耶胡·艾纳勒姆（Aseres Sintayehu Aynalem）等人调查分析了游客对参与型节庆活动的期待，并建立了一个 Ecoserv 模型。[④]

综上所述，国外学者针对节庆活动、游客满意度、节庆活动与游客满意度的关系三个方向开展了大量的研究，取得了较为丰富的研究成果。在此基础上，学界对节庆活动中的游客满意度有了更加深入、全面、系统的了解，有效地指导了提高游客满意度的实践。同时，从研究对象上看，游客满意度的研究正由某个特定节庆活动上升到一般节庆活动，理论研究的普适性逐渐增强。然而，节庆活动要实现可持续发展，仍要因地制宜，具体问题具体分析，注重实地调查，特别是要重点关注提高服务质量及提升游客满意度这两个关键点。

① Mayfield T L,Crompton J L.The status of the marketing concept among festival organizer[J].Journal of travel research,1995,33(4):14-22.

② Dewar K,Meyer D,Li W M.Harbin,lantems of ice,sculptures of snow[J].Tourism management,2001,22(5):523-532.

③ Suzana M.How festival experience quality influence visitor satisfaction?A quantitative approach[J].Naše gospodarstvo/Our economy,2019,65(4):47-56.

④ Aseres S A,Sira R K.An exploratory study of ecotourism services quality(ESQ) in bale mountains national park(BMNP),Ethiopia:using an ECOSERV model[J].Annals of Leisure Research,2019(6):1-21.

二、国内研究现状

（一）节庆活动研究

我国对于节庆活动的研究起步于 20 世纪 80 年代，主要集中在如下三个方面，分别是关于节庆活动的概念、内涵方面的研究，关于节庆活动的影响方面的研究，以及关于节庆活动策划管理方面的研究。

一是关于节庆活动的概念、内涵方面的研究。吴必虎认为，节庆活动是一种由各类特殊活动或事件组成的现象。[①]余青等人认为，节庆活动是基于地方特色文化和发展战略，以节庆和展览等形式开展的一系列特色活动或事件。[②]戴光全指出，节事是一个舶来概念，由"节"和"事"组成，是节日（festival）和特殊事件（special event）的统称。[③]来逢波提出，节庆活动具有广泛的群众参与性，是一种依据特定主题并经过精心策划后举行的人们日常 + 生活体验以外的群体性消费、娱乐或休闲活动。[④]

二是关于节庆活动的影响方面的研究。戴光全、保继刚认为，节庆活动的开展有利于提升旅游目的地的品牌效应，吸引不同的客源市场。[⑤]杨洋等学者基于游客需求的视角，对节庆活动的吸引力感知维度进行探讨，研究采用扎根理论和实证研究，通过路径分析之后，得出在众多维度中，节事介入维度对游客的参与决策的影响值最大。[⑥]刘瑶指出，成功举办节庆活动不仅可以提升品牌影响力，而且对于地方文化以及经济发

---

① 吴必虎. 区域旅游规划原理 [M]. 北京：中国旅游出版社 ,2001:5-6.
② 余青，吴必虎，廉华，等. 中国节事活动开发与管理研究综述 [J]. 人文地理 ,2005,20(6):56-59.
③ 戴光全，保继刚. 西方事件及事件旅游研究的概念、内容、方法与启发（上）[J]. 旅游学刊，2003(5):26-34.
④ 来逢波. 会展概论 [M]. 北京：北京大学出版社 ,2012:112-113.
⑤ 戴光全，保继刚. 城市节庆活动的整合与可持续发展：以昆明市为例 [J]. 地域研究与开发，2007(4):58-61,78.
⑥ 杨洋，李吉鑫，崔子杰，等. 节事吸引力感知维度研究 [J]. 旅游学刊,2019,34(6):85-95.

展也能够产生较为明显的影响。① 我国学者孙鹏义提出，节庆活动所吸引的各种资源对于城市各方面的发展有显著的影响。② 学者张涛认为，举办文化节庆活动能够生动形象地展示国民生活、发扬民族文化和打造国家品牌，并表示节庆活动在构建、恢复和提高国家认同方面也发挥着独一无二的作用。③ 袁婷认为，标志性节事对提高城市认知、宣传城市形象和推动经济发展等方面有显著影响。④

三是关于节庆活动策划管理方面的研究。梁红莲为推动节庆活动举办地旅游业的发展，指出在节事旅游发展的过程中存在主题特色不鲜明、创新性不够、知名度不高、分工不明确、基础设施滞后等问题，并提出了相应的解决策略。⑤ 戴光全等研究者分析了节庆活动的新常态，从节事发展、节事业态、节事运作和节事性质四方面出发，认为我国节庆活动的需求从旅游需求向旅游休闲需求的转变会带动目标群体的转变，这种转变能够使节庆活动更好地适应多元化市场消费需求。⑥ 匡翼云从空间视觉出发，对四川彝族火把节进行了研究，分析了其可持续发展的关键要素，并提出了相应的方针策略。⑦ 袁媛以北京为例，提出节庆活动有利于城市文化品牌提升的观点，她通过游客对节庆活动参与感的指标化进行分析，提出了节庆活动内容与服务的创新点，在一定程度上增加了节庆

① 刘瑶 . 非物质文化遗产旅游品牌塑造研究：以北川县为例 [J]. 四川戏剧 ,2020(11):123-125.

② 孙鹏义 . 冬奥会与城市旅游的互动关系 [J]. 旅游学刊 ,2020,35(4):5-7.

③ 张涛 . 文化节庆提升国家认同：澳门叙事与组织策略 [J]. 山东大学学报 (哲学社会科学版),2021(3):82-90.

④ 袁婷 . 节事活动传播城市形象策略研究：以青岛西海岸新区城市品牌建设为例 [J]. 青年记者 ,2021(18):85-86.

⑤ 梁红莲 . 节事旅游发展中存在的问题及对策 [J]. 河北大学学报 (哲学社会科学版),2010,35(03):143-144.

⑥ 戴光全 , 张洁 , 孙欢 . 节事活动的新常态 [J]. 旅游学刊 ,2015,30(1):3-5.

⑦ 匡翼云 . 场域视角下传统节庆旅游的可持续性探讨 : 以四川凉山彝族火把节为例 [J]. 农村经济 ,2018(4):88-92.

活动举办城市的文化品牌魅力。[①] 淦凌霞等人认为，举办地社区居民具有节庆旅游产品生产者和消费者的双重身份，他们对促进节庆活动的发展具有重要作用。[②]

（二）游客满意度研究

20世纪90年代初，国内就开始了对顾客满意度及其相关内容的研究，与单一项目所提供的产品及服务的顾客满意度相比，旅游目的地游客满意度显得更为复杂。国内有关游客满意度的研究主要从游客满意度的内涵界定、游客满意度的影响因素以及游客满意度测评等方面展开研究。

一是关于游客满意度的内涵界定。学术界对游客满意度有着不同的定义。李智虎认为，游客满意度是指在旅游活动中，游客在满足自身旅游需求的情况下所感受到的愉悦体验。[③] 郭玲霞等人提出，游客满意度是一种通过对游客期望与游客的真实感受进行对比而形成的一种心理感知状态，这种心理感知状态会对游客的购买行为和感知质量有一定的影响。[④] 我国学者王凯等人认为，游客满意度是指游客在旅游过程中将自己的实际感知与事先预期进行对比，从而产生的心理差值。[⑤]

二是关于游客满意度影响因素的研究。张伟等人采用IPA分析法和因子分析法对华山牧场的游客满意度进行研究，发现价格因子对游客满意度的影响最大，其次依次为服务因子、交通因子、牧场活动因子、景

① 袁媛.重大节事活动助推城市文化品牌提升[J].前线,2020(4):67-70.

② 淦凌霞,张涛.社区支持视角下民俗节事服务生态系统研究[J].西北民族大学学报(哲学社会科学版),2021(1):141-147.

③ 李智虎.谈旅游景区游客服务满意度的提升[J].企业活力,2003(4):39-41.

④ 郭玲霞,张勃,王亚敏,等.兰州市旅游景区游客满意度研究[J].经济地理,2010,30(9):1580-1584.

⑤ 王凯,唐承财,刘家明.文化创意型旅游地游客满意度指数测评模型:以北京798艺术区为例[J].旅游学刊,2011,26(9):36-44.

区价值因子、公共设施因子。① 车鹏在其研究中提出，一个旅游节庆活动是否有效，体现在两个方面，一方面是游客总数的多少，另一方面是游客满意度的提升情况。② 胡武贤等人通过研究发现，影响广州市森林公园游客满意度的核心因素是环境安静度、温湿舒适度、交通是否便利，同时，他们还筛选出了影响森林公园游客满意度的关键测量指标是旅游管理服务、景点内部环境、景点项目游览路线、指示系统、停车设施可达度、喜爱度、忠诚度等。③ 相洪贵、胡慧君认为，游客满意度受票价、旅游吸引物、渠道服务等因素影响。④ 戴其文等研究者从乡村振兴的角度探讨了节事旅游目的地和景区吸引力对乡村旅游满意度的影响，表明节事旅游目的地不仅能够影响复合型乡村旅游的整体满意度，对基础设施设备和娱乐活动项目满意度也能够产生显著影响，并指出游客的性别、年龄、收入、婚姻、职业等个体属性特征对复合型乡村旅游地的整体满意度与分满意度会产生不同程度的影响。⑤ 袁建琼和张璐璐认为，与外地游客相比，当地游客对旅游目的地的总体满意度相对较高，且他们对当地的基础设施设备和娱乐活动项目具有更高的满意度。⑥ 在游客满意度调查研究方面，陈黎指出，节事旅游目的地的认知形象和情感形象对游客满

① 张伟，孙养学，王雅楠．华山牧场游客满意度影响因素实证研究 [J]．黑龙江畜牧兽医，2018(6):39-42.

② 车鹏．游客感知视角下的旅游节庆活动满意度研究：以都江堰放水节为例 [D]．四川农业大学，2018.

③ 胡武贤，聂晶，江华．广州市森林公园游客满意度影响因素分析 [J]．西南林业大学学报（自然科学），2020,40(1):147-152.

④ 相洪贵，胡慧君．门票价格感知对旅游满意度的影响研究：以张家界风景区为例 [J]．价格理论与实践，2020(3):139-142.

⑤ 戴其文，陈泽宇，魏义汝，等．复合型乡村旅游地的游客满意度影响因素分析：以桂林鲁家村为例 [J]．湖南师范大学自然科学学报，2022,45(3):33-40.

⑥ 袁建琼，张璐璐．动机、经验和满意度对游客支付意愿和目的地忠诚度的影响：以张家界国家森林公园为例 [J]．中南林业科技大学学报，2022,42(2):191-202.

意度的影响受到游客涉入度的调节。① 龚剑等人以成都大熊猫繁育研究基地为例，通过实地调研获取数据，运用 SmartPLS 软件构建结构方程模型并验证假设，得出成都大熊猫繁育研究基地的游客满意度主要受该地旅游服务、旅游资源和旅游交通等因素影响的结论。② 左晶晶等学者以上海迪士尼的智慧旅游建设为研究案例，系统地展开了该景点对游客满意度的影响研究，认为园区的智慧旅游建设在游客对迪士尼的总体满意度方面产生了正向影响。③ 宋明珍等人利用扎根理论构建了"出游前（出游动机＋出游准备）—出游中（核心内容体验＋辅助内容体验）—出游后（游后评价）"的游客满意度影响因素概念模型，将新疆自然景区游客满意度的关键影响因素概括为游客满意度受多因素影响，但影响程度存在差异、景色保护与景区开发存在矛盾、高质量景色与低水平服务并存、业态创新未有效匹配游客需求等 4 个方面。④

三是在游客满意度测评方面。我国学者刘志成、钱怡伶基于 Amos 软件，采用结构方程模型分析了影响游客满意度的变量因素。⑤ 李广宏等人基于 ACSI 模型构建了旅游演艺游客满意度模型，分析了影响游客满意度的主要因素，并提出了相应的对策建议。⑥ 董楠等人对陕西王顺山国家森林公园进行了游客满意度测评，在全域旅游模式之下，探讨了自然

---

① 陈黎.社交媒体背景下旅游地形象对游客满意度的影响：游客涉入度与信任的作用 [J].商业经济研究,2022(1):185-188.

② 龚剑,郭豫蕾,杨远瑶,等.野生动物旅游景区游客满意度影响因素研究：以成都大熊猫繁育研究基地为例 [J].干旱区资源与环境,2023,37(2):203-208.

③ 左晶晶,唐蕙沁.智慧旅游建设对游客满意度的影响：基于上海迪士尼乐园的研究 [J].消费经济,2020,36(5):79-89.

④ 宋明珍,马腾,杨星,等.基于扎根理论与文本分析的新疆自然景区游客满意度影响因素研究 [J].桂林理工大学学报,2022,42(10):1-15.

⑤ 刘志成,钱怡伶.基于 SEM 模型武陵源生态旅游景区游客满意度研究 [J].湖南社会科学,2019(3):121-127.

⑥ 李广宏,潘雨晨,梁敏华.基于 ACSI 模型的旅游演艺游客满意度研究：以"印象·刘三姐"为例 [J].西北师范大学学报（自然科学版）,2019,55(3):125-134.

景区游客满意度的提升策略。① 孙宝生等人以黑龙江扎龙国家级自然保护区为例，收集在线旅游评论数据，通过网络文本技术构建了游客满意度的评价指标体系和模型。② 杨帆等学者通过研究游客满意度对游客再次前往景区游玩意愿的影响原理，总结出武汉市 5A 级景区的游客满意度评价指标应分为购物消费体验、娱乐消遣活动、就餐服务感知等 8 个维度。③ 刘巧辉等人以北京奥林匹克森林公园为例，探析了森林公园游客感知价值、游客满意度与环境责任行为的关系，研究结果表明，游客感知价值的各个测量维度对游客满意度、环境责任行为均有显著的正向影响，影响程度排行前三的始终是服务价值、成本价值、体验价值。④

（三）节庆活动与游客满意度关系研究

国内有关节庆活动与游客满意度关系的研究主要从节庆活动游客满意度影响因素、旅游节事游客满意度模型和研究方法，以及节庆活动游客满意度提升策略等方面展开。国内有关节庆活动与游客满意度关系的研究主要集中在如下三个方面，分别是节庆活动游客满意度影响因素、旅游节事游客满意度模型和研究方法，以及节庆活动游客满意度提升策略。

一是节庆活动游客满意度影响因素方面。张涛等学者通过各种研究手段和方法证实了节事消费者感知价值的六个维度对游客满意度的影响表现为保健和激励两类效应。⑤ 马凌、保继刚通过研究，发现游客感知价

① 董楠,张春晖.全域旅游背景下免费型森林公园游客满意度研究:以陕西王顺山国家森林公园为例[J].旅游学刊,2019,34(6):109-123.

② 孙宝生,敖长林,王菁霞,等.基于网络文本挖掘的生态旅游满意度评价研究[J].运筹与管理,2022,31(12):165-172.

③ 杨帆,冯娟,谢双玉,等.游客满意度对目的地重游意愿的影响研究:以武汉市 5A级景区为例[J].华中师范大学学报(自然科学版),2022,56(1):116-126.

④ 刘巧辉,王小平,刘晶岚.森林公园游客感知价值、满意度与环境责任行为的关系研究[J].生态经济,2022,38(2):137-141.

⑤ 张涛,贾生华.节事消费者感知价值对顾客满意的影响机制研究[J].旅游论坛,2008(4):28-32.

值的各维度与游客满意度的相关性存在显著差异。① 张佑印等人通过研究不同群体游客的心理、行为及态度之间的差异，发现以家庭为单位的游客对旅游服务感知的总体满意度相对较高。② 胡婷、范庆基认为，节事质量对游客的感知价值和满意度呈正向影响，游客的感知价值和满意度会决定他们的行为选择。③ 张涛等学者通过研究，得出节庆活动举办过程中饮食、气氛和节目对游客满意度的影响最大，并提出了相关的游客满意度提升策略。④ 汪恒言等人通过调查研究发现游客满意度对游客的重游意愿、口碑推荐和忠诚度有正向影响。⑤ 关志强等人指出，当游客对节庆活动旅游服务的实际需求无法得到充分满足时，将会使游客的总体满意度下降。⑥ 黄璇璇、林德荣提出，游客的拥挤感知与满意度呈负相关，具体表现为拥挤会使游客产生大量生理唤醒和心理唤醒等负面影响，从而降低游客的重游意愿。⑦ 陈希等学者从大型赛事观众刺激感知的角度，进行了赛事忠诚度的影响研究，研究结论表明，观众的游憩满意程度以及对于赛事的忠诚程度直接受到赛事刺激感知程度的影响。⑧ 王莉丽等人认为，节庆活动的旅游产品及服务质量会对游客的满意度、忠诚度、重游意愿

① 马凌,保继刚.感知价值视角下的传统节庆旅游体验：以西双版纳傣族泼水节为例[J].地理研究,2012,31(2):269-278.

② 张佑印,胡巧娟,顾静.国际旅游节事中家庭游客的服务感知及行为态度研究[J].软科学,2012,26(11):135-140.

③ 胡婷,范庆基.美食节选择行为形成机理研究：基于节事质量和价值的分析[J].美食研究,2017,34(3):55-59.

④ 张涛,陈韵婷.全景型节事场景的维度及其对游客满意度的影响研究[J].旅游论坛,2017,10(5):20-27.

⑤ 汪恒言,姜洪涛,石乐.户外音乐节参与者体验和满意度对忠诚度的影响机制：以太湖迷笛音乐节为例[J].地域研究与开发,2019,38(6):103-110.

⑥ 关志强,刘蓉,丁宇,等.节事活动旅游公共服务设施IPA评价：以2018中国—亚欧博览会为例[J].西北师范大学学报（自然科学版）,2020,56(4):120-126.

⑦ 黄璇璇,林德荣.游客密度、拥挤感与满意度：展览馆情境下游客拥挤感知的主要影响因素研究[J].旅游学刊,2019,34(3):86-101.

⑧ 陈希,孙嘉,赵彤.观赛者刺激感知对赛事忠诚度的影响研究：以澳门格兰披治赛车为例[J].世界地理研究,2020,29(1):202-213.

以及推荐意愿产生一定的影响。① 陈黎认为，游客满意度会受到人口特征的影响，如游客的性别、年龄、收入水平和接受教育程度等都会相应影响游客满意度。② 侯晓丽、程婉茹两位学者在共同研究时认为，影响游客满意度最直接的因素是旅游标志物，如在社交互动等方面，都有可能对游客形成独特吸引力。在旅游综合体上，影响游客满意度的四大主题分别是目的地形象、旅游标志物、人地互动、游客个人特征。③

二是旅游节事游客满意度模型和研究方法方面。沈欢燕对2009年青岛国际啤酒节举办期间啤酒城中的游客进行了问卷调查，并采用SPSS12.0和AMOS7.0软件分析了相关数据，结论表明，青岛国际啤酒节游客满意度影响因素主要有六个，分别为城市发展水平、旅游商品及服务、节事现场服务水平、旅游卫生、配套服务、特色活动与设施。④ 赵多平等人利用地理探测器，探讨了沙漠非传统节事游客满意度的影响因素。⑤ 樊庆、徐扬在综述国内外相关研究的基础上，基于4062份有效样本数据，从用户期望、服务感知、用户信任和用户抱怨等4个维度以及服务内容、展品状况和参观效果3个公因子对中国科技馆观众满意度进行了研究，并对提高游客满意度的管理方式和建设方法提出了建议。⑥ 田伟荣等人利用聚类分析法划分了阿拉善沙漠英雄会的游客类型，并指出

① 王莉丽,张建国,杨丽,等.基于因子分析法的杭州超山梅花节游客满意度调查[J].山东农业大学学报(自然科学版),2020,51(4):774-781.

② 陈黎.社交媒体背景下旅游地形象对游客满意度的影响:游客涉入度与信任的作用[J].商业经济研究,2022(1):185-188.

③ 侯晓丽,程婉茹.商业旅游综合体顾客满意度影响因素研究:基于网络文本分析[J].商业经济研究,2022(1):85-88.

④ 沈欢燕.旅游节庆游客满意度、推荐度、回游度的关系研究:以青岛国际啤酒节为例[D].济南:山东大学,2010.

⑤ 赵多平,安烁,苗红,等.沙漠非传统节事旅游的影响因素及驱动机制:以阿拉善沙漠e族英雄会为例[J].中国沙漠,2019,39(5):80-87.

⑥ 樊庆,徐扬.中国科学技术馆观众满意度研究[J].科技管理研究,2020,40(10):238-243.

不同类型游客满意度的影响因素有所差异。[①]

三是节庆活动游客满意度提升策略方面。杨春梅等人通过研究旅游软件中游客留下的正面评论和负面评论，确定了影响哈尔滨冰雪旅游中游客满意度的主要影响因素，进而提出了具有针对性的游客满意度维持和提高策略。[②]

国内外关于节庆活动和游客满意度的研究成果比较丰富，研究方法也比较成熟，对影响游客满意度的因素也进行了大量实证研究，总结出了节庆活动、游客满意度的相关概念，可为本书提供必要的指导和参考。然而，我国关于节庆活动游客满意度的研究起步较晚，学者们从游客满意度的概念和理论模型、游客满意度测评指标体系等方面，对如何提高游客满意度进行了详细的调查和研究分析，可现有的研究还不够全面，基于节庆活动游客的体验感知、满意度等方面的研究很少。主要表现在：第一，研究对象主要集中于大型或知名的节庆活动，对少数民族的节事研究相对较少；第二，学者们多采用模糊层次分析法、logic 回归法、重要性—绩效分析法对节庆活动游客满意度的影响因素进行归类，对满意度影响因素的敏感性程度分析方面还有所欠缺。目前，从游客的角度出发，学者们对节庆活动的感知、期望和满意度缺乏深入、系统的研究和分析，这为本书提供了一定的空间和可能性。对节庆活动进行游客满意度调查与影响因素研究，有利于节庆活动的可持续发展，也能够在一定程度上推动会展业更好地发展。

节庆活动是推动城市发展的重要动力，同时也是会展活动的重要表现形式。节庆活动的成功举办，在短期内对举办城市的发展能够起到一定的推动作用，而游客的参与对节庆活动尤其重要。所以，为了更好地开展节庆活动，节庆活动的主办方需要进行游客满意度调查，并对影响

---

① 田伟荣,赵多平,曹兰州,等.非传统节事旅游亚文化群体分化及其满意度对比研究：以阿拉善沙漠英雄会为例 [J].资源开发与市场,2021,37(12):1512-1519.
② 杨春梅,赵原,徐西帅,等.基于网络文本数据分析的冰雪旅游游客满意度研究：以哈尔滨为例 [J].企业经济,2022,41(3):133-140.

游客参与节庆活动的因素进行分析。同时，以往的研究也表明，有许多因素会影响游客的满意度。因此，要确保节庆活动更好地发展，就需要对游客进行节庆活动满意度的研究。本书从游客的角度出发，以游客感知、游客期望为研究思路，对游客满意度进行调查研究，致力使节庆活动得到进一步发展。本书对节庆活动的可持续发展具有一定的意义，能够为国内其他节庆活动的发展提供借鉴作用，能够促进节庆活动在会展业的发展。

第三节　研究内容与方法

一、研究内容

首先，阐述本研究的背景与意义，梳理有关节庆活动及游客满意度的国内外研究现状，根据论述研究的实际情况选择相应的研究方法，为本研究厘清思路，并对节庆活动以及游客满意度这两大主体的概念进行界定，继而对顾客满意度理论、IPA 模型理论以及马斯洛需要层次等理论进行阐述，为本研究提供理论支撑。

其次，在对文献资料以及相关理论进行梳理之后，进行本研究问卷的设计及发放。在数据分析部分，本研究使用 SPSS 软件对所收集的相关数据进行整理和分析，对建构的模型进行检验和修正。本研究借助 IPA 模型，对广西极具代表性的十个节庆活动的游客满意度影响因素进行分析，通过将游客游前期望程度及感知体验后满意程度的均值做比较，找出影响这些节庆活动中的游客满意度因子。

再次，以上文的理论基础结合 IPA 模型进行调查数据分析的结果为数据支撑，探讨得出南宁国际民歌艺术节、桂林国际山水文化旅游节、中国壮乡·武鸣"三月三"歌圩节、中国（柳州·三江）侗族多耶节、广西宜州刘三姐文化旅游节、资源河灯节、广西龙胜各族自治县红衣节、中国·融水苗族芦笙斗马节、广西宾阳炮龙节、梧州国际宝石节在举办过程中存在的问题。

最后，分析影响广西节庆活动游客满意度的原因，得出提升广西节庆活动游客满意度的对策建议，并对本研究进行总结，得出本研究的结论，指出本研究的不足以及对广西节庆活动游客满意度的展望。

二、研究方法

（一）文献研究法

广泛研读国内外学者对节庆活动、游客满意度、顾客满意度理论等相关文献，了解与节庆活动游客满意度相关的最新研究成果并对其进行梳理，总结其他学者的研究成果及不足，为本研究提供理论支撑。

（二）问卷调查法

本研究以问卷调查为主，收集数据资料，根据调查目的向参加节庆活动的游客发放调查问卷，获取有效的信息和数据资料，从而更深入地了解广西节庆活动的发展现状，并发现其中存在的问题，为提出对策建议做准备。

（三）数理统计法

运用 Excel 和 SPSS 数据处理软件，利用描述性统计分析、探索性因子分析、差异性分析、IPA 分析等分析方法对南宁国际民歌艺术节、桂林国际山水文化旅游节、中国壮乡·武鸣"三月三"歌圩节、中国（柳州·三江）侗族多耶节、广西宜州刘三姐文化旅游节、资源河灯节、广西龙胜各族自治县红衣节、中国·融水苗族芦笙斗马节、广西宾阳炮龙节、梧州国际宝石节的调查数据进行分析，从而使数据结果更加直观、清晰，并结合文献研究获得的理论素材和理论依据，对各项数据结果提出切实可行的解决方案。

第二章　满意度理论基础与指标构建

本章阐述满意度理论基础与指标构建，主要包含三节内容。第一节主要对节事活动和游客满意度这两个概念的内涵进行阐释；第二节主要对顾客满意度理论、IPA 模型理论这两个基本理论进行分析；第三节借鉴大量关于节庆活动游客满意度的国内文献，参考泸水市节庆旅游服务质量等级测评以及吃、住、行、游、购、娱六大要素等标准，对本书中的部分要素进行了补充和调整，确定了关于游客满意度 6 个层次下的 21 个因子指标体系，进而得出了节庆活动游客满意度的测量指标和节庆活动游客满意度的影响因素。

第一节　相关概念界定

一、节事活动

"节事"一词来自英文"Event"，包含事件、节日、比赛、活动、展会等等多方面的含义。国外通常把节日"Festival"、特殊事件"Special Event"以及盛大事件"Mega-event"等整合起来作为一个整体，在英文中简称为 FSE，中文翻译为"节日和特殊事件"，简称"节事"。中国旅游学著名学者、国际旅游研究院院士吴必虎在 2005 年对"节事活动"这一概念进行了科学的界定，他认为，节事活动是节庆、事件等各种精心策划活动的综合，它的形式包括但不限于精心策划的仪式、表演、宴会，各种传统节日、节假日，以及在特定时间与空间中创新的各种节日和事件活动。[①] 节事旅游则属于节事活动的一个范畴，专指以参与各种节日、盛事的庆祝和举办为核心的一种特殊的旅游形式。相对于传统旅游活动，节事旅游有着群体规模较大、逗留时间较长、消费水平较高等特点。

---

① 吴必虎,余青,殷平,等.中国城市节事活动的开发与管理[J].地理研究,2004(6):845-855.

二、游客满意度

美国佛罗里达大学旅游学院院长匹赞姆在 1978 年对游客满意度进行了研究，他提出了一个游客期望和实际体验相比较的一致程度理论模型，后来这一定义模型被学术界广泛接受。国内学者也有着类似的观点，如李智虎认为，游客满意是一种心理活动，是游客的需要得到满足后的愉悦感，满意水平是可感知效果和实际效果之间的函数。[①] 游客在去往旅游目的地时，会对该旅游目的地产生一种期望值，在游客到达旅游目的地进行一番体验感受后，游客所产生的一种心理对比结果就是游客满意度。游客满意度是在顾客满意度的基础之上提出来的，游客满意度与顾客满意度的本质其实是差不多的，将顾客满意度运用到旅游行业当中使用，即为游客满意度。通过在旅游行业中使用游客满意度可以让从业人员更直观地衡量游客对该行业、景区的满意程度。大部分专家学者认为，游客满意度是游客的心理对比和由于这种心理所形成的结果。若游客的实际心理状态较为兴奋，则表示满意程度大；反之，即表示失望，满意程度小。

第二节　满意度基本理论分析

一、顾客满意度理论

1965 年，卡多佐（Cardozo）通过对满意度展开深入研究，为之后的顾客满意度研究奠定了理论基础。他最早提出了"满意度"的概念，并将这一概念运用到营销当中，他提出，顾客满意度越高，就越能加强顾客的购买欲望，认为顾客满意度可以在某种程度上影响顾客的行为。[②]

---

① 李智虎.谈旅游景区游客服务满意度的提升 [J].企业活力,2003(4):39-41.
② Cardozo R N.An experimental study of customer effort,expectation,and satisfaction[J].Journal of marketing research,1965,2(3):244-249.

国内学者连漪和汪侠对旅游目的地的顾客满意度进行研究，发现强烈的推荐意愿对顾客满意度存在显著的积极影响。[①]顾朝林和梅虎等人从游客行为角度探讨了旅游目的地影响顾客满意度的因素。[②]余晓勤等人通过研究分析发现，服务因素是影响顾客满意度的最大因素。[③]傅志妍等人通过研究发现，产品的质量和成本对顾客满意度呈正向影响。[④]

Kano 模型是一种二维质量模型，它描述了 5 类与顾客满意度相关的服务质量属性：必备属性是顾客认为产品或服务理应具备的，如果产品或服务不具备该项属性，顾客就会产生极大的不满；期望属性与顾客满意度成线性正相关；魅力属性是顾客期望之外的属性，如果缺少魅力属性，顾客不会不满意，如果具备会让顾客非常满意；无差异属性不论具备与否，都不会使顾客满意或不满意；反向属性如果具备魅力属性，反而会让顾客不满意。各属性的二维模型如图 2-1 所示：

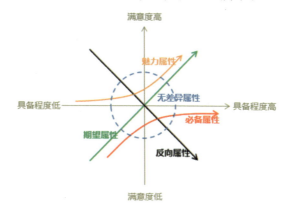

图 2-1　Kano 二维质量模型

①　连漪,汪侠.旅游地顾客满意度测评指标体系的研究及应用[J].旅游学刊,2004(5):9-1.

②　汪侠,顾朝林,梅虎.旅游景区顾客的满意度指数模型[J].地理学报,2005(5):807-816.

③　余晓勤,张慧,赵玲莉.基于灰色关联模型的外卖订餐顾客满意度影响因素分析[J].食品工业,2020,41(1):242-246.

④　傅志妍,刘柯良,黄勇,等.基于CCSI的物流配送服务顾客满意度测评模型[J].重庆交通大学学报(自然科学版),2021,40(10):146-153.

二、IPA 模型理论

"重要性—绩效"模型即 IPA 模型，该模型以游客对某项产品或服务的期望程度与感知体验后的满意程度作为纵轴及横轴，将两者的总平均值规定为纵横轴的原点，进而将空间划分为 4 个象限区域，开展旅游产品及服务的改善分析，如图 2-2 所示。

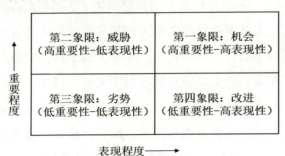

图 2-2　IPA 模型

通常情况下，学者在进行旅游目的地游客满意度的研究时，该模型会出现在实证研究过程中。机会保持区表示该区域内的因素对取得客户整体满意度非常重要，而旅游目的地在这方面的表现力也非常好。威胁区表示该区域内因素对游客满意度的影响非常大，但在这些方面的重要程度虽然比较小，却不能忽视。劣势区表示该区域内因素在顾客看来其实不太重要且低性能，这些方面的满意度往往相对较差，该区也被称为次要劣势区，一般不需要优先去提高。改进区表示该区域内因素在顾客看来非常重要，但他们在这些方面的满意程度又比较小，表现力也比较弱，意味着活动主办方不能疏忽这些因素，相反，活动主办方需要重视该区域，并对该区域的各项因素进行重点发掘，找出提高顾客满意度的新切入点。

IPA 是对指标重要性及表现程度进行有效分析的一种方法，具备直观易懂的特点，能够较好地反映游客对节庆活动的体验感知情况与心理预期情况之间的差值，有利于为节庆活动主办方提供具有针对性的改进举措。本研究运用 IPA 分析法对广西节庆活动游客感知的指标进行分析，进而找出广西节庆活动游客满意度需要改进的指标。

第三节　节庆活动游客满意度测量指标构建

本研究借鉴大量关于节庆活动游客满意度的国内文献，并参考泸水市节庆旅游服务质量等级测评以及吃、住、行、游、购、娱六大要素等标准，对本书中的部分要素进行了补充和调整，确定了关于游客满意度 6 个层次下的 21 个因子指标体系。如表 2–1 和表 2–2 所示。

表 2–1　节庆活动游客满意度测量指标

要素类别	要素名称	要素描述
节庆活动	节庆活动奇特性	民俗风情类旅游活动丰富新奇性
	节庆活动可参与性	民俗风情类旅游活动参与性
	民俗活动体验性	民俗活动丰富多样性、体验性
	节庆活动收费	各活动的收费标准合理性
基础设施	交通设施	当地交通便利性
	停车区域	当地停车位与接待能力
	景区道路设施	当地道路交通畅通性及路牌、路标清晰性
	通信设施	当地通信设施是否完善
	公共休息设施	当地服务接待能力及公共场所设施完善性
举办地环境	自然生态环境	当地周边自然生态环境优美度
	卫生环境	当地及周边环境整洁性
	公厕环境	公厕卫生情况、公厕设备完善

表2-2 节庆活动游客满意度影响因素

要素类别	要素名称	要素描述
举办地环境	建筑物及街区环境	当地建筑街区结构和布局状况、与环境的协调度
	人文环境	当地乡村文化浓厚度、乡风浓郁度
举办地食宿	当地餐厅特色	当地餐厅民俗特色性、菜品民俗风味性
	当地餐厅卫生、收费	餐厅位置、环境状况、餐品收费情况
	民俗旅社	民俗旅社特色性、配套设施完善性
举办地购物	土特产和手工艺品	土特产、手工艺品的特色性、供应及时性
	购物环境	价格合理性、现场秩序情况
举办地服务	服务人员着装	服务人员着装干净整齐度、规范统一性
	服务人员素质	服务人员操作规范性、服务意识强烈度

第三章　广西节庆活动游客满意度调查分析

　　本章以广西极具代表性的十个节庆活动即南宁国际民歌艺术节、中国（柳州·三江）侗族多耶节、桂林国际山水文化旅游节、广西龙胜各族自治县红衣节、资源河灯节、中国·融水苗族芦笙斗马节、广西宜州刘三姐文化旅游节、中国壮乡·武鸣"三月三"歌圩节、广西宾阳炮龙节、梧州国际宝石节为案例，分别对这些节庆活动的游客满意度展开调查分析。从问卷设计与问卷结构、调查数据样本构成分析、样本描述性统计分析、信效度检验、因子分析、差异性分析等方面入手，通过调查分析，分别得出广西十个节庆活动游客满意度的影响因子。为分析广西节庆活动游客满意度的状况及其影响因素，对游客满意度进行评价研究，并阐述广西节庆活动游客满意度的提升策略，以期在提高广西节庆活动举办质量、彰显广西节庆活动文化内涵、提升广西节庆活动品牌价值等方面提供实证研究与数据验证。

第一节　南宁国际民歌艺术节游客满意度调查分析

一、问卷设计与问卷结构

　　南宁国际民歌艺术节调查问卷分为三个模块。第一模块是人口学统计资料，包括游客的性别、年龄、最高学历、职业、月收入水平；第二模块是游客的基本情况，包括游客的地域、参加次数、向亲友推荐意愿和再次参加意愿；第三模块是游客重要性—满意度调查，本模块采用5分制量表，填写者须按从低到高的顺序打分，问卷的选项包括：1～5，非常不重要～非常重要；1～5，非常不满意～非常满意。

二、调查数据样本构成分析

　　本次调研主要采用网络问卷和访谈相结合的方法，目的是了解游客满意度的实际情况，更好地了解游客的需求，重点掌握南宁国际民歌艺术节存在的问题。笔者在 2021 年南宁国际民歌艺术节举办期间，共发放游客满意度调查问卷 340 份，其中删除无效问卷 25 份，保留有效问卷 315 份，有效问卷占总发放问卷数量的 92.64%。因此，该问卷数据能较准确地反应游客对南宁国际民歌艺术节的实际满意度情况。

三、样本描述性统计分析

本次问卷调查样本的描述统计指标如表 3-1 所示。

表 3-1　样本描述统计

项目	选项描述	样本数（份）	百分比（%）
性别	男	149	47.30
	女	166	52.70
年龄	18 岁以下	6	1.90
	18～45 岁	216	68.57
	46～69 岁	90	28.57
	69 岁以上	3	0.95
最高学历	初中及以下	8	2.54
	高中及中专	61	19.37
	本科及大专	207	65.71
	研究生及以上	39	12.38

续 表

项目	选项描述	样本数（份）	百分比（%）
职业	学生	51	16.19
	国家机关及企业单位工作人员	106	33.65
	专业技术人员	94	29.84
	服务业工作人员	38	12.06
	农、林、牧、渔及水利业生产人员	13	4.13
	个体户及自由职业者	11	3.49
	离退休人员	2	0.63
	其他	0	0.00
月收入水平	1000 元及以下	9	2.86
	1001～3000 元	55	17.46
	3001～5000 元	121	38.41
	5001～10000 元	109	34.60
	10001 元及以上	21	6.67
地域	中国境内	295	93.65
	中国境外	20	6.35
参加次数	首次参加	127	40.32
	2～3 次	151	47.94
	3 次以上	37	11.75
向亲友推荐意愿	是	293	93.02
	否	22	6.98
再次参加意愿	是	116	36.82
	否	199	63.17

由表 3-1 可知，参加民歌节的游客中，填写问卷的男性游客为 149 名，占总样本数的 47.30%；女性游客为 166 名，占比 52.70%。女性游客

比例稍高于男性，从数量上来看基本持平。游客年龄主要集中在 18 ～ 45 岁、46 ～ 69 岁这两个年龄段，占比分别为 68.57%、28.57%；而分布在 18 岁以下和 69 岁以上的游客数量极少，占比分别为 1.9%、0.95%，说明民歌节的参与者主要为中青年群体。参加民歌节游客最多的是本科及大专学历，占比 65.71%；其次是高中及中专学历，占比 19.37%；最后是研究生及以上学历，占比 12.38%。这说明民歌节的参与者整体素质较高。民歌节的参与者主要为国家机关或企业单位工作人员、专业技术人员、学生、服务业人员四个群体，占比依次为 33.65%、29.84%、16.19%、12.06%。游客月收入在 3001 ～ 5000 元、5001 ～ 10000 元的分别占比 38.41%、34.6%，这说明民歌节的参与者主要为中高收入人群。来自国内的游客占比 93.65%，国外游客占比仅为 6.35%，这说明南宁国际民歌艺术节的游客大多数为中国人。本届参加民歌节的游客中，36.82% 的游客表示愿意再次参加，不愿意再次参加的游客占比偏大，为 63.17%，说明该届游客的重游意愿较低。

为了研究样本基本特征对变量是否存在影响，笔者整理了南宁国际民歌艺术节游客满意度测量的基础指标，如表 3-2 所示。

表 3-2　游客满意度测量基本指标汇总表（N=315）

代码	影响因素	最小值	最大值	均值	标准差
X1	城市绿化水平	1	5	3.89	0.927
X2	城市基础设施	1	5	3.59	1.003
X3	交通便利性	1	5	3.74	0.907
X4	标牌指引	1	5	3.78	0.946
X5	停车场所	1	5	3.79	0.913
X6	休憩场所	1	5	3.71	0.816
X7	住宿环境	1	5	3.87	0.891

代码	影响因素	最小值	最大值	均值	标准差
X8	住宿价格	1	5	3.70	0.967
X9	餐饮环境	1	5	3.85	0.930
X10	餐饮质量	1	5	3.77	0.924
X11	餐饮价格	1	5	3.81	0.965
X12	节日气氛	1	5	3.81	0.914
X13	演出内容	1	5	3.90	0.910
X14	民族风情的展示效果	1	5	3.79	0.948
X15	文化底蕴的彰显效果	1	5	3.86	0.886
X16	纪念品价格及游览花销	1	5	3.58	0.921
X17	安保措施	1	5	3.86	0.870
X18	现场秩序管理	1	5	3.79	0.940
X19	当地居民态度	1	5	3.72	0.974
X20	工作人员态度及志愿者服务	1	5	3.74	0.941
X21	对特殊人群照顾程度	1	5	3.67	0.997

注：表中 21 个变量与民歌节问卷的量表一致。

由表 3-2 可看出，在观测变量中，21 个变量的均值全部介于 3～4 之间，处于相对满意状态。其中，X2 城市基础设施、X16 纪念品价格及游览花销的得分均低于 3.6，说明城市基础设施和商品的价格对游客满意度具有较为重要的影响。因此，南宁国际民歌艺术节应加强节庆活动过程中的基础设施建设，合理降低消费水平，通过完善当地的基础设施和控制当地的消费水平来提升游客的满意度。此外，游客对于 X13 演出内容、X1 城市绿化水平、X7 住宿环境和 X15 文化底蕴的彰显效果这四项满意度最高，得分均在 3.86 及以上。

四、信效度检验

（一）信度检验

如表 3-3 所示，为调查问卷信度检验表。

表 3-3　调查问卷信度检验表

克隆巴赫系数（Cronbach's Alpha）	项数
0.902	21

克隆巴赫系数是信度分析的常用方法，该系数的数值越高、信度越高，调查结果越精确，其计算公式如图 3-1 所示：

$$\alpha = \frac{K}{K-1}\left(1 - \frac{\Sigma S_i^2}{S_x^2}\right)$$

图 3-1　克隆巴赫系数公式

通常情况下，α 系数的数值在 0 和 1 之间，当 α 系数 < 0.6 时，则说明信度不够，需要修订量表；当 α=0.7～0.8 时，则表示量表的信度较高；当 α > 0.8 时，则表示量表的信度很好。由表 3-3 可知，α 系数 =0.902 > 0.8，表示本次量表的信度很好。

（二）效度检验

一般来说，当效度小于 0.6 时，不适合做因子分析，反之则说明适合做因子分析。如表 3-4 所示，KMO=0.860 > 0.6，说明该组数据适合进行因子分析。

表 3-4　调查问卷效度检验表

KMO 值		0.860
巴特利特球形度检验	近似卡方	2569.938
	自由度	210
	显著性	0.000

五、因子分析

（一）公因子提取

如表 3-5 所示，本研究方法为主成分分析法。该方法的实施方法为，提取影响游客满意度测量指标的因子，依据荷载超过 0.5，且初始特征值大于 1 的共同因子个数进行选取。本次研究共提取了 5 个公因子，从下表可以看出 5 个公因子的解释程度依次为：34.049%、7.974%、7.600%、6.678%、5.693%，累计解释方差总量达到 61.994%。旋转后总方差的解释比例依次为：14.197%、13.264%、12.950%、11.037%、10.546%，累计解释方差总量不变，同样为 61.994%。

表 3-5　总方差解释表

元件	初始值特征			提取载荷平方和			旋转载荷平方和		
	总计	方差百分比（%）	累计（%）	总计	方差百分比（%）	累计（%）	总计	方差百分比（%）	累计（%）
1	7.150	34.049	34.049	7.150	34.049	34.049	2.981	14.197	14.197
2	1.675	7.974	42.023	1.675	7.974	42.023	2.785	13.264	27.461
3	1.596	7.600	49.623	1.596	7.600	49.623	2.719	12.950	40.411
4	1.402	6.678	56.301	1.402	6.678	56.301	2.318	11.037	51.448
5	1.196	5.693	61.994	1.196	5.693	61.994	2.215	10.546	61.994

（二）因子解释

如表 3-6 所示，为确定因子个数、采用方差最大法得到最终的因子负荷矩阵，量表呈现了清晰的五维度结构，由于休憩场所和住宿环境荷载量的指标不足，予以排除，其他指标均达到了可接受的标准。根据维度的特征，笔者将 5 个因子进行命名。

表 3-6　旋转后成分矩阵表

影响因素	元件				
	城市发展及配套服务	现场管理	旅游产品	商品价格	服务质量
城市绿化水平	0.835				
城市基础设施	0.719				
交通便利性	0.698				
标牌指引	0.689				
停车场所	0.568				
休憩场所					
餐饮环境		0.814			
现场秩序管理		0.791			
安保措施		0.668			
餐饮质量		0.594			
住宿环境					
民族风情的展示效果			0.742		
文化底蕴的彰显效果			0.740		
演出内容			0.713		
节日气氛			0.600		
住宿价格				0.820	

续　表

影响因素	元件				
	城市发展及配套服务	现场管理	旅游产品	商品价格	服务质量
餐饮价格				0.781	
纪念品价格及游览花销				0.757	
当地居民态度					0.847
对特殊人群照顾程度					0.819
工作人员态度及志愿者服务					0.676
特征值	7.150	1.675	1.596	1.402	1.196
方差解释比例（%）	34.049	7.974	7.600	6.678	5.693

　　将公因子 1 命名为"城市发展及配套服务"，包含城市绿化水平、城市基础设施、交通便利性、标牌指引、停车场所、休憩场所 6 个影响因素；将公因子 2 命名为"现场管理"，包含餐饮环境、现场秩序管理、安保措施、餐饮质量、住宿环境 5 个影响因素；将公因子 3 命名为"旅游产品"，包含民族风情的展示效果、文化底蕴的彰显效果、演出内容、节日气氛 4 个影响因素；将公因子 4 命名为"商品价格"，包含住宿价格、餐饮价格、纪念品价格及游览花销 3 个影响因素；将公因子 5 命名为"服务质量"，包含当地居民态度、对特殊人群照顾程度、工作人员态度及志愿者服务 3 个影响因素。这 5 个因子的累计解释方差总量为 61.994%，其中，比例最高的是"城市发展及配套服务"，贡献率为 34.049%；然后是"现场管理"，贡献率为 7.974%；再次是"旅游产品"，贡献率为 7.600%；接着是"商品价格"，贡献率为 6.678%；最后是"服务质量"，贡献率为 5.693%。

六、差异性分析

（一）不同性别游客的差异性分析

如表 3-7 所示，不同性别样本对于城市发展及配套服务、现场管理、旅游产品、商品价格、服务质量的显著性均大于 0.05，这意味着性别不同的游客在各维度上的满意度均表现出一致性，并没有差异性。

表 3-7 不同性别游客的差异性分析

项目	性别（平均值 ± 标准差）		T	显著性
	男	女		
城市发展及配套服务	3.71 ± 0.71	3.80 ± 0.70	− 1.131	0.259
现场管理	3.80 ± 0.67	3.83 ± 0.75	− 0.401	0.689
旅游产品	3.82 ± 0.71	3.86 ± 0.71	− 0.441	0.660
商品价格	3.67 ± 0.84	3.66 ± 0.83	0.046	0.963
服务质量	3.71 ± 0.77	3.70 ± 0.87	0.056	0.955

（二）不同年龄游客的差异性分析

如表 3-8 所示，不同年龄样本对于城市发展及配套服务、现场管理、旅游产品、商品价格、服务质量的显著性均大于 0.05，这意味着不同年龄的游客在各维度上的满意度均表现出一致性，并没有差异性。

表 3-8 不同年龄游客的差异性分析

项目	年龄（平均值 ± 标准差）				F	显著性
	18 岁以下	18～45 岁	46～69 岁	69 岁以上		
城市发展及配套服务	3.70 ± 0.56	3.76 ± 0.70	3.75 ± 0.73	3.80 ± 0.69	0.023	0.995
现场管理	3.92 ± 0.41	3.84 ± 0.69	3.74 ± 0.79	3.92 ± 0.72	0.466	0.706

续　表

项目	年龄（平均值 ± 标准差）				F	显著性
	18 岁以下	18 ～ 45 岁	46 ～ 69 岁	69 岁以上		
旅游产品	4.00 ± 0.42	3.88 ± 0.65	3.74 ± 0.86	3.75 ± 0.66	0.844	0.471
商品价格	3.28 ± 1.10	3.67 ± 0.84	3.69 ± 0.82	3.44 ± 1.02	0.533	0.660
服务质量	3.67 ± 0.67	3.73 ± 0.82	3.66 ± 0.85	3.56 ± 0.84	0.184	0.907

（三）不同学历游客的差异性分析

如表 3-9 所示，不同学历样本对于城市发展及配套服务、现场管理、商品价格、服务质量的显著性 $p > 0.05$，即不同学历的游客在各维度上的满意度均表现出一致性，并没有差异性。另外，最高学历样本数据中对于"旅游产品"的满意度呈现出显著性（$p < 0.05$），这意味着不同学历的游客对于旅游产品有着差异性。

具体分析可知，不同学历样本对于旅游产品的显著性为 0.027，小于 0.05，对比差异可知，有着较为明显差异的结果为"本科及大专 > 高中及中专"。

表 3-9　不同学历游客的差异性分析

	最高学历（平均值 ± 标准差）				F	显著性
	初中及以下	高中及中专	本科及大专	研究生及以上		
城市发展及配套服务	3.63 ± 0.84	3.63 ± 0.70	3.80 ± 0.72	3.75 ± 0.60	0.958	0.413
现场管理	3.81 ± 1.02	3.77 ± 0.65	3.83 ± 0.72	3.79 ± 0.71	0.146	0.932
旅游产品	3.66 ± 0.84	3.61 ± 0.88	3.92 ± 0.64	3.81 ± 0.67	3.090	0.027
商品价格	3.37 ± 1.05	3.55 ± 0.90	3.73 ± 0.82	3.61 ± 0.75	1.126	0.339
服务质量	3.33 ± 1.04	3.61 ± 0.77	3.73 ± 0.84	3.81 ± 0.75	1.046	0.372

（四）不同职业游客的差异性分析

如表 3–10 所示，不同职业游客对于现场管理、商品价格和服务质量的显著性 $p > 0.05$，表示不同职业游客在各维度上的满意度均表现出一致性，并没有差异性。但是，不同职业游客在城市发展及配套服务、旅游产品方面呈现出了显著性（$p < 0.05$）。

表 3-10 不同职业游客的差异性分析

	学生	国家机关或企业单位工作人员	专业技术人员	服务业工作人员	农、林、牧、渔、水利业生产人员	个体户、自由职业者	离退休人员	F	显著性
				职业（平均值 ± 标准差）					
城市发展及配套服务	3.89 ± 0.56	3.84 ± 0.67	3.71 ± 0.78	3.76 ± 0.69	3.02 ± 0.66	3.58 ± 0.68	4.10 ± 0.71	3.114	0.006
现场管理	3.87 ± 0.71	3.87 ± 0.69	3.84 ± 0.66	3.70 ± 0.82	3.52 ± 0.61	3.45 ± 1.04	4.25 ± 0.71	1.249	0.281
旅游产品	3.97 ± 0.61	3.89 ± 0.69	3.87 ± 0.66	3.77 ± 0.84	3.42 ± 0.76	3.20 ± 0.88	4.13 ± 0.53	2.768	0.012
商品价格	3.52 ± 0.86	3.72 ± 0.89	3.79 ± 0.72	3.64 ± 0.77	3.33 ± 0.86	3.39 ± 1.20	3.50 ± 1.18	1.155	0.331
服务质量	3.78 ± 0.92	3.73 ± 0.81	3.77 ± 0.78	3.64 ± 0.80	3.19 ± 0.72	3.45 ± 0.82	3.50 ± 1.18	1.201	0.305

（五）不同月收入游客的差异性分析

如表 3-11 所示，不同月收入样本对于城市发展及配套服务、现场管理、旅游产品、商品价格和服务质量的显著性均大于 0.05，这意味着月收入不同的游客在各维度上的满意度均表现出一致性，并没有差异性。

表 3-11 不同收入游客的差异性分析

	月收入水平（平均值 ± 标准差）					F	显著性
	1000 元及以下	1001～3000 元	3001～5000 元	5001～10000 元	10000 元及以上		
城市发展及配套服务	3.91 ± 0.51	3.82 ± 0.56	3.79 ± 0.75	3.74 ± 0.71	3.40 ± 0.83	1.311	0.266
现场管理	4.19 ± 0.46	3.80 ± 0.70	3.77 ± 0.75	3.84 ± 0.72	3.83 ± 0.58	0.777	0.541
旅游产品	4.14 ± 0.57	3.84 ± 0.68	3.82 ± 0.74	3.86 ± 0.71	3.69 ± 0.71	0.612	0.654
商品价格	4.11 ± 0.71	3.49 ± 0.86	3.71 ± 0.84	3.68 ± 0.83	3.58 ± 0.80	1.407	0.232
服务质量	3.85 ± 0.99	3.81 ± 0.76	3.71 ± 0.79	3.65 ± 0.89	3.65 ± 0.68	0.435	0.783

七、研究结果

从上述分析中可以得出以下结论。第一，游客重游意愿较低。调查显示，315 名游客中，有 63.17% 的游客不愿意再次参加民歌节，南宁国际民歌艺术节应及时发现影响游客满意度和重游度的原因，从而提升游客重游度。第二，游客对于该节庆活动的基础设施建设和商品价格满意度较低。从游客满意度指标均值表中可以看出，X2 城市基础设施、X16 纪念品价格及游览花销得分均低于 3.6，说明城市基础设施和商品的价格是游客满意度的重要影响因素。因此，南宁国际民歌艺术节应加强基础设施建设，合理降低节庆活动举办过程中的消费水平。第三，南宁国际民歌艺术节的主办方应重视该节庆活动的文化价值与宣传工作。通过差异性分析可知，不同学历的游客在旅游产品的满意度上存在显著差异，具体表现为本科＞大专。这表明，受教育程度即文化认知程度越高，游客对旅游文化产品的期望值越高，越注重文化体验。根据上文分析，参与民歌节的游客大部分为高素质群体，对文化体验感知程度和期望值较高，因此，南宁国际民歌艺术节的主办方应积极挖掘当地特色文化，转变活动宣传方式，促进民歌文化"走出去"，从而增强游客的文化体验，提升游客满意度。

第二节　中国（柳州·三江）侗族多耶节游客满意度调查分析

一、问卷设计与问卷结构

本研究调查问卷设计可分为三个模块，第一个模块主要是游客的基本资料，包括游客的性别、年龄、职业、受教育程度、地域和月收入水平；第二个模块是游客的行为，包括参加次数、向亲友推荐意愿、再次参加意愿和认为该节庆存在的问题；第三个模块是游客重要性—满意度调查，采用5分制矩阵量表，从低分到高分对测量结果进行打分，选项包括：1～5，很不重要～很重要；1～5，很不满意～很满意。

二、调查数据样本构成分析

本次调研主要采用网络问卷方式，旨在了解游客满意度情况与游客的实际需求，重点掌握中国（柳州·三江）侗族多耶节在举办过程中存在的问题。笔者在2021年第十八届中国（柳州·三江）侗族多耶节举办期间共发放问卷330份，其中，有效问卷共306份，有效回收率达92.73%，因此，该样本量能够较为准确地反映游客对中国（柳州·三江）侗族多耶节的实际满意情况。

三、样本描述性统计分析

本次发放的调查问卷，笔者在进行问卷筛选之后，共剔除 24 份无效问卷，保留 306 份有效问卷。本次所收集样本数据的各项描述统计指标如表 3-12 所示。

表 3-12   样本描述统计

统计变量		样本数（份）	百分比（%）
性别	男	124	40.52
	女	182	59.48
年龄	18 岁及以下	28	9.15
	19 ～ 35 岁	227	74.18
	36 ～ 59 岁	44	14.38
	60 岁及以上	7	2.29
职业	学生	160	52.29
	政府或事业单位工作人员	44	14.38
	专业技术人员	30	9.8
	个体户或自由职业者	37	12.09
	农民或工人	8	2.61
	其他	27	8.82
受教育程度	初中及以下	20	6.54
	高中及中专	49	16.01
	本科及大专	219	71.57
	硕士及以上	18	5.88
地域	中国境内	301	98.37
	中国境外	5	1.63

续　表

统计变量		样本数（份）	百分比（%）
月收入水平	2000 元及以下	125	40.85
	2001～5000 元	89	29.08
	5001～10000 元	71	23.2
	10000 元及以上	21	6.86
参加次数	首次参加	251	82.03
	2～3 次	46	15.03
	3 次以上	9	2.94
是否愿意向亲友推荐	是	290	94.77
	否	16	5.23
是否愿意再次参加	是	287	93.79
	否	19	6.21
该节庆存在的问题	主题不明确	92	15.38
	娱乐性不强	107	17.89
	节庆氛围不够浓厚	102	17.06
	宣传力度不够	165	27.59
	其他	68	11.37
	十分满意没有不足	64	10.70

从性别统计结果来看，本次调研的男性游客为 124 名，占总样本数的 40.52%；女性游客为 182 名，占总样本数的 59.48%。因此，可得知参加 2021 年第十八届中国（柳州·三江）侗族多耶节的游客，女性所占比例高于男性，说明女性较男性而言，对参与节庆活动更感兴趣。从年龄统计结果来看，参加中国（柳州·三江）侗族多耶节的游客年龄主要分布在 19～35 岁，其数量占样本总数的 74.18%；60 岁及以上年龄的游客所占比例最低，仅为 2.29%。以上数据说明中国（柳州·三江）侗族多

耶节的参与者主要以中青年为主，19～35岁年龄段的中青年面临着学习压力和工作压力、有一定的经济基础、参与节事旅游的需求，较其他年龄段旺盛等是中青年参与中国（柳州·三江）侗族多耶节的主要原因。从职业统计结果来看，参加中国（柳州·三江）侗族多耶节的游客主要为学生，共160人，占总样本总数的52.29%。学生可自由分配时间，较其他职业人群多、结团外出旅游的需求旺盛等是学生参与数量比其他人群多的主要原因。从受教育程度的统计结果来看，参加中国（柳州·三江）侗族多耶节的游客中，本科及大专学历的人员数量最多，占总人数的71.57%，这体现了多耶节的参与者普遍受教育程度较高，主要为高素质群体。从地域统计结果来看，参加中国（柳州·三江）侗族多耶节的游客主要来自中国境内，所占比例为98.37%，这说明中国境内游客对该节庆的参与度很高；而中国境外游客所占比例仅为1.63%，这说明该节庆对中国境外游客的吸引力较低，且受疫情影响，中国境外游客参与该节庆活动的数量并不可观。从月收入水平统计数据来看，参加中国（柳州·三江）侗族多耶节的游客，月收入大部分处于2000元及以下水平，占总样本数的40.85%；其次为2001～5000元、5001～10000元，分别占29.08%、23.2%。这表明由于参与游客大多为学生，学生收入普遍较低或无收入，因此游客的月收入水平随之较低。从参加次数统计结果来看，中国（柳州·三江）侗族多耶节的游客大部分为首次参加，占总样本数的82.03%，这说明中国（柳州·三江）侗族多耶节对外部游客吸引力较大。从向亲友推荐意愿的统计结果来看，94.77%的游客是愿意向亲友推荐该节庆的，这说明大部分游客对中国（柳州·三江）侗族多耶节的体验是满意的，并且愿意与他人分享参加该节庆活动的经历。从再次参与意愿来看，93.79%的游客愿意再次参加该节庆活动，这说明游客对中国（柳州·三江）侗族多耶节的重游意愿较高。从该节庆存在的问题方面来看，游客认为宣传力度不够所占比例最高，为27.59%，这说明中国（柳州·三江）侗族多耶节活动主办方应加强对于该节庆的宣传力度。

为了考察样本基本特征对各变量的影响，笔者在对调查数据进行整理后，得出了中国（柳州·三江）侗族多耶节游客满意度测量变量的基本统计信息，如表 3-13 所示。

表 3-13　游客满意度测量变量统计信息汇总表（N=306）

代码	影响因素	最小值	最大值	平均值	标准差
X1	活动布置及装饰的民族特色	1	5	4.193	0.805
X2	活动数量	1	5	4.095	0.842
X3	娱乐项目的民族特色	1	5	4.196	0.814
X4	民族风情的展示程度	1	5	4.219	0.794
X5	文化底蕴的展示效果	1	5	4.209	0.774
X6	食品价格	1	5	4.056	0.853
X7	餐饮卫生	1	5	4.144	0.805
X8	餐饮食品的民族特色	1	5	4.193	0.763
X9	住宿价格	1	5	4.023	0.877
X10	住宿环境	1	5	4.118	0.809
X11	交通费用	1	5	4.082	0.808
X12	交通便捷性	1	5	4.121	0.811
X13	现场秩序管理	1	5	4.196	0.773
X14	门票价格	1	5	4.075	0.820
X15	商品价格	1	5	4.026	0.853
X16	商品的民族特色	1	5	4.167	0.790
X17	商品质量	1	5	4.16	0.783
X18	工作人员的服务态度	1	5	4.19	0.791

注：表中 18 个变量与游客满意度的量表一致。

由表 3-13 的描述性统计分析来看，可以得知游客对中国（柳州·三江）侗族多耶节的满意度。在这个信息统计汇总表中，18个观测变量的均值都大于4，表示游客满意度较高。其中，X6食品价格、X9住宿价格、X11交通费用、X14门票价格和X15商品价格的得分均处于临界分值，说明该节庆的价格因素对游客满意度的影响较大。因此，中国（柳州·三江）侗族多耶节应对各类产品价格进行合理控制。此外，X4民族风情的展示程度和X5文化底蕴的展示效果得分最高，表明游客对于这两项的满意度最高。

四、信效度检验

通过对数据进行信效度检验可以检验数据问卷设计质量以及问卷数据是否符合因子分析。

（一）信度检验

Cronbach's alpha常被用于问卷信度分析，是当前最常用的信度系数。α系数的值通常介于0～1之间，当α系数的值小于0.6时，说明当前的量表设计存在不合理之处，需要进行适当调整；当α系数的值介于0.7～0.8之间时，意味着该问卷量表的信度较高；当α系数大于0.8时，则表明该量表的信度极高。如表3-14所示，中国（柳州·三江）侗族多耶节的α系数为0.976，大于0.8，说明该调查数据信度极高。

表3-14　调查问卷信度检验表

克隆巴赫系数（Cronbach's alpha）	项数
0.976	18

（二）效度检验

如表3-15所示，巴特利特球形度检验与KMO样本测度均＞0.70，KMO值为0.969，近似卡方为6095.259，自由度为153，显著性为0.000，这意味着在该调查中，各变量之间存在较高的相关性，即表示该组数据可以进行因子分析。

表 3-15　调查问卷效度检验表

KMO 值		0.969
巴特利特球形度检验	近似卡方	6095.259
	自由度	153
	显著性	0.000

五、因子分析

因子分析可以帮助本研究在多个变量中挖掘共性因子。鉴于此，本研究将使用因子分析的方法对公因子进行分类处理。

（一）公因子提取

本研究采取主成分分析法进行数据处理，对影响游客满意度的测量指标进行了因子提取，以初始特征值大于 1，且载荷超过 0.5 作为选取共同因子个数的原则。如表 3-16 所示，本研究共提取了 4 个公因子，这 4 个公因子对方差解释的贡献率分别为 71.12%、5.149%、3.097%、3.074%，累计解释方差总量达到 82.439%。当旋转后总方差解释比例为：24.277%、20.406%、19.978%、17.779%，累计解释方差总量依然为 82.439%。

表 3-16　总方差解释表

元件	初始值特征			提取载荷平方和			旋转后载荷平方和		
	总计	方差百分比	累计 %	总计	方差百分比	累计 %	总计	方差百分比	累计 %
1	12.802	71.120	71.120	12.802	71.120	71.12	4.37	24.277	24.277
2	0.927	5.149	76.269	0.927	5.149	76.269	3.673	20.406	44.682
3	0.557	3.097	79.366	0.557	3.097	79.366	3.596	19.978	64.660
4	0.553	3.074	82.439	0.553	3.074	82.439	3.2	17.779	82.439

（二）因子解释

通过取消因子载荷系数中绝对值小于 0.5 的变量，可得出如表 3-17 所示的数据。

表 3-17　旋转后成分矩阵表

影响因素	元件			
	民族特色	价格	产品及服务	现场管理
商品民族特色	0.604			
民族风情的展示程度	0.618			
文化底蕴的展示效果	0.649			
娱乐项目的民族特色	0.662			
餐饮食品的民族特色	0.681			
活动布置及装饰的民族特色	0.703			
食品价格		0.589		
住宿价格		0.694		
交通费用		0.776		
门票价格		0.783		
商品价格		0.753		
商品质量			0.672	
活动数量			0.707	
工作人员的服务态度			0.738	
交通便捷性				0.534
住宿环境				0.54
现场秩序管理				0.647
餐饮卫生				0.74

续　表

影响因素	元件			
	民族特色	价格	产品及服务	现场管理
特征值	4.683	4.031	2.356	3.237

注：

提取方法：主成分分析

旋转方法：Kaiser 标准化最大方差法

将公因子 1 命名为"民族特色"，共包含 6 个影响因素：商品民族特色、民族风情的展示程度、文化底蕴的展示效果、娱乐项目的民族特色、餐饮食品的民族特色和活动布置及装饰的民族特色。将公因子 2 命名为"价格"，公因子 2 共包含 5 个影响因素：食品价格、住宿价格、交通费用、门票价格和商品价格。将公因子 3 命名为："产品及服务"，公因子 3 共包含 3 个影响因素：商品质量、活动数量和工作人员的服务态度。将公因子 4 命名为"现场管理"，公因子 4 共包含 4 个影响因素：交通便捷性、住宿环境、现场秩序管理和餐饮卫生。

六、差异性分析

在此部分，笔者采取单因素方差分析方法，考察游客年龄、职业、教育程度、月收入水平与以上四个公因子的相关性。

（一）不同年龄游客的差异性分析

如表 3-18 所示，人口基本特征"年龄"在四个维度上的显著性都高于 0.05，说明不同年龄段的游客在民族特色、价格、产品及服务和现场管理上的满意度没有显著差异。

表 3-18　不同年龄游客的差异性分析

		平方和	自由度	平均值平方	F	显著性
民族特色	组间	1.194	3	0.398	0.740	0.529
	组内	162.54	302	0.538		
	总计	163.734	305			
价格	组间	3.506	3	1.169	1.989	0.116
	组内	177.483	302	0.588		
	总计	180.989	305			
产品及服务	组间	0.084	3	0.028	0.055	0.983
	组内	155.275	302	0.514		
	总计	155.359	305			
现场管理	组间	1.084	3	0.361	0.673	0.569
	组内	162.232	302	0.537		
	总计	163.316	305			

（二）不同职业游客的差异性分析

如表 3-19 所示，人口基本特征"职业"四个维度上的显著性都高于 0.05，表明不同职业的游客在民族特色、价格、产品及服务和现场管理上的满意度没有显著差异。

表 3-19　不同职业游客的差异性分析

		平方和	自由度	平均值平方	F	显著性
民族特色	组间	4.183	5	0.837	1.573	0.167
	组内	159.55	300	0.532		
	总计	163.734	305			

续　表

		平方和	自由度	平均值平方	F	显著性
价格	组间	3.531	5	0.706	1.194	0.312
	组内	177.459	300	0.592		
	总计	180.989	305			
产品及服务	组间	3.74	5	0.748	1.48	0.196
	组内	151.619	300	0.505		
	总计	155.359	305			
现场管理	组间	2.719	5	0.544	1.016	0.408
	组内	160.597	300	0.535		
	总计	163.316	305			

（三）不同受教育程度游客的差异性分析

如表 3-20 所示，人口基本特征"教育程度"的显著性在民族特色和现场管理上小于 0.05，在价格、产品及服务上均大于 0.05，这说明受教育程度不同的游客在民族特色和现场管理的满意度上存在显著差异，在价格、产品及服务上无显著差异。

表 3-20　不同教育程度游客的差异性分析

		平方和	自由度	平均值平方	F	显著性
民族特色	组间	4.41	3	1.47	2.786	0.041
	组内	159.324	302	0.528		
	总计	163.734	305			
价格	组间	3.49	3	1.163	1.98	0.117
	组内	177.499	302	0.588		
	总计	180.989	305			

		平方和	自由度	平均值平方	F	显著性
	组间	3.51	3	1.17	2.327	0.075
产品及服务	组内	151.85	302	0.503		
	总计	155.359	305			
	组间	4.405	3	1.468	2.79	0.041
现场管理	组内	158.911	302	0.526		
	总计	163.316	305			

（四）不同月收入游客的差异性分析

如表 3-21 所示，人口基本特征"月收入水平"在四个维度上的显著性都高于 0.05，表明月收入不同的游客在民族特色、价格、产品及服务和现场管理上的满意度没有显著差异。

表 3-21　不同月收入水平游客的差异性分析

		平方和	自由度	平均值平方	F	显著性
	组间	1.427	3	0.476	0.885	0.449
民族特色	组内	162.307	302	0.537		
	总计	163.734	305			
	组间	4.246	3	1.415	2.418	0.066
价格	组内	176.744	302	0.585		
	总计	180.989	305			
	组间	1.627	3	0.542	1.066	0.364
产品及服务	组内	153.732	302	0.509		
	总计	155.359	305			

续 表

		平方和	自由度	平均值平方	F	显著性
现场管理	组间	1.147	3	0.382	0.712	0.545
	组内	162.169	302	0.537		
	总计	163.316	305			

七、研究结果

由以上分析可以得出，参加中国（柳州·三江）侗族多耶节的游客年龄主要分布在 19 ～ 35 岁这个年龄段，且在调查的 306 名游客中主要以学生为主，学生数量占总样本比例的 52.29%；在"认为该节庆存在的问题"的调查中，27.59% 的人认为该节庆活动的宣传力度不够。笔者通过因子分析，将影响中国（柳州·三江）侗族多耶节游客满意度的 18 个因素分类归纳为 4 个公因子，分别为：民族特色、价格、产品及服务和现场管理。通过差异性分析可得知，不同教育程度的游客在民族特色和现场管理的满意度上存在显著差异。

第三节　桂林国际山水文化旅游节
游客满意度调查分析

一、问卷设计与问卷结构

本次调查问卷的结构分为三大板块，首先是游客的基本资料，包括性别、年龄、最高学历、职业和月收入水平；其次是游客的基本情况，包括地域、参加次数、物价水平、向亲友推荐和再次参加意愿；最后是游客重要性—满意度调查，本调查采用李克特 5 分制矩阵量表，按照低维度到高维度的顺序对 15 个测量指标进行评分。

二、调查数据样本构成分析

本研究主要通过发放线上和线下问卷的形式收集数据，这样可以更好地了解游客的真实感受，并发现桂林国际山水文化旅游节存在的问题。本次调查共收集问卷 359 份，最终得到有效问卷 296 份，由此可知，本次收集到的数据可以较真实地体现出游客对桂林国际山水文化旅游节的实际感受。

三、样本描述性统计分析

如图 3-1 所示，在性别统计方面，男性游客有 147 名，占总样本数量的 49.66%，女性游客有 149 名，占总样本数量的 50.34%。由此可知，女性游客与男性游客的数量几乎相等。

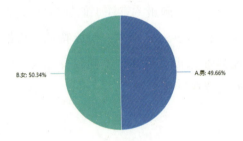

图 3-1　性别分布图

如图 3-2 所示，在年龄统计方面，19 ～ 25 岁、26 ～ 45 岁这两个年龄段的游客居多，分别为 29.73%、23.65%；其次是 18 岁以下、46 ～ 59 岁这两个年龄段的游客，分别占 18.58%、18.24%；60 岁及以上的游客最少，仅为 9.8%。

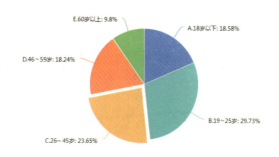

图 3-2　年龄分布图

如图 3-3 所示，在最高学历统计方面，最高学历为大学本科的游客最多，占总数的 32.77%，其次是大专 / 高职的游客，占总数的 23.64%。

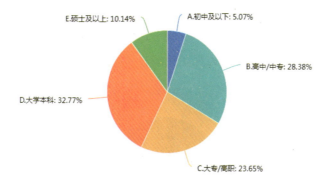

图 3-3　最高学历分布图

如图 3-4 所示，在职业分布方面，个体户、自由职业者，学生和教师居多，所占比例分别为 24.66%、23.65%、21.96%。

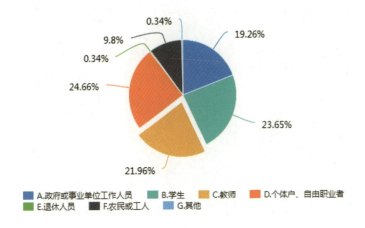

图 3-4　职业分布图

如图 3-5 所示，在月收入分布方面，月收入在 1000 元及以下、3001 ～ 5000 元这两个层次的游客最多，比例分别为 21.96% 和 19.26%。

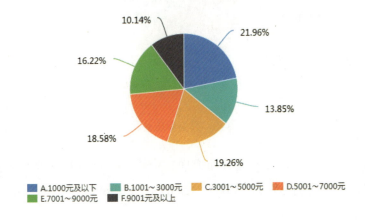

图 3-5　月收入分布图

如图 3-6 所示，在地域分布方面，参加桂林国际山水文化旅游节的大部分游客来自中国境内，比例高达 97.64%，中国境外游客仅占 2.36%，这意味着桂林国际山水文化节的国际影响力远远不足。

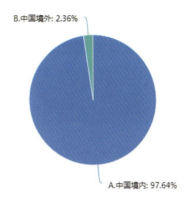

图 3-6　地域分布图

如图 3-7 所示，在参加次数分布方面，首次参加的游客占 35.14%，非首次参加的游客占总样本数量的 64.86%，这意味着桂林国际山水文化旅游节的游客重游率较高。

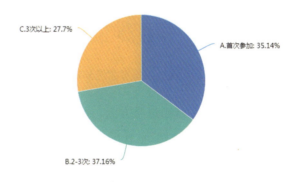

图 3-7　参加次数分布图

如图 3-8 所示，在物价水平分布方面，觉得桂林国际山水文化旅游节物价水平过高的游客仅占 33.11%，而 66.89% 的游客觉得活动现场的物价水平较为正常，说明桂林国际山水文化旅游节活动现场的物价能够使大多数游客接受。

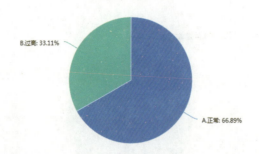

图 3-8　物价水平分布图

如图 3-9 所示，在向亲友推荐意愿方面，愿意向亲友推荐的游客占样本总数的 53.72%，而 46.28% 的游客不愿意推荐，这意味着有将近一半的游客愿意与他人分享自己参与桂林国际山水文化旅游节的经历。

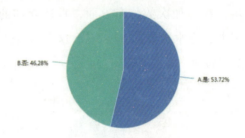

图 3-9　向亲友推荐意愿分布图

如图 3-10 所示，在再次参加意愿方面，愿意再次参加桂林国际山水文化旅游节的游客有 65.42%，而不愿意再次参加的游客有 34.58%，说明桂林国际山水文化旅游节的游客重游率相对较高。

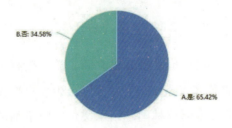

图 3-10　再次参加意愿分布图

桂林国际山水文化旅游节游客满意度调查统计分析如表3-22所示。

表3-22　样本描述统计分析表

	变量	样本数	百分比（%）	变量	样本数	百分比（%）
性别	男	147	49.66	1000元以下	65	21.96
	女	149	50.34	1001～3000元	41	13.85
年龄	18岁以下	55	18.58	3001～5000元	57	19.26
	19～25岁	88	29.73	月收入 5001～7000元	55	18.58
	26～45岁	70	23.65	7001～9000元	48	16.22
	46～59岁	54	18.24	9001元以上	30	10.14
	60岁以上	29	9.8	地域 中国境内	289	97.64
学历	初中及以下	15	5.07	中国境外	7	2.36
	高中/中专	84	28.38	物价水平 正常	198	66.89
	大专/高职	70	23.65	过高	98	33.11
	大学本科	97	32.77	首次参加	104	35.14
	硕士及以上	30	10.14	参加次数 2～3次	110	37.16
职业	政府或事业单位工作人员	57	19.26	3次以上	82	27.7
	学生	70	23.65	向亲友推荐意愿 是	159	53.72
	教师	65	21.96	否	137	46.28
	个体户、自由职业者	73	24.66	再次参加意愿 是	194	65.42
	退休人员	1	0.34	否	102	34.58
	农民或工人	29	9.8			
	其他	1	0.34			

如表 3-23 所示，在游客满意度测量指标统计表中，15 个指标的均值都处于 3 ~ 4 之间，可初步分析出桂林国际山水文化旅游节游客满意度的结果，即相对满意。

表 3-23　游客满意度测量指标统计表（N=296）

影响因素	N	最小值	最大值	均值	标准差
节庆活动艺术氛围	296	1	5	3.45	0.842
山水文化展现形式	296	1	5	3.54	0.814
历史文化底蕴的展示效果	296	1	5	3.35	0.890
特色旅游产品及路线	296	1	5	3.45	0.874
旅游商品种类及价格	296	1	5	3.54	0.726
国际影响力	296	1	5	3.40	0.752
住宿	296	1	5	3.24	0.867
城市基础设施建设	296	1	5	3.75	0.840
现场秩序	296	1	5	3.97	0.729
交通状况	296	1	5	3.60	0.862
安保措施	296	1	5	3.61	0.689
休憩场所	296	1	5	3.72	0.730
停车问题	296	1	5	3.71	0.715
餐饮及卫生环境	296	1	5	3.52	0.745
工作人员的服务态度	296	1	5	3.77	0.757

四、信效度检验

（一）信度检验

一般来说，α 系数取值范围在 0 ~ 1 之间，其值高于 0.8 时，意味着样本的信度高，数据可靠。如表 3-24 所示，α 系数为 0.896 > 0.8，即本次调查的数据信度较高。

表 3-24　调查问卷信度检验表

克隆巴赫系数（Cronbach's alpha）	项数
0.896	15

（二）效度检验

如表 3-25 所示，KMO 取样适切性量数值为 0.883，近似卡方为 2320.981，自由度为 105，显著性为 0.000，意味着该样本各变量之间的相关性较高，适合运用因子分析法。

表 3-25　调查问卷效度检验表

	KMO 值		0.883
巴特利特球形度检验	近似卡方		2320.981
	自由度		105
	显著性		0.000

五、因子分析

（一）公因子提取

如表 3-26 所示，本研究提取了 3 个公因子，且对方差解释的贡献率为：38.854%、14.927%、6.758%，累计解释方差为 60.539%。旋转后总方差解释比例为 23.493%、21.529%、15.517%，累计解释方差仍为 60.539%。

表 3-26　总方差解释表

成分	初始特征值			提取载荷平方和			旋转载荷平方和		
	总计	方差百分比	累计 %	总计	方差百分比	累计 %	总计	方差百分比	累计 %
1	6.217	38.854	38.854	6.217	38.854	38.854	3.759	23.493	23.493
2	2.388	14.927	53.781	2.388	14.927	53.781	3.445	21.529	45.022
3	1.081	6.758	60.539	1.081	6.758	60.539	2.483	15.517	60.539

（二）因子解释

通过取消因子载荷系数绝对值小于 0.5 的变量，可得出如表 3-27 所示数据。

表 3-27　旋转后成分矩阵表

	成分		
	节庆活动内容及基础设施	配套服务及现场管理	城市发展及影响力
城市基础设施建设	0.066		
特色旅游产品及路线	0.886		
旅游商品种类及价格	0.578		
节庆活动艺术氛围	0.806		
山水文化展现形式	0.853		
历史文化底蕴的展示效果	0.822		
休憩场所		0.738	
停车问题		0.810	
工作人员的服务态度		0.779	
餐饮及卫生环境		0.805	

续　表

	成分		
	节庆活动内容及基础设施	配套服务及现场管理	城市发展及影响力
安保措施		0.717	
住宿			0.555
交通状况			0.724
国际影响力			0.695
现场秩序			0.631

　　将公因子1命名为"节庆活动内容及基础设施"，公因子1的影响因素有：城市基础设施建设、特色旅游产品及路线、旅游商品种类及价格、节庆活动艺术氛围、山水文化展现形式、历史文化底蕴的展示效果，共6个。将公因子2命名为"配套服务及现场管理"，公因子2的影响因素有：休憩场所、停车问题、工作人员的服务态度、餐饮及卫生环境、安保措施，共5个。将公因子3命名为"城市发展及影响力"，公因子3的影响因素有：住宿、交通状况、国际影响力、现场秩序，共4个。

六、差异性分析

　　笔者在本调查中采取单因素方差法进行分析，按照各维度上显著值大于0.05则表示相关性较强的原则，考察相关因子之间的差异性。

（一）不同性别游客的差异性分析

　　如表3-28所示，性别不同的游客在节庆活动内容及基础设施、配套服务及现场管理、城市发展及影响力的满意度上的差异性较弱。

表 3-28　不同性别游客的差异性分析

		平方和	自由度	均方	*F*	显著性
节庆活动内容及基础设施	组间	1.777	1	1.777	1.783	0.183
	组内	228.223	229	0.997		
	总计	230.000	230			
配套服务及现场管理	组间	1.672	1	1.672	1.677	0.197
	组内	228.328	229	0.997		
	总计	230.000	230			
城市发展及影响力	组间	0.247	1	0.247	0.247	0.620
	组内	229.753	229	1.003		
	总计	230.000	230			

（二）不同年龄游客的差异性分析

如表 3-29 所示，年龄不同的游客在节庆活动内容及基础设施、配套服务及现场管理、城市发展及影响力的满意度上的差异性较弱。

表 3-29　不同年龄游客的差异性分析

		平方和	自由度	均方	*F*	显著性
节庆活动内容及基础设施	组间	8.642	4	2.161	2.206	0.069
	组内	221.358	226	0.979		
	总计	230.000	230			
配套服务及现场管理	组间	2.557	4	0.639	0.635	0.638
	组内	227.443	226	1.006		
	总计	230.000	230			

续　表

		平方和	自由度	均方	F	显著性
城市发展及 影响力	组间	3.341	4	0.835	0.833	0.506
	组内	226.659	226	1.003		
	总计	230.000	230			

（三）不同学历游客的差异性分析

如表 3-30 所示，学历不同的游客在节庆活动内容及基础设施、配套服务及现场管理、城市发展及影响力的满意度上的差异性较弱。

表 3-30　不同学历游客的差异性分析

		平方和	自由度	均方	F	显著性
节庆活动内容 及基础设施	组间	1.440	4	0.360	0.356	0.840
	组内	228.560	226	1.011		
	总计	230.000	230			
配套服务及 现场管理	组间	0.866	4	0.216	0.214	0.931
	组内	229.134	226	1.014		
	总计	230.000	230			
城市发展及 影响力	组间	3.865	4	0.966	0.966	0.427
	组内	226.135	226	1.001		
	总计	230.000	230			

（四）不同职业游客的差异性分析

如表 3-31 所示，职业不同的游客在节庆活动内容及基础设施、配套服务及现场管理的满意度上的差异性较强，在城市发展及影响力的满意度上的差异性较弱。

表 3-31　不同职业游客的差异性分析

		平方和	自由度	均方	F	显著性
节庆活动内容及基础设施	组间	8.104	6	1.351	1.363	0.230
	组内	221.896	224	0.991		
	总计	230.000	230			
配套服务及现场管理	组间	4.419	6	0.736	0.731	0.625
	组内	225.581	224	1.007		
	总计	230.000	230			
城市发展及影响力	组间	13.780	6	2.297	2.379	0.030
	组内	216.220	224	0.965		
	总计	230.000	230			

（五）不同月收入游客的差异性分析

如表 3-32 所示，月收入不同的游客在节庆活动内容及基础设施、配套服务及现场管理、城市发展及影响力的满意度上的差异性较强。

表 3-32　不同月收入游客的差异性分析

		平方和	自由度	均方	F	显著性
节庆活动内容及基础设施	组间	1.181	5	0.236	0.232	0.948
	组内	228.819	225	1.017		
	总计	230.000	230			
配套服务及现场管理	组间	1.363	5	0.273	0.268	0.930
	组内	228.637	225	1.016		
	总计	230.000	230			

续　表

		平方和	自由度	均方	F	显著性
城市发展及影响力	组间	6.607	5	1.321	1.331	0.252
	组内	223.393	225	0.993		
	总计	230.000	230			

七、研究结果

综上可得，参加第十一届桂林国际山水文化旅游节的游客，男女人数基本相等；采用克隆巴赫系数公式计算出本研究的样本可信度为0.896；通过 KMO 和巴特利特检验得出，该样本各指标之间相关性较高，适合运用因子分析法；运用 SPSS26.0 软件对各个指标进行公因子提取，总结归纳出影响桂林山水文化旅游节游客满意度的 3 个公因子，即节庆活动内容及基础设施、配套服务及现场管理、城市发展及影响力。

第四节　广西龙胜各族自治县红衣节游客满意度调查分析

一、问卷设计与问卷结构

本次调查问卷一共设计为三部分：第一部分是游客的基本资料，包括性别、年龄、学历、职业以及月收入水平；第二部分是游客的基本情况，包括地域、参加次数、向亲友推荐意愿、再次参加意愿和游客获取信息的渠道；第三部分是游客满意度—重要性调查，设计矩阵量表来对测量指标进行打分，选项包括：1～5，非常不满意～非常满意；1～5，非常不重要～非常重要。

二、调查数据样本构成分析

本次调研主要采用问卷调查的方式，目的是了解游客满意度的实际情况，并根据调查结果掌握广西龙胜各族自治县红衣节举办过程中存在的问题以及提出相应的解决策略。笔者在 2021 年广西龙胜各族自治县红衣节举办期间共发放问卷 270 份，经检查，剔除无效问卷 26 份，剩余有效问卷 244 份，有效回收率达到 90.37%。因此，该样本量能够比较准确地反映游客对广西龙胜各族自治县红衣节的实际满意情况。

三、样本描述统计性分析

本次调查问卷样本的各项描述统计指标如表 3-33 所示。

表 3-33　样本描述统计

统计变量		样本数	百分比（%）	统计变量		样本数	百分比（%）
性别	男	95	38.93	月收入水平	2000 元及以下	53	21.72
	女	149	61.07		2001～5000 元	103	42.21
年龄	18 岁及以下	8	3.28		5001～10000 元	67	27.46
	19～35 岁	177	72.54		10001 元及以上	21	8.61
	36～59 岁	49	20.08	地域	中国境内	237	97.13
	60 岁及以上	10	4.10		中国境外	7	2.87

续　表

统计变量		样本数	百分比（%）	统计变量		样本数	百分比（%）
学历	初中及以下	25	10.25	参加次数	首次参加	200	81.97
	中专/高中	42	17.21		2～3次	37	15.16
	大专/本科	158	64.75		3次以上	7	2.87
	研究生及以上	19	7.79	再次参展意愿	是	212	86.89
职业	学生	38	15.57		否	32	13.11
	政府或事业单位工作人员	49	20.08	向亲友推荐意愿	愿意	221	90.57
	个体户、自由职业者	86	35.25		不愿意	23	9.43
	农民或工人	33	13.52				
	离/退休人员	8	3.28				
	其他	30	12.30				

如图 3-11 所示，从性别统计上看，本次调研男性游客为 95 名，占样本总量的 38.93%；女性游客为 149 名，占样本总量的 61.07%。由此可见，女性游客的占比高于男性游客，所以可以得出，参与红衣节的主体以女性为主。

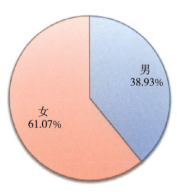

图 3-11　性别分布图

如图 3-12 所示，从年龄统计上看，参加红衣节的游客年龄主要分布在 19～35 岁，占比为 72.54%；其次是 36～59 岁，占比为 20.08%；18 岁以下和 60 岁及以上的占比都很低，两个分别仅占 3.28%、4.10%。以上数据可以说明红衣节的参与者主要以青年、中年为主，有一定的经济基础，并且对民俗文化感兴趣，是青年参与红衣节的主要原因。

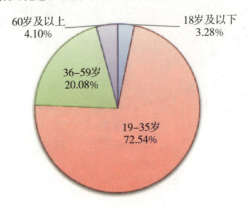

图 3-12　年龄分布图

如图 3-13 所示，从最高学历统计结果来看，参加红衣节最多的游客为本科/大专学历，占比为 64.75%；其次是中专/高中学历，占比 17.21%；而初中及以下和研究生及以上的人数占比较小，分别为 10.25%、7.79%。该组数据说明参加红衣节的游客素质相对较高。

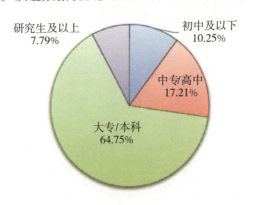

图 3-13　最高学历分布图

如图 3-14 所示，从职业统计结果来看，个体户、自由职业者，政府或事业单位工作人员以及学生这三大群体占比较大，分别为 35.25%、20.08%、15.57%。

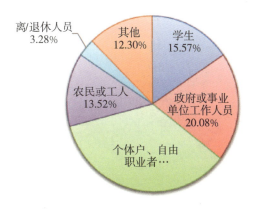

图 3-14 职业分布图

如图 3-15 所示，从月收入统计来看，游客月收入主要分布在 2001～5000 元，占比为 42.21%，这说明中等收入人群对参与红衣节更感兴趣。

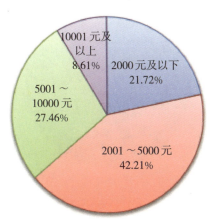

图 3-15 月收入分布图

如图 3-16 所示，从地域统计来看，参加广西龙胜各族自治县红衣节的游客大部分来自中国境内，所占比例高达 97.13%，而中国境外游客仅占 2.87%，这说明红衣节对中国境外游客吸引力还不够高。

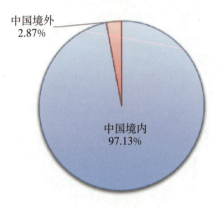

图 3-16　地域分布图

如图 3-17 所示，从参加次数统计结果来看，首次参加红衣节的游客占比高达 81.97%，而三次以上的较少，比例仅为 2.87%，这说明广西龙胜各族自治县红衣节吸引力不高，游客重游率较低。

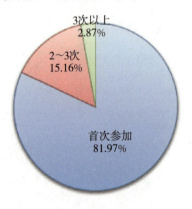

图 3-17　参加次数分布图

如图 3-18 所示，从再次参加意愿统计来看，86.89% 的游客表示愿意再次参加，13.11% 的游客不愿意再次参加，说明本届红衣节的游客重游意愿较高。

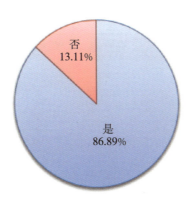

图 3-18　再次参加意愿分布图

如图 3-19 所示，从向亲友推荐意愿的统计结果来看，90.57% 的游客是愿意向亲友推荐红衣节的，9.43% 的游客则不愿意向亲友推荐该节庆活动，这说明本届红衣节的大部分游客对本次红衣节是较为满意的。

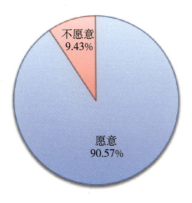

图 3-19　向亲友推荐意愿分布图

为了考察样本基本特征对各变量的影响，在对调查数据进行整理后，笔者对广西龙胜各族自治县红衣节游客满意度测量变量的基本信息做了统计，如表 3-34 所示：

表 3-34　游客满意度测量变量统计信息汇总表（*N*=244）

代码	影响因素	最小值	最大值	均值	标准差
X1	交通便利性	1	5	3.59	0.729
X2	举办地环境状况	1	5	3.77	0.824
X3	休憩场所	1	5	3.73	0.862
X4	现场秩序管理	1	5	3.70	0.763
X5	节庆氛围	2	5	4.06	0.709
X6	民族风情的展示效果	2	5	4.05	0.782
X7	文化底蕴的彰显效果	2	5	4.06	0.718
X8	节庆活动的融入性	2	5	3.66	0.766
X9	活动数量	2	5	3.87	0.740
X10	节庆活动的宣传力度	2	5	3.72	0.790
X11	节庆活动中商品的种类及价格	1	5	3.58	0.773
X12	住宿价格	2	5	3.90	0.814
X13	纪念品价格	1	5	3.68	0.873
X14	停车问题	1	5	3.50	0.793
X15	工作人员的服务态度	1	5	3.66	0.872
X16	安保措施	1	5	3.91	0.822
X17	消防安全	1	5	4.00	0.793

注：表中 17 个变量与游客满意度的量表一致。

从上表的描述性统计分析中，可以初步得到游客对广西龙胜各族自治县红衣节的满意度。在以上 17 个观测变量中，有 4 个变量均值大于 4，处于满意状态；有 13 个变量均值介于 3 ～ 4 之间，处于相对满意状态。其中，X1 交通便利性、X11 节庆活动中商品的种类及价格、X14 停车问题的得分均低于 3.6，说明交通的便利性、节庆期间商品的价格以及停车问题对游客满意度影响较大，因此，广西龙胜各族自治县红衣节的主办方应控制商品价格并完善基础设施建设。此外，X5 节庆氛围、X6 民族风情的展示效果、X7 文化底蕴的彰显效果以及 X17 消防安全的得分均超过了 4，表明游客对该届红衣节的举办效果以及消防措施很满意。

四、信效度检验

通过对数据进行信效度检验来检查问卷设计质量以及问卷数据是否符合因子分析。

（一）信度检验

如表 3-35 所示，为广西龙胜各族自治县红衣节游客满意度调查问卷信度检验表。

表 3-35　调查问卷信度检验表

克隆巴赫系数（Cronbach's alpha）	项数
0.909	17

在上表中，α 系数为 0.909，大于 0.8，说明本次调查问卷的信度高。

（二）效度检验

如表 3-36 所示，巴特利特球形度检验与 KMO 样本测度均 > 0.70，KMO 值为 0.924，近似卡方为 1663.060，自由度为 136，显著性为 0.000。因此，各变量之间具有较高的相关性，该组数据适合进行因子分析。

表 3-36　调查问卷效度检验表

KMO 值		0.924
巴特利特球形度检验	近似卡方	1663.060
	自由度	136
	显著性	0.000

五、因子分析

因子分析的作用是可以在多个变量中提取共性因子，因此，本研究将会利用因子分析，对公因子进行分类。

（一）公因子提取

本研究采用主成分分析法，对影响游客满意度的测量指标进行因子分析，依据初始值大于1，且荷载超过0.5为选取共同公因子个数的原则。如表3-37所示，本研究共提取了3个公因子，3个公因子对方差解释的贡献率分别为：41.525%、6.94%、5.967%，累计解释方差总量达到54.432%。当旋转后总方差解释比例为：21.331%、19.499%、13.601%，累计解释方差总量依然为54.432%。

表3-37　总方差解释表

成分	初始特征值			提取载荷平方和			旋转载荷平方和		
	总计	方差百分比	累计%	总计	方差百分比	累计%	总计	方差百分比	累计%
1	7.059	41.525	41.525	7.059	41.525	41.525	3.626	21.331	21.331
2	1.180	6.940	48.465	1.180	6.940	48.465	3.315	19.499	40.830
3	1.014	5.967	54.432	1.014	5.967	54.432	2.312	13.601	54.432

（二）因子解释

如表3-38所示，三个因子累计方差总量达到54.432%，其中解释比例最高的因子是"旅游产品及服务"，贡献率为41.525%；"举办效果"，贡献率为6.940%；"城市发展及配套服务"，贡献率为5.967%。

表 3-38　旋转后成分矩阵表

影响因素	元件		
	旅游产品及服务	举办效果	城市发展及配套服务
纪念品价格	0.799		
住宿价格	0.707		
安保措施	0.633		
节庆活动的宣传力度	0.564		
消防安全	0.542		
工作人员的服务态度	0.525		
节庆活动中商品的种类及价格	0.516		
停车问题	0.497		
活动数量	0.496		
文化底蕴的彰显效果		0.754	
节庆氛围		0.748	
民族风情的展示效果		0.732	
休憩场所		0.499	
现场秩序管理			0.781
举办地环境状况			0.555
交通便利性			0.501
节庆活动的融入性			0.392
特征值	7.095	1.180	1.014
方差解释比例（%）	41.525	6.940	5.967

注：

提取方法：主成分分析法。

旋转方法：凯撒正态化最大方差法。

α 旋转在 9 次迭代后已收敛。

公因子1包含了9个影响因素，分别为：纪念品价格、住宿价格、安保措施、节庆活动的宣传力度、消防安全、工作人员的服务态度、节庆活动中商品的种类及价格、停车问题和活动数量，笔者将其命名为"旅游产品及服务"；公因子2包含了4个影响因素，分别为：文化底蕴的彰显效果、节庆氛围、民族风情的展示效果和休憩场所，笔者将其命名为"举办效果"；公因子3包含了4个影响因素，分别为：现场秩序管理、举办地环境状况、交通便利性和节庆活动的融入性，笔者将其命名为"城市发展及配套服务"。

六、差异性分析

（一）不同性别游客差异性分析

如表3-39所示，人口基本特征"性别"在各维度上的显著性均大于0.05，表明不同性别的游客在旅游产品及服务、举办效果、城市发展及配套服务的满意度上无显著差异。

表3-39　不同性别游客的差异性分析

		平方和	自由度	均方	F	显著性
旅游产品及服务	组间	0.172	1	0.172	0.529	0.468
	组内	78.142	241	0.324		
	总计	78.314	242			
举办效果	组间	0.874	1	0.874	2.530	0.113
	组内	83.626	242	0.346		
	总计	84.501	243			
城市发展及配套服务	组间	0.003	1	0.003	0.011	0.916
	组内	70.492	242	0.291		
	总计	70.495	243			

（二）不同年龄游客的差异性分析

如表 3-40 所示，人口基本特征"年龄"在各维度上的显著性均大于 0.05，表明不同年龄的游客在旅游产品及服务、举办效果、城市发展及配套服务的满意度上无显著差异。

表 3-40　不同年龄游客的差异性分析

		平方和	自由度	均方	F	显著性
旅游产品及服务	组间	1.063	3	0.354	1.096	0.351
	组内	77.251	239	0.323		
	总计	78.314	242			
举办效果	组间	0.732	3	0.244	0.699	0.553
	组内	83.768	240	0.349		
	总计	84.501	243			
城市发展及配套服务	组间	1.675	3	0.558	1.947	0.123
	组内	68.820	240	0.287		
	总计	70.495	243			

（三）不同学历游客的差异性分析

如表 3-41 所示，人口基本特征"学历"在各维度上的显著性均大于 0.05，这表明不同学历的游客在旅游产品及服务、举办效果、城市发展及配套服务的满意度上无显著差异。

表 3-41　不同学历游客的差异性分析

		平方和	自由度	均方	F	显著性
旅游产品及服务	组间	0.711	3	0.237	0.729	0.535
	组内	77.603	239	0.325		
	总计	78.314	242			
举办效果	组间	0.762	3	0.254	0.728	0.536
	组内	83.739	240	0.349		
	总计	84.501	243			
城市发展及配套服务	组间	1.437	3	0.479	1.664	0.175
	组内	69.058	240	0.288		
	总计	70.495	243			

（四）不同职业游客的差异性分析

如表 3-42 所示，人口基本特征"职业"在各维度上的显著性均大于 0.05，表明不同职业的游客在旅游产品及服务、举办效果和城市发展及配套服务的满意度上无显著差异。

表 3-42　不同职业游客的差异性分析

		平方和	自由度	均方	F	显著性
旅游产品及服务	组间	1.118	5	0.224	0.687	0.634
	组内	77.195	237	0.326		
	总计	78.314	242			
举办效果	组间	0.513	5	0.103	0.291	0.918
	组内	83.988	238	0.353		
	总计	84.501	243			·

续　表

		平方和	自由度	均方	F	显著性
城市发展及配套服务	组间	0.840	5	0.168	0.574	0.720
	组内	69.655	238	0.293		
	总计	70.495	243			

（五）不同月收入游客的差异性分析

如表 3-43 所示，人口基本特征"月收入"的显著性均大于 0.05，表明月收入不同的游客在旅游产品及服务、举办效果和城市发展及配套服务的满意度上无显著差异。

表 3-43　不同月收入游客的差异性分析

		平方和	自由度	均方	F	显著性
旅游产品及服务	组间	0.587	3	0.196	0.602	0.614
	组内	77.726	239	0.325		
	总计	78.314	242			
举办效果	组间	0.392	3	0.131	0.372	0.773
	组内	84.109	240	0.350		
	总计	84.501	243			
城市发展及配套服务	组间	0.129	3	0.043	0.147	0.932
	组内	70.366	240	0.293		
	总计	70.495	243			

七、研究结果

从上述分析中可以得出，参与广西龙胜各族自治县红衣节的女性占比较高，且大多数为年轻游客。在这些游客中，有 97.13% 来自中国境内，说明红衣节对中国境外的游客吸引力不高；64.75% 的游客为本科 / 大专学历，这一数据说明参加红衣节的游客素质相对较高；游客月收入在 2001～5000 元的人数居多，占比高达 42.21%，这一数据说明参与游客收入中等；有 81.97% 的游客为首次参加红衣节，86.89% 的游客重游意愿较高，说明游客对于该届红衣节的满意度较高。

经过信度检验和效度检验，可以证明本次调查问卷信度高、数据可靠且适合做因子分析。通过因子分析，笔者将影响广西龙胜各族自治县红衣节游客满意度的 17 个因子归纳为 3 个公因子，分别为旅游产品及服务、举办效果和城市发展及配套服务。其中，旅游产品及服务这个公因子中包含的 9 个影响因素分别是纪念品价格、住宿价格、安保措施、节庆活动的宣传力度、消防安全、工作人员的服务态度、节庆活动中商品的种类及价格、停车问题和活动数量，这一公因子对于游客满意度调查的贡献率最高，为 41.525%。笔者通过进行差异性分析发现，游客在这几个公因子的满意度上均无显著差异。

第五节　资源河灯节游客满意度调查分析

一、问卷设计与问卷结构

笔者在借鉴相关文献的基础上，参照了国内学者设计的具有较高信度和效度的现有问卷量表，并结合资源河灯节的实际情况，对原始问卷进行了数次修改，最后得出了本研究调查问卷。本问卷由两个部分组成，一是游客的基础信息，包括性别、年龄、最高学历、职业、月收入水平、地域、参加次数、游玩时长、推荐意愿和重游意愿；二是游客重要性—满意度调查，本调查采用李克特 5 级量表，数值 1、2、3、4、5 分别表示很不重要或很不满意、不重要或不满意、一般、重要或满意、很重要或很满意。

二、调查数据样本构成分析

该问卷以参加第二十六届资源河灯节的游客为调查对象，调查时间为 2021 年 8 月 19 日～ 21 日，主要使用问卷星的电子问卷向本届资源河灯节的游客开展问卷调查，最终回收有效问卷 220 份。

三、样本描述性统计分析

本次问卷调查样本的各项描述统计指标如表 3-44 所示。在本次调查对象中，女性游客为 117 人，占比 53.18%；男性游客为 103 人，占比 46.82%。女性游客占比略高于男性游客，从整体上来看基本持平。从参加次数来看，首次参加、参加 2 ～ 3 次、参加 3 次以上的游客各占总比例的 66.82%、25%、8.18%，这说明资源河灯节对初次参与者具有一定的吸引力，但游客重游率相对较低。在重游意愿方面，89.55% 的游客在问卷中表示愿意再次参加，10.45% 的游客不愿意再次参加，这表明本届游客的重游意愿较低。

表 3-44　样本描述统计

统计变量		样本数	百分比（%）
性别	男	103	46.82
	女	117	53.18
年龄	17 岁及以下	38	17.27
	18 ～ 35 岁	101	45.91
	36 ～ 59 岁	70	31.82
	60 岁及以上	11	5.00

续　表

统计变量		样本数	百分比（%）
最高学历	初中及以下	20	9.09
	中专及高中	25	11.36
	大专及高职	68	30.91
	本科	86	39.09
	研究生及以上	21	9.55
职业	政府或事业单位工作人员	25	11.36
	企业职员	57	25.91
	学生	61	27.73
	农民	11	5.00
	个体工商户	19	8.64
	自由职业者	23	10.45
	其他	24	10.91
月收入水平	2000 元及以下	79	35.91
	2001～5000 元	96	43.64
	5001～10000 元	32	14.54
	10001 元及以上	13	5.91
地域	中国境内	217	98.64
	中国境外	3	1.36
参加次数	首次参加	147	66.82
	2～3 次	55	25.00
	3 次以上	18	8.18
游玩时长	1 天以内	89	40.45
	2 天左右	111	50.45
	3 天以上	20	9.09

续　表

统计变量		样本数	百分比（％）
推荐意愿	是	198	90.00
	否	22	10.00
重游意愿	是	197	89.55
	否	23	10.45

　　为了考察样本基本特征对各变量的影响，笔者在对调查数据进行整理后，得出了资源河灯节游客满意度测量变量的基本统计信息，如表3-45所示：

表3-45　游客满意度测量变量统计信息汇总表（N=220）

代码	影响因素	最小值	最大值	均值	标准差
X1	景区交通	1	5	3.48	1.145
X2	景区环境	1	5	3.37	1.071
X3	景区配套设施	1	5	3.46	1.039
X4	节日氛围影响力	1	5	3.60	1.005
X5	节庆氛围	1	5	3.52	1.070
X6	文化底蕴的彰显效果	1	5	3.33	1.062
X7	民族风情的展示效果	1	5	3.68	0.927
X8	旅游产品内容的丰富性	1	5	3.50	1.087
X9	节庆产品的特色性	1	5	3.48	1.096
X10	活动宣传力度	1	5	3.56	0.984
X11	餐饮环境	1	5	3.50	1.023
X12	住宿环境	1	5	3.17	1.093
X13	餐饮价格	1	5	3.35	1.154

代码	影响因素	最小值	最大值	均值	标准差
X14	住宿价格	1	5	3.13	1.095
X15	食品价格	1	5	3.24	1.037
X16	疫情防控措施	1	5	3.22	1.189
X17	安保措施	1	5	3.24	1.234
X18	消防安全	1	5	3.68	1.143
X19	便利服务	1	5	3.49	1.192
X20	现场秩序管理	1	5	3.38	1.253
X21	游客咨询服务	1	5	3.40	1.262

注：表中 21 个变量与游客满意度的量表一致。

从以上分析来看，可以初步得到游客对资源河灯节的满意度。在 21 个观测变量中，它们的均值普遍介于 3 ～ 4 之间，处于一般满意状态。其中，X12 住宿环境、X14 住宿价格、X15 食品价格、X16 疫情防控措施和 X17 安保措施的得分均低于 3.3，说明安防措施和商品的性价比能够对游客满意度产生较大影响。此外，X4 节日氛围影响力、X7 民族风情的展示效果和 X18 消防安全的得分均超过了 3.6，表明游客对于这三项的满意度最高。

四、信效度检验

通过对数据进行信度与效度检验可以检验数据问卷设计质量以及问卷数据是否符合因子分析。

（一）信度检验

如表 3-46 所示，为调查问卷信度检验表。

表3-46　调查问卷信度检验表

克隆巴赫系数（Cronbach's alpha）	项数
0.868	21

上表为资源河灯节调查问卷的信度检验，在表格中，α 系数为 0.868，大于 0.8，表明本次调查数据的信度高。

（二）效度检验

如表 3-47 所示，巴特利特的球形度检验与 KMO 样本测度均大于 0.7，KMO 值为 0.866，近似卡方为 1423.092，自由度为 210，显著性为 0.000，各变量之间具有较高的相关性，表明该组数据适合使用因子分析法进行分析。

表3-47　调查问卷效度检验表

KMO 值		0.866
巴特利特球形度检验	近似卡方	1423.092
	自由度	210
	显著性	0.000

五、因子分析

因子分析可在多个变量中提取共性因子，因此，本研究利用因子分析法将公因子进行分类。

（一）公因子提取

本研究采用主成分分析法，对影响游客满意度的测量指标进行因子提取，依据初始特征值大于 1，且荷载超过 0.5 为选取共同因子个数的原则。如表 3-48 所示，本研究共提取了 6 个公因子，这 6 个公因子对方差解释的贡献率分别为：28.970%、9.348%、7.644%、5.591%、5.246%、

4.769%，累计解释方差总量为 61.567%。旋转后总方差解释比例为：17.936%、11.971%、9.653%、8.129%、7.904%、5.975%，累计解释方差总量依然为 61.567%。

表 3-48　总方差解释表

元件	初始特征值			提取载荷平方和			旋转载荷平方和		
	总计	方差百分比	累计（%）	总计	方差百分比	累计（%）	总计	方差百分比	累计（%）
1	6.084	28.970	28.970	6.084	28.970	28.970	3.767	17.936	17.936
2	1.963	9.348	38.318	1.963	9.348	38.318	2.514	11.971	29.906
3	1.605	7.644	45.961	1.605	7.644	45.961	2.027	9.653	39.560
4	1.174	5.591	51.553	1.174	5.591	51.553	1.707	8.129	47.689
5	1.102	5.246	56.798	1.102	5.246	56.798	1.660	7.904	55.592
6	1.001	4.769	61.567	1.001	4.769	61.567	1.255	5.975	61.567

（二）因子解释

通过取消因子载荷系数绝对值小于 0.5 的变量，可得出如表 3-49 所示数据。

表 3-49　旋转后成分矩阵表

影响因素	元件					
	基础设施及配套服务	商品价格	现场管理服务	节庆气氛	产品宣传	旅游产品
景区交通	0.767					
文化底蕴的彰显效果	0.714					
节庆氛围	0.635					
景区环境	0.632					

续　表

影响因素	元件					
	基础设施及配套服务	商品价格	现场管理服务	节庆气氛	产品宣传	旅游产品
景区配套设施	0.625					
住宿环境	0.565					
疫情防控措施		0.810				
食品价格		0.715				
住宿价格		0.576				
安保措施		0.553				
餐饮价格		0.527				
游客咨询服务			0.754			
便利服务			0.733			
现场秩序管理			0.728			
节日氛围影响力				0.770		
民族风情的展示效果				0.653		
活动宣传力度					0.805	
节庆产品的特色性					0.593	
餐饮环境						
消防安全						0.760
旅游产品内容的丰富性						0.532
特征值	6.084	1.963	1.605	1.174	1.102	6.084
方差解释比例（%）	28.970	9.348	7.644	5.591	5.246	4.769
α 系数	0.809	0.767	0.658	0.543	0.523	0.350

注:

提取方法：主成分分析。

旋转方法：Kaiser 标准化的最大方差法。

公因子 1 包含了 6 个影响因素，分别为：景区交通、文化底蕴的彰显效果、节庆氛围、景区环境、景区配套设施、住宿环境，笔者将其命名为"基础设施及配套服务"；公因子 2 包含了 5 个影响因素，分别为疫情防控措施、食品价格、住宿价格、安保措施、餐饮价格，笔者将其命名为"商品价格"；公因子 3 包含了 3 个影响因素，分别为游客咨询服务、便利服务、现场秩序管理，笔者将其命名为"现场管理服务"；公因子 4 包含了 2 个影响因素，分别为节日氛围影响力、民族风情的展示效果，笔者将其命名为"节庆气氛"；公因子 5 包含了 2 个影响因素，分别为活动宣传力度、节庆产品的特色性，笔者将其命名为"产品宣传"；公因子 6 包含了 2 个影响因素，分别为消防安全、旅游产品内容的丰富性，笔者将其命名为"旅游产品"。六个因子累计解释方差总量达到 61.567%，其中，解释比例最高的因子是"基础设施及配套服务"，贡献率为 28.970%；第二是"商品价格"，贡献率为 9.348%；第三是"现场管理服务"，贡献率为 7.644%；第四是"节庆气氛"，贡献率为 5.591%；第五是"产品宣传"，贡献率为 5.246%；最后是"旅游产品"，贡献率为 4.769%。

六、差异性分析

笔者运用单因素方差分析法，考察游客的性别、年龄、职业、最高学历、月收入水平与上述六个因子的相关性。

（一）不同性别游客的差异性分析

如表 3-50 所示，人口基本特征"性别"在各维度上的显著性均大于 0.05，表明不同性别的游客在基础设施及配套服务、商品价格、现场管理服务、节庆气氛、产品宣传和旅游产品的满意度上无显著差异。

表 3-50　不同性别游客的差异性分析

		平方和	自由度	平均值平方	F	显著性
基础设施及配套服务	组间	2.079	1	2.079	2.089	0.150
	组内	216.921	218	0.995		
	总计	219.000	219			
商品价格	组间	0.619	1	0.619	0.618	0.433
	组内	218.381	218	1.002		
	总计	219.000	219			
现场管理服务	组间	0.276	1	0.276	0.275	0.600
	组内	218.724	218	1.003		
	总计	219.000	219			
节庆气氛	组间	0.049	1	0.049	0.048	0.826
	组内	218.951	218	1.004		
	总计	219.000	219			
产品宣传	组间	0.051	1	0.051	0.051	0.821
	组内	218.949	218	1.004		
	总计	219.000	219			
旅游产品	组间	0.004	1	0.004	0.004	0.947
	组内	218.996	218	1.005		
	总计	219.000	219			

（二）不同年龄游客的差异性分析

如表 3-51 所示，人口基本特征"年龄"在基础设施及配套服务维度上的显著性小于 0.05，表明不同年龄的游客在基础设施及配套服务的满意度上存在显著差异。

表 3-51　不同年龄游客的差异性分析

		平方和	自由度	平均值平方	*F*	显著性
基础设施及 配套服务	组间	19.976	4	4.994	5.395	0.000
	组内	199.024	215	0.926		
	总计	219.000	219			
商品价格	组间	2.750	4	0.688	0.684	0.604
	组内	216.250	215	1.006		
	总计	219.000	219			
现场管理 服务	组间	3.389	4	0.847	0.845	0.498
	组内	215.611	215	1.003		
	总计	219.000	219			
节庆气氛	组间	8.213	4	2.053	2.094	0.083
	组内	210.787	215	0.980		
	总计	219.000	219			
产品宣传	组间	0.729	4	0.182	0.180	0.949
	组内	218.271	215	1.015		
	总计	219.000	219			
旅游产品	组间	3.476	4	0.869	0.867	0.485
	组内	215.524	215	1.002		
	总计	219.000	219			

（三）不同学历游客的差异性分析

如表 3-52 所示，人口基本特征"学历"在各维度上的显著性均大于 0.05，表明不同学历的游客在基础设施及配套服务、商品价格、现场管理服务、节庆气氛、产品宣传和旅游产品的满意度上无显著差异。

表 3-52　不同学历游客的差异性分析

		平方和	自由度	平均值平方	F	显著性
基础设施及配套服务	组间	11.649	4	2.912	3.020	0.019
	组内	207.351	215	0.964		
	总计	219.000	219			
商品价格	组间	7.793	4	1.948	1.983	0.098
	组内	211.207	215	0.982		
	总计	219.000	219			
现场管理服务	组间	0.493	4	0.123	0.121	0.975
	组内	218.507	215	1.016		
	总计	219.000	219			
节庆气氛	组间	14.023	4	3.506	3.677	0.006
	组内	204.977	215	0.953		
	总计	219.000	219			
产品宣传	组间	3.068	4	0.767	0.764	0.550
	组内	215.932	215	1.004		
	总计	219.000	219			
旅游产品	组间	5.662	4	1.415	1.426	0.226
	组内	213.338	215	0.992		
	总计	219.000	219			

（四）不同职业游客的差异性分析

如表 3-53 所示，人口基本特征"职业"在基础设施及配套服务维度上的显著性小于 0.05，表明不同职业的游客在基础设施及配套服务的满意度上存在显著差异。

表 3-53 不同职业游客的差异性分析

		平方和	自由度	平均值平方	F	显著性
基础设施及配套服务	组间	19.976	4	4.994	5.395	0.000
	组内	199.024	215	0.926		
	总计	219.000	219			
商品价格	组间	2.750	4	0.688	0.684	0.604
	组内	216.250	215	1.006		
	总计	219.000	219			
现场管理服务	组间	3.389	4	0.847	0.845	0.498
	组内	215.611	215	1.003		
	总计	219.000	219			
节庆气氛	组间	8.213	4	2.053	2.094	0.083
	组内	210.787	215	0.980		
	总计	219.000	219			
产品宣传	组间	0.729	4	0.182	0.180	0.949
	组内	218.271	215	1.015		
	总计	219.000	219			
旅游产品	组间	3.476	4	0.869	0.867	0.485
	组内	215.524	215	1.002		
	总计	219.000	219			

（五）不同月收入游客的差异性分析

如表 3-54 所示，人口基本特征"月收入"在各维度上的显著性均大于 0.05，表明月收入不同的游客在基础设施及配套服务、商品价格、现场管理服务、节庆气氛、产品宣传和旅游产品的满意度上无显著差异。

表3-54　不同月收入游客的差异性分析

		平方和	自由度	平均值平方	F	显著性
基础设施及配套服务	组间	7.283	4	1.821	1.849	0.121
	组内	211.717	215	0.985		
	总计	219.000	219			
商品价格	组间	2.466	4	0.616	0.612	0.654
	组内	216.534	215	1.007		
	总计	219.000	219			
现场管理服务	组间	1.161	4	0.290	0.286	0.887
	组内	217.839	215	1.013		
	总计	219.000	219			
节庆气氛	组间	6.673	4	1.668	1.689	0.154
	组内	212.327	215	0.988		
	总计	219.000	219			
产品宣传	组间	8.241	4	2.060	2.102	0.082
	组内	210.759	215	0.980		
	总计	219.000	219			
旅游产品	组间	4.533	4	1.133	1.136	0.340
	组内	214.467	215	0.998		
	总计	219.000	219			

七、研究结果

第一，从调查的结果来看，参与第二十六届资源河灯节的女性游客所占比例略高于男性游客，从整体上来看基本持平。第二，从问卷调查统计的数据来看，在调查的220名游客中，有65.91%的游客表示不愿意再次参加，即资源河灯节的游客重游意愿较低。第三，笔者运用单因素方差分析，考察游客的性别、年龄、职业、最高学历、月收入水平与六个公因子的相关性发现，人口基本特征"性别""最高学历""月收入水平"在各维度上的显著性均大于 0.05，表明不同性别、最高学历、月收入水平的游客在六个公因子上无显著差异；人口基本特征"年龄""职业"的显著性在基础设施及配套服务这一项上均小于 0.05，表明年龄、职业不同的游客在基础设施及配套服务的满意度上存在显著差异，其余无显著差异。

第六节　中国·融水苗族芦笙斗马节游客满意度调查分析

一、问卷设计与问卷结构

由于受到新冠疫情影响，2020 年和 2021 年，中国·融水芦笙斗马节暂停举办。因此，本研究便以第十九届中国·融水芦笙斗马节游客为调查对象。本次调查的形式是在问卷星应用上设计相应的调查题目，并以匿名填写问卷的形式线上调查第十九届中国·融水苗族芦笙斗马节游客满意程度。调查问卷共分为三个部分，第一部分为调查第十九届中国·融水苗族芦笙斗马节游客的基本资料，在游客的基本资料中，包括游客的性别、年龄等人口特征方面；第二部分是调查游客的基本情况，包括了解该节庆活动的渠道、在该节庆活动中记忆最深刻的内容、参加次数、向亲朋好友推荐意愿和再次参加的意愿；第三部分是游客满意度—重要性调查，本调查采用 5 分制矩阵量表，从低分到高分进行评测，1～5 分别为非常不满意、非常满意、非常不重要、非常重要。

二、调查数据样本构成分析

本次调查方法为线上问卷和实地调研相结合，使用这种调查方法主要是为了更充分地了解游客对中国·融水苗族芦笙斗马节的满意度状况，通过了解游客的需求和发现中国·融水苗族芦笙斗马节中存在的问题，以便更有效地提升中国·融水苗族芦笙斗马节的游客满意度。本次调研共发放问卷 250 份，其中，无效问卷 24 份，有效问卷 226 份，有效调查问卷回收率达 90.4%。因此，该样本能比较准确地反映出游客对中国·融水苗族芦笙斗马节的实际满意度情况。

三、样本描述性统计分析

经过前期准备，笔者在本届芦笙斗马节中收集到问卷 250 份，对调查问卷进行筛选之后，保留有效问卷 226 份，其样本的各项描述指标如表 3-55 所示。

表 3-55　样本描述统计

名称	选项	样本数	百分比（%）
性别	男	108	47.79
	女	118	52.21
年龄	18 岁及以下	17	7.52
	19 岁～35 岁	75	33.19
	36～59 岁	68	30.09
	60 岁及以上	66	29.20

续　表

名称	选项	样本数	百分比（%）
月收入水平	2000 元及以下	37	16.37
	2001 ~ 4000 元	73	32.30
	4001 ~ 6000 元	62	27.43
	6001 ~ 8000 元	34	15.04
	8001 元及以上	20	8.85
学历	高中／中专及以下	45	19.91
	大专	71	31.42
	本科	67	29.65
	研究生以上	43	19.03
职业	学生	36	15.93
	政府或事业单位工作人员	22	9.73
	自由工作人员、个体户	55	24.34
	农民或工人	40	17.70
	离、退休人员	30	13.27
	其他	43	19.03

　　本次调研的男性游客为 108 名，占总样本数的 47.79%；女性游客为 118 名，占总样本数的 52.21%。体现本次节庆活动中，女性游客参加的人数所占比例高于男性游客数量，但从整体上来看两者基本持平，如图 3-20 所示。

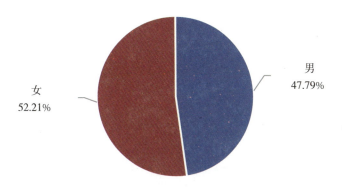

图 3-20 性别分布图

从游客年龄的统计结果分析得出，参加中国·融水苗族芦笙斗马节的游客年龄分布最多的是在 19～35 岁和 36～59 岁这两个年龄段，所占比例分别为 33.19% 和 30.09%；60 岁及以上这个年龄段的游客数量排在第三，所占比例为 29.2%；剩下的 7.52% 则是 18 岁及以下年龄段的游客，这些游客也是本次活动数量占比最少的。通过以上数据分析，能够说明参加中国·融水苗族芦笙斗马节的游客主要以中老年人为主，这是因为老年人的活动时间比较多且自由，以及中老年人对芦笙、踩堂舞、斗马和斗鸟有一定兴趣。如图 3-21 所示。

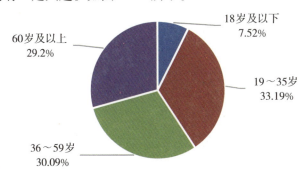

图 3-21 年龄分布图

从月收入水平上看，月收入水平在 2001～4000 元和 4001～6000 元的游客所占比例最多，分别为 32.30% 和 27.43%；月收入水平在 2000

元及以下的游客占总数量的 16.37%，这些游客大多数是学生；剩下 8.85% 的游客是月收入在 8001 元及以上的，也是占比最少的。从中可以直观看出，参加中国·融水苗族芦笙斗马节并不需要有很高的收入水平，如图 3-22 所示。

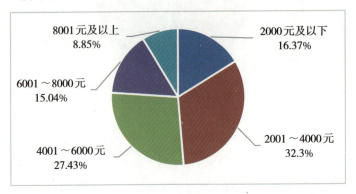

图 3-22 平均月收入分布图

从学历统计结果来看，参加中国·融水苗族芦笙斗马节游客的学历最多的是大专和本科，人数占比分别为 31.42% 和 29.65%，而有 19.91% 游客的学历为高中 / 中专及以下，剩下 19.03% 的游客学历则为研究生及以上，超过了 40 人。该项数据表明，参加中国·融水苗族芦笙斗马节的游客是学历较高、素质也较高的人，如图 3-23 所示。

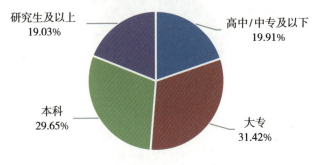

图 3-23 学历分布图

从职业统计结果来看，职业为自由工作者、个体户的游客最多，所占比例为 24.34%；其他职业所占比例为 19.03%。农民或工人在本届游客中所占比例为 17.7%，学生所占比例为 15.93%，离、退休人员所占比例为 13.27。政府或事业单位工作人员占的比例最少，所占比例为 9.73%。该项数据说明参加中国·融水苗族芦笙斗马节的游客大多数可以自由安排自己的工作时间，如图 3-24 所示。

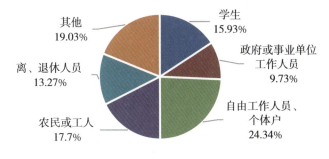

图 3-24 职业分布图

从游客对该节庆活动记忆最深刻的内容上看，有 41.59% 和 37.17% 的游客对芦笙踩堂舞和斗马比赛印象最深刻，只有 13.72% 的游客对开幕式有印象，而对斗鸟比赛有印象的游客仅占 7.52%。这组数据能够体现出游客对芦笙踩堂舞和斗马比赛更加感兴趣，也侧面说明了开幕式和斗鸟比赛的开发潜力更大，如图 3-25 所示。

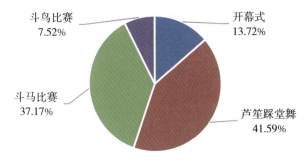

图 3-25 印象深刻分布图

从参加次数统计上来看，首次参加、参加 2 次、参加 3 次和参加 4 次以上的游客各占 28.76%、32.74%、21.68% 和 16.81%，这说明中国·融水苗族芦笙斗马节对于游客是有一定吸引力的，如图 3-26 所示。

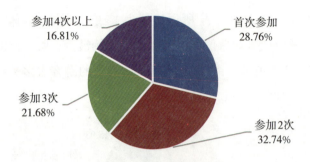

图 3-26　参加参数分布图

从向亲朋好友推荐意愿的统计结果来看，有 69.91% 的游客愿意向亲朋好友推荐中国·融水苗族芦笙斗马节，30.09% 的游客则表示不愿意向亲朋好友推荐，这说明有大部分游客对中国·融水苗族芦笙斗马节表示认可，愿意和他人分享自己参加该节庆活动的一些经历，如图 3-27 所示。

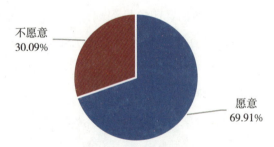

图 3-27　向亲友推荐意愿分布图

从再次参加意愿统来看计，愿意再次参加的游客占 70.80%，不愿意再次参加的游客占 29.20%，说明游客重复参加该节庆活动的意愿较高，如图 3-28 所示。

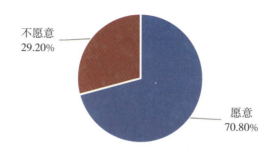

不愿意
29.20%

愿意
70.80%

图 3-28　愿意再次参加分布图

　　为了考察样本基本特征对各变量的影响情况，笔者在对调查数据进行整理统计后，列出了中国·融水苗族芦笙斗马节游客满意度测量变量的基本统计信息，如表 3-56 所示。

表 3-56　游客满意度测量变量统计信息汇总（N=226）

名称	N	最小值	最大值	均值	标准差	方差
到达融水的交通便利性	226	1	5	2.97	1.223	1.497
表演场地周围停车场所	226	1	5	2.94	1.189	1.414
表演场地厕所数量及卫生	226	1	5	2.94	1.180	1.392
表演场地规模和设施	226	1	5	3.08	1.188	1.412
住宿价格	226	1	5	3.16	1.022	1.044
餐饮价格	226	1	5	3.26	0.988	0.976
现场开幕式内容及形式	226	1	5	3.19	1.142	1.304
芦笙踩堂舞现场氛围	226	1	5	3.26	1.157	1.338
斗马比赛的精彩程度	226	1	5	3.31	1.123	1.262
斗鸟比赛的精彩程度	226	1	5	3.14	1.190	1.417
文化底蕴的彰显效果	226	1	5	3.27	1.112	1.236
民族风情的展示效果	226	1	5	3.36	1.155	1.334
节庆内容的丰富性	226	1	5	3.23	1.177	1.384

续　表

名称	N	最小值	最大值	均值	标准差	方差
消防安全	226	1	5	3.12	1.238	1.533
现场安保措施	226	1	5	3.03	1.190	1.417
对特殊人群照顾程度	226	1	5	3.10	1.190	1.416
工作人员态度及志愿者服务意识	226	1	5	3.18	1.101	1.213
有效个案数（成列）	226					

注：表中17个变量与游客满意度的量表一致。

从以上分析结果可以初步了解到中国·融水苗族芦笙斗马节游客的满意度情况。在17个变量中，有14个变量的均值介于3～4分，表示游客对这届芦笙斗马节还是比较满意的。其中，有5个变量的均值大于3.25分，表示游客对这5个方面的满意度程度最高，活动主办方应该继续发扬其在这些方面的优势；而到达融水的交通便利性、表演场地周围停车场所、表演场地厕所数量及卫生变量的均值都小于3分，体现出游客对这些方面不满意，活动主办方要加强对这些方面的重视。此外，表演场地规模、现场安保措施和对特殊人群照顾程度的变量，其均值虽然高于3分，但也位于临界点，活动主办方也不能忽视这些方面，要不断去总结和改善其中存在的问题。

四、信效度检验

（一）信度检验

通过信度检验可以检验问卷调查的可靠性，从而反映出实际情况的程度。α 的系数范围是 $0 \sim 1$，当 $\alpha < 0.7$ 时，说明问卷不理想，非常不可信；当 $\alpha \geq 0.7$ 且 $\alpha < 0.8$ 时，说明问卷可以接受；当 $\alpha \geq 0.8$ 且 $\alpha < 0.9$ 时，说明问卷信度比较高；当 $\alpha \geq 0.9$ 时，说明问卷信度很高。而本次的问卷信度 $\alpha = 0.923 > 0.9$，所以本次的问卷调查信度还是比较高的。如表 3-57 所示。

表 3-57　调查问卷信度检验表

克隆巴赫系数（Cronbach's alpha）	项数
0.923	50

（二）效度检验

如表 3-58 所示，KMO 值为 0.964，近似卡方数值为 4078.936，和自由度数值为 136，显著性为 0.000，说明各变量因子之间存在比较高的相关性，表明各项数据比较符合因子分析，可以展开因子分析。

表 3-58　调查问卷效度检验表

KMO 值		0.964
巴特利特球形度检验	近似卡方	4078.936
	自由度	136
	显著性	0.000

五、因子分析

（一）公因子提取

本次研究采用主成分分析法对影响游客满意度的测量指标进行因子提取，依据旋转后总计值大于 1 为选取共同因子个数的原则。如表 3-60 所示，本次研究共提取了 3 个公因子，3 个公因子对方差解释的贡献率分别为：70.785%、5.679%、3.180%，累计解释方差总量达到 79.644%。当旋转后总方差解释比例为：32.925%、31.273%、15.446%，累计解释方差总量依然为 79.644%。

表 3-59　总方差解释

成分	初始特征值			提取载荷平方和			旋转载荷平方和		
	总计	方差百分比	累计（%）	总计	方差百分比	累计（%）	总计	方差百分比	累计（%）
1	12.033	70.785	70.785	12.033	70.785	70.785	5.597	32.925	32.925
2	0.965	5.679	76.464	0.965	5.679	76.464	5.316	31.273	64.198
3	0.541	3.180	79.644	0.541	3.180	79.644	2.626	15.446	79.644

提取方法：主成分分析法。

（二）因子解释

通过取消每个影响因素的两个最小因子载荷系数的变量，能够得出如表 3-60 所示数据。

表 3-60　旋转后的成分矩阵

名称	成分		
	节庆魅力及安全	场地基础设施及服务	消费价格
到达融水的交通便利性		0.759	
表演场地周围停车场所		0.653	
表演场地厕所数量及卫生		0.754	
表演场地规模和设施		0.744	
住宿价格			0.733
餐饮价格			0.611
现场开幕式内容及形式	0.595		
芦笙踩堂舞的现场氛围	0.662		
斗马比赛的精彩程度	0.809		
斗鸟比赛的精彩程度	0.791		

续　表

名称	成分		
	节庆魅力及安全	场地基础设施及服务	消费价格
文化底蕴的彰显效果	0.773		
民族风情的展示效果	0.743		
节庆内容的丰富性	0.697		
消防安全	0.622		
现场安保措施		0.680	
对特殊人群照顾程度		0.747	
工作人员态度及 志愿者服务意识		0.670	

公因子1包含了8个影响因素，分别为现场开幕式内容及形式、芦笙踩舞堂的现场氛围、斗马比赛的精彩程度、斗鸟比赛的精彩程度、文化底蕴的彰显效果、民族风情的展示效果、节庆内容的丰富性和消防安全，笔者将其命名为"节庆魅力及安全"；公因子2包含了7个影响因素，分别为到达融水的交通便利性、表演场地周围停车场所、表演场地场所数量及卫生、表演场地规模和设施、现场安保措施、对特殊人群照顾程度和工作人员态度及志愿者服务意识，笔者将其命名为"场地基础设施及服务"；公因子3包含了2个影响因素，分别为住宿价格和餐饮价格，笔者将其命名为"消费价格"。

六、差异性分析

（一）不同性别游客的差异性分析

如表3-61所示，该问卷在"性别"的显著性均大于0.05，表明不同性别的游客在节庆魅力及安全、场地基础设施及服务和消费价格的满意度上无显著差异。

表 3-61　不同性别游客的差异性分析

		平方和	自由度	均方	F	显著性
节庆魅力及安全	组间	2.472	1	2.472	3.715	0.055
	组内	149.045	224	0.665		
	总计	151.517	225			
场地基础设施及服务	组间	2.623	1	2.623	4.028	0.046
	组内	145.857	224	0.651		
	总计	148.480	225			
消费价格	组间	3.358	1	3.358	5.197	0.024
	组内	144.758	224	0.646		
	总计	148.117	225			

（二）不同年龄游客的差异性分析

如表 3-62 所示，"年龄"在各维度上的显著性均大于 0.05，这组数据表明不同年龄的游客在节庆魅力及安全、场地基础设施及服务和消费价格的满意度上无显著差异。

表 3-62　不同年龄游客的差异性分析

		平方和	自由度	均方	F	显著性
节庆魅力及安全	组间	2.239	3	0.746	1.110	0.346
	组内	149.278	222	0.672		
	总计	151.517	225			
场地基础设施及服务	组间	2.430	3	0.810	1.231	0.299
	组内	146.051	222	0.658		
	总计	148.480	225			

		平方和	自由度	均方	F	显著性
	组间	3.708	3	1.236	1.900	0.130
消费价格	组内	144.409	222	0.650		
	总计	148.117	225			

（三）不同月收入游客的差异性分析

如表 3-63 所示，人口基本特征"月收入"的显著性均大于 0.05。表明月收入不同的游客在节庆魅力及安全、场地基础设施及服务和消费价格上无显著差异。

表 3-63　不同月收入游客的差异性分析

		平方和	自由度	均方	F	显著性
节庆魅力及安全	组间	7.502	4	1.875	2.878	0.024
	组内	144.015	221	0.652		
	总计	151.517	225			
场地基础设施及服务	组间	7.636	4	1.909	2.995	0.020
	组内	140.844	221	0.637		
	总计	148.480	225			
消费价格	组间	9.301	4	2.325	3.702	0.006
	组内	138.816	221	0.628		
	总计	148.117	225			

（四）不同学历游客的差异性分析

如表 3-64 所示，人口基本特征"学历"在各维度上的显著性值同样均大于 0.05，表明不同学历的游客在节庆魅力及安全、场地基础设施及服务和消费价格的满意度上无显著差异。

表3-64　不同学历游客的差异性分析

		平方和	自由度	均方	F	显著性
节庆魅力及安全	组间	0.672	3	0.224	0.330	0.804
	组内	150.845	222	0.679		
	总计	151.517	225			
场地基础设施及服务	组间	0.744	3	0.248	0.373	0.773
	组内	147.736	222	0.665		
	总计	148.480	225			
消费价格	组间	0.851	3	0.284	0.428	0.733
	组内	147.266	222	0.663		
	总计	148.117	225			

（五）不同职业游客的差异性分析

如表3-65所示，人口基本特征"职业"在各维度上的显著性值均大于0.05，表明不同职业的游客在节庆魅力及安全、场地基础设施及服务和消费价格的满意度上无显著差异。

表3-65　不同职业游客的差异性分析

		平方和	自由度	均方	F	显著性
节庆魅力及安全	组间	7.040	5	1.408	2.144	0.061
	组内	144.476	220	0.657		
	总计	151.517	225			
场地基础设施及服务	组间	6.946	5	1.389	2.159	0.060
	组内	141.534	220	0.643		
	总计	148.480	225			

续　表

		平方和	自由度	均方	F	显著性
	组间	7.628	5	1.526	2.389	0.039
消费价格	组内	140.489	220	0.639		
	总计	148.117	225			

七、研究结果

我们在样本描述分析中可知，根据不同人口特征得出的调查结果存在不同差异。从以上的数据分析中，笔者将 17 个游客满意度因素归纳为 3 个公因子，分别为节庆魅力及安全、场地基础设施及服务和消费价格。通过对问卷数据的收集，笔者还发现在中国·融水苗族芦笙斗马节的游客中，男女比例差异不大，而且女生比男生更多一些。其中，参加芦笙斗马节的游客年龄大多数在 19～59 岁，他们的工作也偏向自由化，可以看出参加中国·融水苗族芦笙斗马节不需要具备很高的收入水平。这些游客大部分是通过亲朋好友、当地居民和网络媒体了解到这个节庆活动的，对于参加过该节庆的游客朋友们来说，他们对芦笙踩舞堂和斗马比赛的印象更深刻一些，他们也非常愿意将自己参与该节庆活动时的所闻所感分享给身边的亲朋好友们。同时，在这些游客中，有 70.8% 愿意再次参加中国·融水苗族芦笙斗马节。

第七节　广西宜州刘三姐文化旅游节游客满意度调查分析

一、问卷设计与问卷结构

笔者通过阅读其他学者的文献研究，再结合广西宜州刘三姐文化旅游节的特点，设计出本调查问卷。本调查问卷从节庆活动文化展现、旅游产品、城市基础设施、活动现场管理及服务这 4 个维度展示了第十二届广西宜州刘三姐文化旅游节相关的 15 个影响因素。

本研究调查问卷的结构分为三个部分，首先是被调查者的基本资料，其次为被调查者的基本情况，最后是游客重要性—满意度调查、总体期望与总体满意度调查。该问卷运用李克特五级量表，对游客重要性—满意度调查从 1 分到 5 分打分，总体期望与总体满意度调查从 5 分到 1 分打分。

二、调查数据样本构成分析

本研究的广西宜州刘三姐文化旅游节游客满意度调查问卷由电子版问卷和纸质版问卷两种类型组成。纸质版问卷是在活动举办现场对游客进行发放，电子版问卷是通过"问卷星"进行编辑与收集，笔者利用这两种问卷调查形式在节庆期间利用微信公众号、微博等社交平台对游客进行调查。本次调查共收集到 268 份问卷样本，除去 37 份无效问卷，剩余 231 份有效问卷，问卷有效率达 86.19%。

三、样本描述性统计分析

如表 3–66 所示，本次被调查游客共 231 名，其中，男游客 112 名，占总人数的 48.5%，女游客 119 名，占总人数的 51.5%，女性游客比男性游客多，说明女性游客对于广西宜州刘三姐文化旅游节的感兴趣程度高于男性游客。在年龄方面，21 ～ 30 岁这个年龄阶段的游客占比最大，比例为 41.6%；然后是 31 ～ 40 岁、41 ～ 50 岁、20 岁以下、50 岁以上的游客，所占比例依次为 24.7%、21.6%、8.2%、3.9%。由此可知，该节庆活动的游客主要为中青年人。在学历方面，占比最高的游客是大专及本科学历，为 68.0%，说明该节庆活动的游客多为高素质人群。在职业方面，被调查游客中职业为个体户或自由职业者共有 83 位，占比最高，比例达 35.9%；学生共有 49 名，比例为 21.2%；政府或事业单位工作人员有 44 位，比例分别为 19%。月收入水平方面，在 231 位被调查游客中，有 83 位游客的月收入为 3001～5000 元，占总数的 35.9%；月收入为 5001～8000 元的游客有 73 位，占总数的 31.6%。由此可知，参加刘三姐文化旅游节的游客多为中高收入群体。在地域分布方面，在 231 位被调查游客中，共有 199 名游客来自省内，比例高达 86.1%，而省外游客只有 32 名，比例为 13.9%，由此可以推断，广西宜州刘三姐文化旅游节的宣传还不到位，对省外游客的吸引力不大。在参与次数方面，首次参加该节庆活动的游客有 135 位，占比最大，为 58.4%。在重游意愿方面，大部分游客愿意再次参加，这部分游客的比例占总数的 86.1%，只有 13.9% 的游客不愿意再次参加，这说明游客的重游意愿较强。调查结果显示，有 86.6% 的游客表示愿意向亲友推荐广西宜州刘三姐文化旅游节，13.4% 的游客则不愿意向亲友推荐广西宜州刘三姐文化旅游节。从游客获取活动举办相关信息的途径上来看，58.4% 的游客通过亲友推荐得知，25.1% 的游客通过互联网途径得知，10.0% 的游客通过广告宣传得知，6.5% 的游客则从其他途径得知。由此可见，广西宜州刘三姐文化旅游节在宣传方面做得还不到位。

表 3-66　描述性统计分析表（N=231）

		样本数（份）	百分比（%）
性别	男	112	48.5
	女	119	51.5
年龄	20 岁以下	19	8.2
	21～30 岁	96	41.6
	31～40 岁	57	24.7
	41～50 岁	50	21.6
	51 岁以上	9	3.9

续 表

		样本数（份）	百分比（%）
学历	初中及以下	13	5.6
	中专及高中	48	20.8
	大专及本科	157	68.0
	研究生及以上	13	5.6
职业	政府或事业单位工作人员	44	19.0
	个体户或自由职业者	83	35.9
	农民或工人	30	13.0
	学生	49	21.2
	其他	25	10.8
月收入水平	1500 元及以下	42	18.2
	1501～3000 元	17	7.4
	3001～5000 元	83	35.9
	5001～8000 元	73	31.6
	8001 元及以上	16	6.9
地域	省内	199	86.1
	省外	32	13.9
参加次数	首次参加	135	58.4
	2～3 次	87	37.7
	3 次以上	9	3.9
再次参加意愿	愿意	199	86.1
	不愿意	32	13.9
向亲友推荐	愿意	200	86.6
	不愿意	31	13.4

续　表

		样本数（份）	百分比（%）
获取信息途径	互联网	58	25.1
	亲友推荐	135	58.4
	广告宣传	23	10.0
	其他	15	6.5

如表 3-67 所示，为游客对本届广西宜州刘三姐文化旅游节各项测量指标的满意度情况。表中显示有 14 个因子的均值在 3～4 之间，为相对满意，有 1 个因子即 A9 城市交通便利性的均值大于 4，为满意。其中，A8 城市基础设施建设、A9 城市交通便利性、A15 工作人员的服务态度这 3 个因子的满意度均值最高，说明游客对广西宜州的城市发展及节庆活动现场工作人员的服务满意度较高。在下表中，A3 节庆活动中刘三姐文化的展示效果、A6 旅游商品的种类及价格、A7 节庆活动的宣传力度这 3 个因子的均值最小，说明游客对这 3 个因子的满意度较低。

表 3-67　游客满意度测量指标统计表（N=231）

代码	影响因素	最小值	最大值	均值	标准差
X1	节庆活动艺术氛围	1	5	3.46	0.848
X2	节庆活动中刘三姐文化的展现形式	1	5	3.55	0.821
X3	节庆活动中刘三姐文化的展示效果	1	5	3.37	0.885
X4	节庆活动中山歌对唱的传承与创新	1	5	3.45	0.883
X5	节庆活动中宜州特色餐饮文化的体验	1	5	3.53	0.756
X6	旅游商品的种类及价格	1	5	3.42	0.776
X7	节庆活动的宣传力度	1	5	3.28	0.885
X8	城市基础设施建设	1	5	3.80	0.827
X9	城市交通便利性	1	5	4.01	0.737

续　表

代码	影响因素	最小值	最大值	均值	标准差
X10	酒店住宿	1	5	3.65	0.867
X11	活动现场餐饮及卫生环境	1	5	3.64	0.702
X12	活动现场秩序管理	1	5	3.73	0.744
X13	活动现场安保措施	1	5	3.73	0.726
X14	活动现场停车服务	1	5	3.55	0.761
X15	工作人员的服务态度	1	5	3.81	0.747

注：表中 15 个变量与问卷量表一致。

四、信效度检验

（一）信度分析

信度检验是为了检验问卷量表的可靠性，现如今，学界通常用克隆巴赫系数来检验调查问卷的信度。α 系数一般取值于 0～1 之间，当 α 系数大于 0.8 时，表明此问卷信度很好，当 α 系数在 0.7 与 0.8 之间时，则说明问卷信度较好。α 系数在 0.6 与 0.7 之间，说明问卷信度尚可接受，α 系数小于 0.6 则说明问卷可靠性不佳，此时，有关人员就应考虑重修问卷。如表 3-68 所示，α 系数为 0.895，说明本次问卷的信度很好，可靠性强。

表 3-68　调查问卷信度检验表

克隆巴赫系数（Cronbach's alpha）	项数
0.895	15

（二）效度分析

效度检验是为了检验问卷量表的有效性，学界通常用 KMO 值来衡量问卷数据的效度是否良好。如表 3-69 所示，本次问卷数据的 KMO 值为 0.884，大于 0.8，说明该问卷数据的有效性强，可以进行因子分析。

表 3-69　调查问卷效度检验表

KMO 值		0.884
巴特利特球形度检验	近似卡方	1812.465
	自由度	105
	显著性	0.000

五、因子分析

为了达到简化数据的目的，本研究运用因子分析法，对游客满意度影响因子进行分类。

（一）公因子的提取

如表 3-70 所示，本研究共提取了 3 个特征值大于 1 的公因子，3 个公因子的累计解释方差总量为 64.025%。旋转后的方差百分比累计解释方差总量依然为 64.025%。

表 3-70　总方差解释表

成分	初始特征值			提取载荷平方和			旋转载荷平方和		
	总计	方差百分比	累计（%）	总计	方差百分比	累计（%）	总计	方差百分比	累计（%）
1	6.148	40.988	40.988	6.148	40.988	40.988	3.812	25.412	25.412
2	2.379	15.857	56.846	2.379	15.857	56.846	3.442	22.946	48.357
3	1.077	7.179	64.025	1.077	7.179	64.025	2.350	15.668	64.025

提取方法：主成分分析法。

（二）因子解释

如表 3-71 所示，节庆活动艺术氛围、节庆活动中刘三姐文化的展现形式、节庆活动中刘三姐文化的展示效果、节庆活动中山歌对唱的传承与创新、节庆活动中宜州特色餐饮文化的体验、节庆活动宣传力度这 6 个影响因素在因子 1 中的值最大，所以这 6 个影响因素可归纳为公因子 1，命名"节庆活动文化展现"。

活动现场餐饮及卫生环境、活动现场秩序管理、活动现场安保措施、活动现场停车服务、工作人员的服务态度这 5 个影响因素在成分 2 中的值最大，所以这 5 个影响因素可归纳为公因子 2，命名"活动现场管理及服务"。

旅游商品的种类及价格、城市基础设施建设、城市交通便利性、酒店住宿这 4 个影响因素在成分 3 中的值最大，所以这 4 个影响因素可归为公因子 3，命名"旅游产品及城市发展"。

表 3-71　旋转后的成分矩阵表

公因子名称	影响因素	成分		
		1	2	3
节庆活动文化展现	节庆活动艺术氛围	0.811	0.064	0.158
	节庆活动中刘三姐文化的展现形式	0.842	0.098	0.082
	节庆活动中刘三姐文化的展示效果	0.840	0.188	0.092
	节庆活动中山歌对唱的传承与创新	0.880	0.128	0.039
	节庆活动中宜州特色餐饮文化的体验	0.630	0.276	0.259
	节庆活动宣传力度	0.591	0.180	0.386

续　表

公因子名称	影响因素	成分		
		1	2	3
活动现场管理及服务	旅游商品的种类及价格	0.403	0.076	0.556
	城市基础设施建设	0.062	0.302	0.747
	城市交通便利性	0.034	0.352	0.719
	酒店住宿	0.200	0.247	0.684
	活动现场餐饮及卫生环境	0.165	0.746	0.267
旅游产品及城市发展	活动现场秩序管理	0.188	0.775	0.216
	活动现场安保措施	0.170	0.793	0.241
	活动现场停车服务	0.144	0.783	0.182
	工作人员的服务态度	0.087	0.765	0.179

提取方法：主成分分析法。

旋转方法：凯撒正态化最大方差法。

α. 旋转在 5 次迭代后已收敛。

六、差异性分析

笔者在本版块中利用单因素方差分析法，分析人口学变量特征与三个公因子之间是否存在显著差异。

（一）不同性别游客的差异性分析

如表 3-72 所示，不同性别的游客在节庆活动文化展现、活动现场管理及服务、旅游产品及城市发展上的显著性皆大于 0.05，说明不同性别的游客在这三个维度上没有显著差异。

表 3-72　不同性别游客的差异性分析

		平方和	自由度	均方	*F*	显著性
节庆活动文化展现	组间	2.380	1	2.380	2.395	0.123
	组内	227.620	229	0.994		
	总计	230.000	230			
活动现场管理及服务	组间	1.332	1	1.332	1.334	0.249
	组内	228.668	229	0.999		
	总计	230.000	230			
旅游产品及城市发展	组间	0.001	1	0.001	0.001	0.979
	组内	229.999	229	1.004		
	总计	230.000	230			

（二）不同年龄游客的差异性分析

如表 3-73 所示，不同年龄的游客在节庆活动文化展现、活动现场管理及服务、旅游产品及城市发展上的显著性皆大于 0.05，说明不同年龄的游客在这三个维度上没有显著差异。

表 3-73　不同年龄游客的差异性分析

		平方和	自由度	均方	*F*	显著性
节庆活动文化展现	组间	4.423	4	1.106	1.108	0.354
	组内	225.577	226	0.998		
	总计	230.000	230			
活动现场管理及服务	组间	6.596	4	1.649	1.668	0.158
	组内	223.404	226	0.989		
	总计	230.000	230			

续 表

		平方和	自由度	均方	*F*	显著性
旅游产品及城市发展	组间	0.849	4	0.212	0.209	0.933
	组内	229.151	226	1.014		
	总计	230.000	230			

（三）不同学历游客的差异性分析

如表 3-74 所示，不同学历的游客在节庆活动文化展现、活动现场管理及服务上的显著性皆大于 0.05，说明学历不同的游客在这两个维度上没有显著差异，但他们在旅游产品及城市发展上的显著性小于 0.05，说明学历不同的游客在该项维度上存在差异。

表 3-74 不同学历游客的差异性分析

		平方和	自由度	均方	*F*	显著性
节庆活动文化展现	组间	6.302	3	2.101	2.140	0.096
	组内	221.881	226	0.982		
	总计	228.183	229			
活动现场管理及服务	组间	5.846	3	1.949	1.969	0.119
	组内	223.657	226	0.990		
	总计	229.503	229			
旅游产品及城市发展	组间	8.138	3	2.713	2.763	0.043
	组内	221.835	226	0.982		
	总计	229.973	229			

（四）不同职业游客的差异性分析

如表 3-75 所示，不同职业的游客在节庆活动文化展现、活动现场管理及服务上的显著性皆大于 0.05，说明职业不同的游客在这两个维度上没有显著差异，但他们在旅游产品及城市发展上的显著性小于 0.05，说明职业不同的游客在该项维度上存在显著差异。

表 3-75　不同职业游客的差异性分析

		平方和	自由度	均方	*F*	显著性
节庆活动文化展现	组间	3.489	4	0.872	0.870	0.483
	组内	226.511	226	1.002		
	总计	230.000	230			
活动现场管理及服务	组间	5.108	4	1.277	1.283	0.277
	组内	224.892	226	0.995		
	总计	230.000	230			
旅游产品及城市发展	组间	10.169	4	2.542	2.614	0.036
	组内	219.831	226	0.973		
	总计	230	230			

（五）不同月收入游客的差异性分析

如表 3-76 所示，不同月收入的游客在节庆活动文化展现、活动现场管理及服务、旅游产品及城市发展上的显著性皆大于 0.05，说明月收入不同的游客在这三项维度上没有显著差异。

表 3-76　不同月收入游客的差异性分析

		平方和	自由度	均方	*F*	显著性
节庆活动文化展现	组间	2.827	4	0.707	0.703	0.591
	组内	227.173	226	1.005		
	总计	230.000	230			

续　表

		平方和	自由度	均方	F	显著性
活动现场管理及服务	组间	7.236	4	1.809	1.835	0.123
	组内	222.764	226	0.986		
	总计	230.000	230			
旅游产品及城市发展	组间	8.146	4	2.036	2.075	0.085
	组内	221.854	226	0.982		
	总计	230.000	230			

七、研究结果

通过上述分析可得出以下三个结论。第一，参加本届广西宜州刘三姐文化旅游节的游客在性别比例上差异较小，且多为高素质群体的中青年游客。在这些游客中，绝大部分来自广西壮族自治区内，只有13.9%的游客来自省外；58.4%的游客是第一次参加广西宜州刘三姐文化旅游节，37.7%的游客参加过两到三次，只有3.9%的游客参加过该节庆活动三次以上。同时，有86.1%的游客表示愿意再次参加，说明游客的重游意愿较高。86.6%的游客愿意向亲友推荐该节庆活动。第二，信效度检验显示，本次问卷样本的信效度均高于0.8，说明问卷的可靠性和有效性较高。第三，差异性分析显示，不同学历、不同职业的游客在旅游产品及城市发展这个维度上存在显著差异，不同性别、不同年龄、不同月收入的游客在节庆活动文化展现、活动现场管理及服务、旅游产品及城市发展这三项维度上无显著差异。

第八节　中国壮乡·武鸣"三月三"歌圩节游客满意度调查分析

一、问卷设计与问卷结构

本次调查问卷共有三部分，第一部分是游客基础信息调查，即游客的性别、年龄、最高学历、具体职业和月收入水平；第二部分是游客的基本情况，包括地域、参加次数、物价水平、向亲友推荐意愿和再次参加意愿；第三部分是游客重要性—满意度调查，本调查采用5分制矩阵量表，以从低分到高分的顺序对测量结果进行打分，选项包括：1～5，非常不重要～非常重要；1～5，非常不满意～非常满意。

二、调查数据样本构成分析

本次调研主要采用发放问卷的方式，目的是为了了解游客满意度情况，以便于更好地了解游客需求，重点掌握武鸣"三月三"歌圩节存在的问题和需要改进的不足之处。2022年中国壮乡·武鸣"三月三"歌圩节举办期间共发放问卷250份，在收集工作结束后，经统计发现有效问卷为248份，在此过程中有效回收率达到99.20%。因此，该样本量能较准确反应游客对武鸣"三月三"歌圩节的实际满意情况。

三、样本描述性统计分析

本次问卷调查，删除无效问卷2份，保留有效问卷数量248份，样本的各项描述统计指标如表3-77所示。

表 3-77　样本描述统计

		样本数（份）	百分比（%）
性别	男	119	47.98
	女	129	52.02
年龄	18 岁以下	4	1.62
	18 ～ 45 岁	193	77.82
	46 ～ 69 岁	31	12.5
	69 岁以上	20	8.06
学历	高中 / 中专及以下	68	27.42
	大专	103	41.53
	本科	63	25.40
	研究生及以上	14	5.65
职业	学生	26	10.48
	国家机关或事业单位工作人员	47	18.95
	专业技术人员	12	4.84
	商业、服务业人员	70	28.23
	农、林、牧、渔业从业人员	70	28.23
	其他	23	9.27
月收入水平	1000 元及以下	26	10.48
	1001 ～ 2000 元	28	11.29
	2001 ～ 5000 元	140	56.45
	5001 ～ 10000 元	48	19.35
	10001 元及以上	6	2.43
地域	中国境内	242	97.58
	中国境外	6	2.42

续 表

		样本数（份）	百分比（%）
参加次数	首次参加	106	42.74
	2～3次	116	46.77
	3次以上	26	10.49
再次参加意愿	愿意	91	36.69
	不愿意	157	63.31
向亲友推荐意愿	愿意	104	41.94
	不愿意	144	58.06
物价水平	偏低	51	20.56
	正常	104	41.94
	偏高	93	37.50

从性别统计的结果来看，本次调研男性游客119名，占总样本数的47.98%；女性游客129名，占总样本数的52.02%。在具体数值上，女性游客的数量较高，但从整体上来看性别比例基本持平。从年龄统计来看，参加歌圩节的游客年龄主要分布在18～45岁之间，共有193名，占总数的77.82%；其次是46～69岁，有31名，占总数的12.5%；再次是69岁以上的游客，共有20人，占总数的8.06%；18岁以下的人数是最少的，只有4名，仅占总数的1.61%。这说明参加武鸣"三月三"歌圩节的游客主要以青壮年为主，这些人学习、工作压力较大，急需得到缓解，并且这些人具有一定的经济基础，所以会成为武鸣"三月三"歌圩节的主要游客。从最高学历统计来看，参加歌圩节的游客大多是大专学历，占总数的41.53%，拥有本科学历的游客占总数25.4%，拥有高中/中专及以下学历的游客人数占总数的27.42%，而研究生以上学历的游客最少，只有总数的5.65%。从职业统计来看，游客人数最多的是商业、服务业人员和农、林、牧、渔业从业人员，都占总数的28.23%；国

家机关或事业单位工作人员次之，占总数的 18.95%；而剩下的学生、专业技术人员和其他工作人员占的比例都较少，分别为 10.48%、4.84% 和 9.27%。从月收入统计结果来看，参加歌圩节的游客月工资大都集中在 2001～5000 元，占总数的 56.45%。从地域统计结果来看，参加武鸣"三月三"歌圩节的游客主要来自中国境内，所占比例为 97.58%，这说明国内游客对于该节庆活动的参与度很高；但中国境外游客所占比例仅为 2.42%，这说明武鸣"三月三"歌圩节对中国境外游客的吸引力还远远不够。从参加次数统计结果来看，首次参加、参加 2～3 次、参加 3 次以上的游客各占 42.74%、46.77%、10.48%，这说明武鸣"三月三"歌圩节对于游客具有一定的吸引力，游客重游率较高。从再次参加意愿的统计结果来看，36.69 的游客表示愿意再次参加，63.31% 的游客不愿意再次参加，这一数据说明游客的重游意愿较低。从向亲友推荐意愿的统计结果来看，41.94% 的游客是愿意向亲友推荐该节庆活动的，而 58.06% 的游客则不愿意向亲友推荐，这说明大部分的游客对武鸣"三月三"是不太满意的，且他们并不愿意与别人分享自己关于参加这次节庆活动的经历。从物价水平统计结果来看，20.56% 的游客认为武鸣"三月三"歌圩节物价水平偏低，41.94% 的游客认为武鸣"三月三"歌圩节物价水平正常，37.5% 的游客认为武鸣"三月三"歌圩节物价水平偏高。

为了考察样本基本特征对各变量的影响，在对调查数据整理后，武鸣"三月三"歌圩节游客满意度测量变量的基本统计信息如表3–78所示。

表 3-78　游客满意度测量指标统计表

影响因素	样本数	最小值	最大值	均值	标准差
城市环境绿化	248	1	5	2.51	1.138
防灾设备	248	1	5	2.73	1.268
交通便利性	248	1	5	2.57	1.264
标牌指引	248	1	5	2.58	1.304

续　表

影响因素	样本数	最小值	最大值	均值	标准差
停车场所	248	1	5	2.49	1.266
住宿环境	248	1	5	2.63	1.167
住宿价格	248	1	5	2.60	1.252
餐饮环境	248	1	5	2.56	1.178
餐饮质量	248	1	5	2.59	1.288
餐饮价格	248	1	5	2.55	1.219
纪念品价格	248	1	5	2.69	1.132
节目内容	248	1	5	2.73	1.254
现场气氛	248	1	5	2.67	1.195
歌圩节的表现形式	248	1	5	2.59	1.247
文化底蕴的彰显效果	248	1	5	2.75	1.221
民族风情的展示效果	248	1	5	2.52	1.253
当地居民的态度	248	1	5	2.77	1.162
工作人员态度及志愿者服务	248	1	5	2.67	1.277
安保措施	248	1	5	2.61	1.242
对特殊人群照顾程度	248	1	5	2.70	1.253

注：表中20个变量与游客满意度的量表一致。

　　从表3-78中可知，游客对武鸣"三月三"歌圩节的满意度均值都在3分以下，这就表明游客对武鸣"三月三"歌圩节是不太满意的。其中，停车场所的均值最低，为2.49分，这意味着游客对停车场所的管理相当不满意；得分最高的为当地居民的态度，为2.77分，这证明游客对当地居民的态度是比较满意的。

四、信效度检验

通过对数据进行信度与效度检验可以检验数据问卷设计质量以及问卷数据是否符合因子分析。

（一）信度检验

克隆巴赫系数是问卷信度分析的常用方法之一，也是目前学界最常用的信度系数。如表 3-79 所示，该问卷的克隆巴赫信度系数为 0.954，大于 0.8，表示该测验或量表的信度非常好。

表 3-79　调查问卷信度检验表

克隆巴赫系数（Cronbach's alpha）	项数
0.954	42

（二）效度检验

如表 3-80 所示，该问卷的 KMO 系数为 0.937，大于 0.6，适合做因子分析。

表 3-80　调查问卷效度检验表

KMO 值		0.937
巴特利特球形度检验	近似卡方	4491.532
	自由度	231
	显著性	0.000

五、因子分析

因子分析可在多个变量中提取共性因子，因此本研究利用因子分析法，将公因子进行分类。

（一）公因子提取

在对影响游客满意度的测量指标进行因子提取的过程中，本研究采用了主成分分析法，以初始特征值大于 1，且荷载超过 0.5 为选取共同因子个数的原则。如表 3-81 所示，本研究共提取了 4 个公因子，这 4 个公因子对方差解释的贡献率分别为 62.294%、4.321%、3.899%、3.644%，累计解释方差总量达到 74.158%。当旋转后总方差解释比例为 21.862%、21.575%、16.558%、14.163%，累计解释方差总量依然为 74.158%。

表 3-81　总方差解释表

成分	初始特征值			提取载荷平方和			旋转载荷平方和		
	总计	方差百分比	累计（%）	总计	方差百分比	累计（%）	总计	方差百分比	累计（%）
1	12.459	62.294	62.294	12.459	62.294	62.294	4.372	21.862	21.862
2	0.864	4.321	66.615	0.864	4.321	66.615	4.315	21.575	43.437
3	0.780	3.899	70.514	0.780	3.899	70.514	3.312	16.558	59.995
4	0.729	3.644	74.158	0.729	3.644	74.158	2.833	14.163	74.158

（二）因子解释

通过取消因子载荷系数绝对值小于 0.5 的变量，可得出如表 3-82 所示数据。

表 3-82　旋转后成分矩阵表

影响因素	成分			
	节庆体验感	产品价格及服务	环境认可度	文化彰显度
城市环境绿化	0.651			
防灾设备			0.618	
交通便利性		0.619		

续 表

影响因素	成分			
	节庆体验感	产品价格及服务	环境认可度	文化彰显度
标牌指引	0.635			
停车场所			0.652	
住宿环境	0.768			
住宿价格		0.730		
餐饮环境			0.764	
餐饮质量	0.705			
餐饮价格		0.768		
纪念品价格				0.773
节目内容	0.591			
现场气氛		0.558		
歌圩节的表现形式		0.597		
文化底蕴的彰显效果	0.515			0.532
民族风情的展示效果		0.581		
当地居民的态度		0.568		
工作人员态度及志愿者服务	0.649			
安保措施		0.504		
对特殊人群照顾程度				0.590

公因子1包含6个影响因素，分别为城市环境绿化、标牌指引、住宿环境、餐饮质量、节目内容和工作人员态度及志愿者服务，笔者将其命名为"节庆体验感"；公因子2包含8个影响因素，分别为交通便利性、住宿价格、餐饮价格、现场气氛、歌圩节的表现形式、民族风情的展示效果、当地居民的态度和安保措施，笔者将其命名为"产品价格及

服务"；公因子3包含3个影响因素，分别为防灾设备、停车场所、餐饮环境，笔者将其命名为"环境认可度"。公因子4包含3个影响因素，分别为纪念品价格、文化底蕴的彰显效果、对特殊人群照顾程度，笔者将其命名为"文化彰显度"。

六、差异性分析

（一）不同性别游客的差异性分析

如表3-83所示，性别不同的游客在各维度上的显著性均大于0.05，表明不同性别的游客在节庆体验感、产品价格及服务、环境认可度和文化彰显度的满意度上无显著差异。

表3-83　不同性别游客的差异性分析

		平方和	自由度	均方	F	显著性
节庆体验感	组间	1.638	1	1.638	1.503	0.221
	组内	268.036	246	1.090		
	总计	269.673	247			
产品价格及服务	组间	2.352	1	2.352	2.303	0.130
	组内	251.262	246	1.021		
	总计	253.614	247			
环境认可度	组间	6.157	1	6.157	5.203	0.023
	组内	291.140	246	1.183		
	总计	297.297	247			
文化彰显度	组间	1.810	1	1.810	1.619	0.204
	组内	275.021	246	1.118		
	总计	276.831	247			

（二）不同年龄游客的差异性分析

如表 3-84 所示，年龄不同的游客在各维度上的显著性均大于 0.05，表明不同年龄的游客在节庆体验感、产品价格及服务、环境认可度和文化彰显度的满意度上无显著差异。

表 3-84　不同年龄游客的差异性分析

		平方和	自由度	均方	F	显著性
节庆体验感	组间	1.366	3	0.455	0.414	0.743
	组内	268.308	244	1.100		
	总计	269.673	247			
产品价格及服务	组间	0.893	3	0.298	0.287	0.835
	组内	252.721	244	1.036		
	总计	253.614	247			
环境认可度	组间	1.001	3	0.334	0.275	0.844
	组内	296.296	244	1.214		
	总计	297.297	247			
文化彰显度	组间	0.668	3	0.223	0.197	0.899
	组内	276.163	244	1.132		
	总计	276.831	247			

（三）不同学历游客的差异性分析

如表 3-85 所示，学历不同的游客只有在产品价格及服务维度上的显著性大于 0.05，这表明不同学历的游客在产品价格及服务的满意度上无显著性差异，而在其他三个的满意度上都存在显著性差异。

表 3-85　不同学历游客的差异性分析

		平方和	自由度	均方	F	显著性
节庆体验感	组间	15.082	3	5.027	4.818	0.003
	组内	254.591	244	1.043		
	总计	269.673	247			
产品价格及服务	组间	10.151	3	3.384	3.391	0.019
	组内	243.463	244	0.998		
	总计	253.614	247			
环境认可度	组间	19.361	3	6.454	5.666	0.001
	组内	277.936	244	1.139		
	总计	297.297	247			
文化彰显度	组间	20.135	3	6.712	6.380	0.000
	组内	256.696	244	1.052		
	总计	276.831	247			

（四）不同职业游客的差异性分析

如表 3-86 所示，职业不同的游客在各维度上的显著性均小于 0.05，表明不同职业的游客在节庆体验感、产品价格及服务、环境认可度和文化彰显度的满意度上存在显著差异。

表 3-86　不同职业游客的差异性分析

		平方和	自由度	均方	F	显著性
节庆体验感	组间	22.138	5	4.428	4.329	0.001
	组内	247.535	242	1.023		
	总计	269.673	247			

续　表

		平方和	自由度	均方	*F*	显著性
产品价格及服务	组间	19.099	5	3.820	3.942	0.002
	组内	234.515	242	0.969		
	总计	253.614	247			
环境认可度	组间	27.529	5	5.506	4.939	0.000
	组内	269.768	242	1.115		
	总计	297.297	247			
文化彰显度	组间	19.077	5	3.815	3.582	0.004
	组内	257.754	242	1.065		
	总计	276.831	247			

（五）不同月收入游客的差异性分析

如表 3-87 所示，月收入不同的游客在各维度上的显著性均小于 0.05，表明不同月收入的游客在城市发展和节庆体验感、产品价格及服务、环境认可度和文化彰显度的满意度上存在显著差异。

表 3-87　不同月收入游客的差异性分析

		平方和	自由度	均方	*F*	显著性
节庆体验感	组间	20.652	4	5.163	5.038	0.001
	组内	249.022	243	1.025		
	总计	269.673	247			
产品价格及服务	组间	19.723	4	4.931	5.123	0.001
	组内	233.890	243	0.963		
	总计	253.614	247			

		平方和	自由度	均方	F	显著性
环境认可度	组间	22.907	4	5.727	5.072	0.001
	组内	274.390	243	1.129		
	总计	297.297	247			
文化彰显度	组间	20.404	4	5.101	4.834	0.001
	组内	256.427	243	1.055		
	总计	276.831	247			

七、研究结果

通过上述分析可以得出，在调查的 248 名游客中，参加武鸣"三月三"歌圩节的游客男女比例几乎没有差异，来自中国境外的游客只有 2.42%，有将近一半的游客认为武鸣"三月三"歌圩节的物价偏高，63.31% 的游客不愿意再次参加武鸣"三月三"歌圩节，58.06% 的游客不愿意向亲友推荐武鸣"三月三"歌圩节。通过因子分析，笔者将武鸣"三月三"歌圩节满意度的 20 个因素归纳为 4 个公因子，分别是节庆体验感、产品价格及服务、环境认可度和文化彰显度。通过差异性分析可知，不同职业和不同月收入的游客对节庆体验感、产品价格及服务、环境认可度、文化彰显度的满意度有显著差异，不同学历的游客只在产品价格及服务的满意度上差异不明显。

第九节 广西宾阳炮龙节游客满意度调查分析

一、问卷设计与问卷结构

笔者将该调查问卷设计成包含 3 个部分的形式，第一部分为调查对象的基本情况，包括游客的性别、年龄、来源地和了解炮龙节信息渠道等基本信息，为单选或多选的必填题，属人口统计学特征分析；第二部分为广西宾阳炮龙节存在的问题调查，该调查以约瑟夫·派恩（Joseph Pine）和詹姆斯·吉尔摩（James Gilmore）的 4E 理论，即审美（estheticism）体验、教育（education）体验、娱乐（entertainment）体验、逃避（escape）体验四个维度为基础，从体验目的的四个角度调查游客在参加炮龙节时的真实体验；第三部分为广西宾阳炮龙节优化对策研究，此部分主要根据第二部分研究的问题一一提出优化对策，通过研究调查结果选出更符合游客要求的优化对策，进一步探讨能够提升游客满意度的实际对策。该调查主要针对广西宾阳炮龙节存在的问题进行矩阵量表变量分析，问卷采用李克特 5 分量表进行测量，对选项赋予分值，很不同意为 1 分，不同意为 2 分，一般为 3 分，同意为 4 分，很同意为 5 分。

二、调查数据样本构成分析

问卷调查数据的样本主要由 2018—2019 年期间参加过宾阳炮龙节的人员构成，笔者通过网络在线上发放问卷，得到有效问卷 257 份。其中，参加炮龙节的男性所占比例比女性的大，男性占比 62.65%，女性占比 37.35%。参加该节日的人主要以年轻人为主，19～30 岁的人数超过总调查人数的一半，占比 55.25%。在来源地这一调查中，参加广西宾阳炮龙节的主要为宾阳本地和广西壮族自治区内的人，这两者的总占比为84.05%，如表3-88所示。

表3-88　调查数据样本构成表

	选项	人数	比例
性别	男	161	62.65%
	女	96	37.35%
年龄	18 岁及以下	15	5.84%
	19 ～ 30 岁	142	55.25%
	31 ～ 40 岁	77	29.96%
	41 ～ 60 岁	21	8.17%
	60 岁以上	2	0.78%
来源地	宾阳本地	89	34.63%
	广西壮族自治区内	127	49.42%
	国内其他地区（除广西壮族自治区外）	39	15.18%
	国外	2	0.78%

首先，由于宾阳炮龙节的活动带有一定的危险性和刺激性，男性对此比较感兴趣，也比较乐于参与其中；其次，年轻人更具备体力和冒险精神，也愿意参与这种刺激性较高的节庆活动；最后，因为路途的原因，来参加该节庆活动的也是距离宾阳县较近的人，如宾阳本地和广西壮族自治区内的人。所以这些调查样本的数据主要由男性、青年人和广西人贡献。

三、样本描述性统计分析

如表3-89所示，调查对象对广西宾阳炮龙节存在问题的综合看法，整体量表题的均值差异不大。11 个观测变量的均值都在 3 ～ 4 之间，处于较同意状态，并且都存在极小值为 1 和极大值为 5 的情况，这说明游客对这些问题都存在很同意和很不同意的情况，进而表明存在问题情况的复杂性。因此，就均值来说，"宣传力度较低，缺乏品牌知名度"这个变量的均值最高，为 3.88 分，这也能够说明游客对于这个问题普遍表示赞同；然后是"活动较为按部就班，缺少创新""缺少文化内涵""发展速度缓慢"和"基础设施建设滞后"这四个观测变量，它们的均值都达到了 3.5 分以上，对比其他观测变量的均值也相对较高，说明这四个问题也有调查的必要。

表 3-89　广西宾阳炮龙节存在的问题描述统计信息汇总表（N=257）

项目	样本数	极小值	极大值	均值	标准差
宣传力度较低，缺乏品牌知名度	257	1	5	3.88	0.898
活动较为按部就班，缺少创新	257	1	5	3.69	0.741
缺少文化内涵	257	1	5	3.54	0.884
发展速度缓慢	257	1	5	3.71	0.757
基础设施建设滞后	257	1	5	3.74	0.817
环境污染较大	257	1	5	3.23	1.006
存在安全隐患	257	1	5	3.16	1.002
消费合理	257	1	5	3.07	0.896
融入大量狂欢元素	257	1	5	3.06	0.864
现场体验良好	257	1	5	3.06	0.986
工作人员态度良好	257	1	5	3.04	0.831

除了调查游客对关于广西宾阳炮龙节存在问题的看法外，笔者也对游客关于这些问题的优化对策做了初步了解。如表 3-90 所示，"利用新媒体运营，扩大宣传力度"这个变量的均值大于 4，能够在一定程度上反映游客的意愿，这一数据也与笔者在做问题调查时得到的结果相符合。

此外，"增添节日缘由互动活动，继承节日文化内涵""选有实力的活动承办者，鼓励企业办节""发展游客体验活动"和"完善基础设施"这四个数据的均值也相对较高。

表3-90　广西宾阳炮龙节优化对策描述统计信息汇总表（*N*=257）

项目	样本数	极小值	极大值	均值	标准差
利用新媒体运营，扩大宣传力度	257	1	5	4.05	0.794
增添节日缘由互动活动，继承节日文化内涵	257	2	5	3.84	0.671
选有实力的活动承办者，鼓励企业办节	257	2	5	3.69	0.803
发展游客体验活动	257	2	5	3.72	0.805
完善基础设施	257	1	5	3.82	0.865
增加民族特色活动	257	1	5	3.30	1.061
倡导不乱丢垃圾，安排多个垃圾桶	257	1	5	3.29	1.070
加强安保措施	257	1	5	3.19	1.050
安排限量优惠吃住行名额	257	1	5	3.07	1.064

四、信效度检验

（一）信度检验

问卷信度检验是指通过信度来对问卷的可靠性进行分析，信度系数越高则代表该次调查的结果越稳定、可靠和统一。一般情况下，克隆巴赫系数的值在 0～1 之间，α 系数的值越大，说明该量表的可靠性越好。当 α 系数在 0.8～0.9 之间时，则代表这个量表的可靠性非常好。如表 3-91 所示，该问卷的量表 a 系数为 0.839，表示该问卷的信度非常好，研究结果具有可靠性。

表3-91 调查问卷信度检验表

克隆巴赫系数（Cronbach's alpha）	项数
0.839	20

（二）效度检验

对问卷进行效度检验能够判断本次调查的有效性。效度就是指根据测量得到的结果能够反映考察内容的准确度和程度，测量的结果越符合所需要考察的内容，则效度越高；否则，则其效度越低。KMO值用于检验是否适合因子分析，一般KMO值大于0.6，说明量表的效度良好。如表3-92所示，该问卷量表的KMO值为0.857，大于0.6，说明该问卷的效度良好。

表3-92 调查问卷效度检验表

	KMO值	0.857
巴特利特球形度检验	近似卡方	2161.610
	自由度	190
	显著性	0.000

五、研究结果

通过对参与广西宾阳炮龙节的人员进行问卷调查，笔者对节庆活动的宣传、节日文化的内涵、游客的体验感受、基础设施的建设和环境卫生进行了评分调查。该调查运用数据化的明晰表达，以提升广西宾阳炮龙节的举办质量为目的，分析了该活动在举办过程中存在的问题，并对问卷中的量表题目进行了因子分析与信度检验，使问卷的数据结果具有真实可靠性。根据广西宾阳炮龙节存在的问题描述统计信息汇总，笔者得出炮龙节还存在宣传力度较低、缺乏品牌知名度，活动较为按部就班、缺少创新，节庆活动缺少文化内涵、发展速度缓慢、基础设施建设滞后等问题。笔者将在有据可依的前提下，明晰该节庆活动存在的问题，通过进一步分析，了解以上问题存在的原因以及解决问题的紧迫性和重要程度，结合文献研究获得的理论素材和理论依据，针对各项问题提出解决的对策和建议。

第十节　梧州国际宝石节游客满意度调查分析

一、问卷设计与发放

（一）问卷设计

本次问卷主要是为了能够直观地感知游客对梧州国际宝石节满意评价的现状。问卷选项中，"非常满意"设定为 5 分，"感觉较好"设定为 4 分，"满意度一般"设定为 3 分，"满意度差"设定为 2 分，"满意度很差"设定为 1 分。

问卷共分为四大部分：第一部分为游客基本信息填写，便于笔者日后开展调查对象统计工作；第二部分为游客历来到访梧州国际宝石节情况；第三部分为游客对宝石节的总体满意程度评价和建议，通过列举影响游客满意度的因素，使用李克特五级量表调查游客满意度，从该影响因素中发现问题，并为该节庆活动的举办提出有效的建议；第四部分为游客参与活动后印象回访情况，一个活动是否能得到大家的高度关注提高下一次回访率是非常重要的，因此，笔者在本问卷的最后设计了四道题，调查参与游客的节后印象。

（二）问卷发放方式方法

本研究数据的采集采用纸质版问卷和电子版问卷相结合的形式，以 2020 年第十七届梧州国际宝石节参与游客作为测量样本，调查对象包括不同地区、不同行业、不同年龄阶段的游客。

二、问卷结果与分析

（一）基本信息汇总分析

笔者在调查该节庆活动时，共发放问卷341份，总回收数量为325份，回收率为95.3%，其中有效问卷共304份，包括电子版203份，纸质版101份。通过使用游客人口统计学特征分析游客满意度与影响因素，得出相关问题与结论。在本次调查问卷中，主要填写对象是18～25岁的大专、本科学历的学生，其中，18～25岁的填写对象占总人数的59.9%。调查对象的职业主要有学生、公务员、军人、服务行业人员、教科文卫人员等，据统计，在本次调查对象中，学生与服务人员偏多。根据纸质版问卷和电子问卷统计结果显示，在整体调查对象中，男性占36.2%，女性占63.8%，可见参与第十七届梧州国际宝石节的游客，女性占比高于男性。因为样本对象的人口学特征齐全，覆盖的范围广泛，因此，本次调查具有代表性。样本人口统计学特征表如表3-93所示。

表3-93 样本人口统计学特征表（N=304）

项目		频数	百分比
性别	男	110	36.2%
	女	194	63.8%
年龄	18岁以下	31	10.2%
	18岁～25岁	182	59.9%
	26岁～35岁	59	19.4%
	36岁～45岁	22	7.2%
	46岁以上	10	3.3%
受教育程度	高中及以下	149	49.1%
	大专或本科	148	48.7%
	硕士及以上	7	2.3%

续　表

	项目	频数	百分比
职业	学生	147	48.4%
	公务员 / 企业活动主办方 / 军人	62	20.4%
	服务行业人员	71	23.4%
	教科文卫工作人员	24	7.9%

（二）游客行为分析

据调查问卷结果显示，第十七届梧州国际宝石节来梧州的游客，初次到访的占 41.4%，到访 2～3 次的游客占 30.9%。参与梧州国际宝石节的游客中多为初次到访，多次到访的人数不多，由此可见游客忠诚度不高，满意度一般。在"一起出游人数"的调查中，2～5 人一起出游的占总数的 59.9%，说明在该届节庆活动中，游客多数是以家庭为单位或者好友结队。在这次调查中，停留时间为半日的占 45.4%，说明梧州国际宝石节的节日氛围不够浓厚，节目类型不够吸引游客，导致接近一半的游客停留时间过短，游客短时间的停留无法使活动举办方达到取得更多经济效益的目标，如表 3-94 所示。

表 3-94　游客行为特征分析（N=304）

	项目	频数	百分比
到访次数	1 次	126	41.4%
	2～3 次	94	30.9%
	4～5 次	60	19.7%
	6 次以上	24	7.9%

续　表

	项目	频数	百分比
一起出游人数	独自一人	48	15.8%
	2～5人	182	59.9%
	6～10人	58	19.1%
	11～21人	16	5.2%
到访停留时间	路过就走	36	11.8%
	半日游	138	45.4%
	一天游	93	30.6%
	两天一夜及以上	37	12.2%

（三）宝石节知晓渠道分析

关于调查游客历来到访梧州国际宝石节情况，可以根据数据统计得出结果：通过网络自媒体，如微信公众号推文等知晓梧州国际宝石节的占35.5%；通过亲戚朋友介绍知晓梧州国际宝石节的占37.5%；通过电视报道、官方宣传视频或其他途径知晓的占比则较少，如表3-95所示。

表3-95　游客知晓渠道分析（N=304）

渠道	网络自媒体	亲戚朋友介绍	电视报道	官方宣传视频	其他
频数	108	114	28	23	31
占比	35.5%	37.5%	9.2%	7.6%	10.2%

（四）游客平均满意度分析

笔者根据来访游客的原始数据，并借助SPSS分析软件，根据赋值计算均值，分值越高，说明该影响因素的重要性也越高。在整项调查中，共有14个影响因素中的均值大于3.4，可以认为这些影响因素较为重要。其中，令游客较为满意的因素有：整体旅游形象、节庆氛围、现场活动秩序良好程度、纪念品地方代表性、交通顺畅与卫生整洁度等，这六个影响因素中整体旅游形象均值最大为 3.62，这六个得分均值都大于 3.5，标准差也都小于 1，可以认为是最重要满意度影响因素。均值为 3.54 的影响因素是纪念品地方代表性，标准差为 0.904，是 14 个影响因素中离散程度最小的一项，可以看出游客对该因素的满意度看法比较相近。而均值最小的影响因素是节庆活动工作人员的服务态度只有 3.23，标准差为 1.186 是影响因素中离散程度最大的一项，因此游客对此项的满意度看法存在较大的差异，如表 3-96、表 3-97 所示。

表 3-96　统计资料 1

	该地的整体旅游形象	节庆氛围浓厚程度	现场活动秩序良好程度	导游服务专业程度	现场指示牌等设施设置合理	举办活动时当地交通顺畅程度	卫生整洁度	节庆活动工作人员的服务态度
平均数	3.62	3.53	3.50	3.27	3.50	3.46	3.55	3.23
中位数	4.00	3.00	3.00	3.00	3.00	3.00	4.00	3.00
众数	3	3	3	3	3	3	3	3
标准差	0.986	0.981	0.951	1.084	0.940	0.974	0.987	1.186
总和	1100	1072	1063	994	1064	1051	1079	982
均值排名	1	4	6	13	5	7	2	14

表 3-97　统计资料 2

	提供特色餐饮服务	基础建设设施完善	特色创新活动	特色景观	纪念品地方代表性	娱乐项目多样化
平均数	3.43	3.36	3.28	3.38	3.54	3.39
中位数	3.00	3.00	3.00	3.00	3.00	3.00
众数	3	3	3	3	3	3

续　表

	提供特色餐饮服务	基础建设设施完善	特色创新活动	特色景观	纪念品地方代表性	娱乐项目多样化
标准差	1.016	0.998	1.085	1.014	0.904	0.909
总和	1044	1020	996	1027	1076	1030
均值排名	8	11	12	10	3	9

（五）效度检验与信度检验

效度检验是指检验一项事物的结果有效度，这项检验需要通过数据调查得来的问卷结果与调查事物的内容适应程度来分析。信度检验则是指调查结果的实际运用性，即调查结果是否可以被信任。笔者通过 SPSS 软件因子分析出该调查结果的 KMO 值为 0.959，具有较高的有效性，如表 3-98 所示。

表 3-98　调查问卷效度检验表

KMO 值		0.959
巴特利特球形度检验	近似卡方	3387.838
	自由度	91
	显著性	0.000

信度系数是目前常用的信度检验方法，α 系数若能达到 0.9 以上，说明量表的信度甚佳，本篇论文利用 SPSS 对搜集得到的数据进行信度检验，问卷的 Cronbach a 系数为 0.953，如表 3-99 所示。

表 3-99　调查问卷信度检验表

克隆巴赫系数（Cronbach's alpha）	项数
0.953	14

（六）游客满意度线性回归分析

为了进一步揭示各影响因子对游客满意度的影响程度，运用多元回归分析构建回归模型，以问卷中游客对梧州的总体满意度为因变量，以14个影响因素为自变量，采用线性多元回归建立模型。

$$Y=\beta_0 +\sum_{i=1}^{14}\beta_i\chi_i +u_i$$

表示游客对梧州国际宝石节总体评价，β_0 为回归常数，β_i 为回归系数，X_i 表示14个影响因子，u_i 是常数。根据问卷假设，假设构建回归模型。该模型以 X_1= 整体旅游形象、X_2= 节庆氛围浓厚程度……X_{14}= 娱乐项目多样化为自变量，Y= 游客满意度为因变量，如表 3-100 所示：

表 3-100　线性回归分析表

模型 B	非标准化系数		标准化系数	T	显著性
	标准差	Beta			
（常数）	0.271	0.167		1.628	0.105
整体旅游形象	0.030	0.034	0.033	0.887	0.376
节庆氛围浓厚程度	0.141	0.052	0.147	2.692	0.008
现场活动秩序良好程度	0.088	0.054	0.089	1.617	0.107
导游服务专业程度	0.072	0.058	0.083	1.228	0.221
现场指示牌等设施设置合理度	0.069	0.055	−0.069	−1.248	0.213
举办活动时当地交通顺畅程度	0.137	0.050	0.142	2.731	0.007

续　表

模型 B	非标准化系数		标准化系数	T	显著性
	标准差	Beta			
卫生整洁度	0.115	0.055	0.120	2.090	0.037
节庆活动工作人员的服务态度	0.164	0.050	−0.208	−3.264	0.001
提供特色餐饮服务	0.350	0.059	0.378	5.948	0.000
基础建设设施完善程度	0.049	0.050	0.053	0.986	0.325
特色创新活动	0.011	0.056	−0.012	−0.193	0.847
特色景观	0.112	0.051	0.121	2.192	0.029
纪念品地方代表性	0.067	0.062	0.064	1.080	0.281
娱乐项目多样化	0.034	0.057	0.033	0.608	0.544

笔者根据最后一步的回归系数建立的回归方程如下。

$$Y=0.271+0.03X_1+0.141X_2+0.088X_3+0.072X_4+0.069X_5+0.137X_6+0.115X_7+0.164X_8+0.35X_9+0.049X_{10}+0.011X_{11}+0.112X_{12}+0.067X_{13}+0.034X_{14}$$

通过参数估计对应的数值来检验自变量对因变量是否有影响，自变量对应的数值越小，其对因变量的影响越显著。从回归结果表中可以看出，节庆氛围浓厚程度、举办活动时当地交通顺畅程度、卫生整洁度、节庆活动工作人员的服务态度、提供特色餐饮服务、特色景观这六个变量的显著性水平均低于5%，即这六个变量对梧州国际宝石节总体评价有着显著的影响作用。回归方程中的非标准化系数 B 为正数，说明游客满意度与这六个方面呈正相关。其中，提供特色餐饮服务的影响作用最大，假如保持其他满意度不变，每增加一个特色餐饮服务满意度，宝石节总体评价就会上涨 3.5%。

综合以上分析，本次调查的效度检验 KMO 值为 0.959，信度检验为 0.953，符合做线性回归分析的基本要求，这一结果表明作者可以从线性回归分析结果、游客满意度平均分析结果中深度剖析影响游客满意度的因素，以及现阶段梧州举办该节庆活动存在的问题，并且根据这些问题提出相应的对策。将影响游客满意度的 14 个因素进行分类，可分为三大方面：城市印象、特色活动、现场印象。城市印象方面的影响因素有整体旅游形象、基础建设设施完善程度、导游服务专业程度、节庆氛围浓厚程度、举办活动时当地交通顺畅程度、卫生整洁度 6 个；特色活动方面的影响因素包括特色创新活动、特色景观、提供特色餐饮服务、娱乐项目多样化 4 个；现场印象方面的影响因素有现场活动秩序良好程度、现场指示牌等设施设置合理度、纪念品地方代表性、节庆活动工作人员的服务态度 4 个。在此基础上建立的游客满意度指标体系如图 3-29 所示。

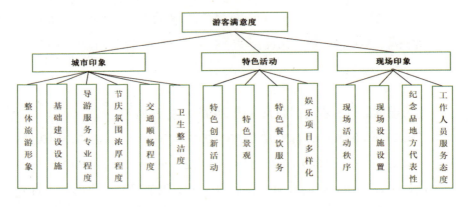

图 3-29　游客满意度指标体系

在综合提升游客满意度的同时，节庆活动主办方也要做好针对性的问题解决，从 14 个影响因素的满意度均值排列名次来看，游客满意度分值位于前六的影响因子为整体旅游形象、卫生整洁度、节庆氛围浓厚程度、现场秩序、现场设施设置合理、纪念品地方代表性，这些方面能够取得良好的成绩，离不开负责梧州国际宝石节节庆活动展开的各个部门的努力和付出。游客在导游服务专业程度、节庆活动工作人员的服务态度、特色创新活动、特色景观、基础建设设施完善程度、娱乐项目多样化等六个方面的分值较低。

第四章　广西节庆活动游客满意度影响因素分析

本章根据南宁国际民歌艺术节、中国（柳州·三江）侗族多耶节、桂林国际山水文化旅游节、广西龙胜各族自治县红衣节、资源河灯节、中国·融水苗族芦笙斗马节、广西宜州刘三姐文化旅游节、中国壮乡·武鸣"三月三"歌圩节、广西宾阳炮龙节、梧州国际宝石节游客满意度的调查结果，主要从满意度影响因子和影响因素的"重要性—满意度"两个方面对广西极具代表性的十个节庆活动的游客满意度影响因素进行分析。通过调查可知，游客普遍对"设施建设""商品价格"和"服务问题"比较重视，特别是在休憩场所、停车问题、交通状况和安保措施以及节庆活动艺术氛围、山水文化展现形式、历史文化底蕴的展示效果、特色旅游产品及路线、国际影响力、住宿和餐饮及卫生环境等方面。

第一节　南宁国际民歌艺术节游客满意度影响因素分析

一、满意度影响因子分析

（一）城市发展及配套服务

如表 4-1 所示，因子"城市发展及配套服务"的特征值为 7.150，小于 1，该因子的解释比例最高，为 34.049%。城市发展及配套服务因子的总体均值为 3.76，说明游客对该因子的满意程度一般。另外，在影响南宁国际民歌艺术节游客满意度的 5 个因素中，城市基础设施、交通便利性的均值小于 3.76，说明南宁国际民歌艺术节在游客出行、游览方面做得不够好，这是因为第二十三届南宁国际民歌艺术节在南宁园博园举办，园内占地面积较大，路程长；摆渡车排队人员多，游览难，使游客产生不满情绪。

表 4-1　城市发展及配套服务因子分析

因子项	影响因素	因子负荷	特征值	方差解释比例（%）	均值	总体均值
城市发展及配套服务	城市绿化水平	0.835			3.89	
	城市基础设施	0.719			3.59	
	交通便利性	0.698	7.150	34.049	3.74	3.76
	标牌指引	0.689			3.78	
	停车场所	0.568			3.79	

（二）现场管理

如表 4-2 所示，因子"现场管理"由 4 个影响因素组成，因子特征值为 1.675，大于 1。该因子的方差解释比例为 7.974%，现场管理因子的总体均值为 3.82，是所有因子中总体均值较高的因子，说明游客对其满意程度较高。现场管理因子包含的 4 个影响因素中，现场秩序管理和餐饮质量的均值都小于 3.82，这说明南宁国际民歌艺术节在现场秩序管理和餐饮质量方面做得不够好，造成这种现象的原因是艺术节现场游客比较多，不利于人员管理，南宁园博园内餐饮口味一般或食材新鲜程度低，使游客产生不满情绪。

表 4-2　现场管理因子分析

因子项	影响因素	因子负荷	特征值	方差解释比例（%）	均值	总体均值
现场管理	餐饮环境	0.814			3.85	
	现场秩序管理	0.791			3.79	
	安保措施	0.668	1.675	7.974	3.86	3.82
	餐饮质量	0.594			3.77	

（三）旅游产品

如表 4-3 所示，因子"旅游产品"由 4 个影响因素组成，因子特征值为 1.596，大于 1。旅游产品因子的总体均值为 3.84，说明游客对其满意程度较高。在旅游产品因子包含的 4 个影响因素中，民族风情的展示效果与节日气氛的均值都小于 3.84，说明南宁国际民歌艺术节在民俗风情的展示和节日气氛的渲染方面做得不够好。

表 4-3　旅游产品因子分析

因子项	影响因素	因子负荷	特征值	方差解释比例(％)	均值	总体均值
旅游产品	民族风情的展示效果	0.742			3.79	
	文化底蕴的彰显效果	0.740	1.596	7.600	3.86	3.84
	演出内容	0.713			3.90	
	节日气氛的渲染	0.600			3.81	

（四）商品价格

如表 4-4 所示，因子"商品价格"由 3 个影响因素构成，因子特征值为 1.402，大于 1。该因子的方差解释比例为 6.678%，总体均值为 3.70，是五个游客满意度影响因子中最低的因子，说明游客对其满意程度很低。商品价格因子中包含的纪念品价格及游览花销两个因素的均值都小于 3.70，说明南宁园博园周边的商品价格较高，且因为游览园博园所需时间较长，游客需要在园内多次乘车用餐，花销较高，游客因此产生不满情绪。

表4-4　商品价格因子分析

因子项	影响因素	因子负荷	特征值	方差解释比例(%)	均值	总体均值
商品价格	住宿价格	0.820			3.70	
	餐饮价格	0.781	1.402	6.678	3.81	3.70
	纪念品价格及游览花销	0.757			3.58	

（五）服务质量

如表4-5所示，因子"服务质量"由3个影响因素构成，因子特征值为1.196，大于1。该因子的方差解释比例为5.693%，总体均值为3.71，说明游客对这项因子的满意程度很低。服务质量因子中包含的3个影响因素，其均值都较低，说明服务质量是影响游客满意度的重要因素。

表4-5　服务质量因子分析

因子项	影响因素	因子负荷	特征值	方差解释比例(%)	均值	总体均值
服务质量	当地居民态度	0.847			3.72	
	工作人员态度及志愿者服务	0.819	1.196	5.693	3.74	3.71
	对特殊人群照顾程度	0.676			3.67	

二、影响因素的"重要性—满意度"分析

综合上述分析，南宁国际民歌艺术节的游客满意度影响因素共有21项，下面笔者将对第二十三届南宁国际民歌艺术节的游客感知影响因素进行重要性和满意度分析。

（一）"重要性—满意度"总体分析

如表4-6所示，在重要性方面，游客对南宁国际民歌艺术节的X1

城市绿化水平、X7住宿环境、X2城市基础设施、X13演出内容、X10餐饮质量这五项指标的期望最高；在满意度方面，游客对X13演出内容、X1城市绿化水平、X7住宿环境这三项指标的满意度最高，对X16纪念品价格及游览花销、X2城市基础设施、X21对特殊人群照顾程度、X6休憩场所这四项指标的满意度评分最低。

　　由此可见，影响游客满意度的21项指标与游客的期望值有一定差值。其中，满意度与重要性之间差值最大的是X2城市基础设施、X3交通便利性两个指标，这两项指标差值的绝对值分别为0.27和0.15；其次为X10餐饮质量、X16纪念品价格及游览花销、X20工作人员态度及志愿者服务和X21对特殊人群照顾程度，差值的绝对值依次为0.12、0.12、0.11和0.11，这些是影响南宁国际民歌艺术节游客满意度的关键指标。

表4-6　各指标重要性、满意度均值与二者差值

代码	指标	重要性（均值）	满意度（均值）	满意度—重要性（差值）
X1	城市绿化水平	4.00	3.89	−0.11
X2	城市基础设施	3.89	3.59	−0.27
X3	交通便利性	3.86	3.74	−0.15
X4	标牌指引	3.83	3.78	−0.05
X5	停车场所	3.80	3.79	−0.01
X6	休憩场所	3.77	3.71	−0.06
X7	住宿环境	3.90	3.87	−0.03
X8	住宿价格	3.79	3.70	−0.09
X9	餐饮环境	3.86	3.85	−0.01
X10	餐饮质量	3.89	3.77	−0.12
X11	餐饮价格	3.78	3.81	−0.03

代码	指标	重要性（均值）	满意度（均值）	满意度—重要性（差值）
X12	节日气氛	3.77	3.81	−0.04
X13	演出内容	3.89	3.90	−0.10
X14	民族风情的展示效果	3.78	3.79	0.01
X15	文化底蕴的彰显效果	3.83	3.86	0.03
X16	纪念品价格及游览花销	3.69	3.58	−0.12
X17	安保措施	3.87	3.86	−0.01
X18	现场秩序管理	3.83	3.79	−0.04
X19	当地居民态度	3.74	3.72	−0.02
X20	工作人员态度及志愿者服务	3.85	3.74	−0.11
X21	对特殊人群照顾程度	3.78	3.67	−0.11

（二）IPA 分析

笔者在做了"重要性—满意度"分析之后，将南宁国际民歌艺术节所涉及的 21 项指标的重要性与满意度数据导入 SPSS22.0 版本并绘制散点图，得到了 IPA 四模块图像，如图 4-1 所示。

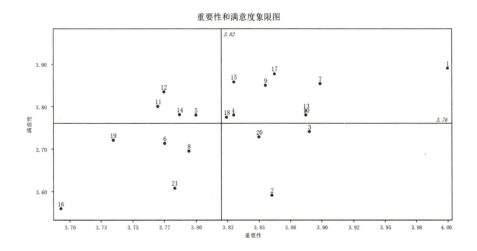

图 4-1　南宁国际民歌艺术节指标重要性—满意度矩阵图

　　第一象限为高重要性、高满意度模块，包含 9 项内容，分别是 X1 城市绿化水平、X4 标牌指引、X7 住宿环境、X9 餐饮环境、X10 餐饮质量、X13 演出内容、X15 文化底蕴的彰显效果、X17 安保措施、X18 现场秩序管理，说明游客对这 9 项内容在游览过程中的重要性和满意度评分较高。因此，活动主办方可将这些内容归纳为优势模块。第二象限为低重要性、高满意度模块，包含 4 项内容，分别是 X5 停车场所、X11 餐饮价格、X12 节日气氛、X14 民族风情的展示效果，说明游客对这 4 项内容在节庆活动举办过程中的重要性评分较低，满意度评分较高。因此，活动主办方可将这一模块归纳为维持模块。通过 IPA 分析，活动主办方可对该模块的内容进行优化，从而提高游客满意度。第三象限为低重要性、低满意度模块，包含 5 项内容，分别是 X6 休憩场所、X8 住宿价格、X16 纪念品价格及游览花销、X19 当地居民态度，以及 X21 对特殊人群照顾程度，说明游客对这 5 项内容的重要性和满意度评分都低。因此，活动主办方可将这一模块归纳为改进模块。第四象限为高重要性、低满意度模块，包含 3 项内容，分别为 X2 城市基础设施、X3 交通便利性、X20 工作人员态度及志愿者服务，说明游客对这 3 项内容的重要性评分较高，满意度评分较低。因此，活动主办方可将这些内容归纳为重点改进模块。

（三）总体期望与满意度分析

如表 4-7 所示，游客对南宁国际民歌艺术节的总体期望和满意度的均值小于 4，大于 3.6，这说明游客在整体感知上是较为满意状态。游客的总体满意度均值低于总体期望，说明游客的实际体验未达到其期望值；游客的总体满意度标准差高于总体期望，说明不同游客的总体满意度评价差异较大。

表 4-7　总体期望与满意度

名称	最小值	最大值	均值	标准差
总体期望	1	5	3.83	0.874
总体满意度	1	5	3.77	0.880

三、研究结论

由因子 1 可知，游客对于城市基础设施与交通便利性的满意度较低，因此，活动举办方应做好游览路线规划和人员疏导工作；由因子 2 可知，游客对于现场秩序管理和餐饮质量的满意度较低，因此，活动举办方应做好错峰分流、烹饪和食材保鲜工作；由因子 3 可知，游客对于民族风情的展示效果与节日气氛的满意度较低，因此，活动主办方应挖掘民歌文化的内涵，并增加与游客的互动时长；由因子 4 可知，游客对于商品价格的满意度最低，在上述内容中，住宿价格和游览花销的满意度均值低于总体均值，因此，活动主办方应控制节庆活动举办期间的消费水平，提升游客价格公平感；由因子 5 可知，游客对于服务质量的满意度较低，因此，活动主办方应对相关人员加强培训，提升工作人员的态度及志愿者的服务水平。

根据 IPA 分析可知，活动主办方应重点改进的模块有城市基础设施、交通便利性和工作人员态度及志愿者服务这几项指标，亟须改进模块有休憩场所、住宿价格、游览花销、当地居民态度、对特殊人群照顾程度五项指标，活动主办方可将这些内容整合为"设施建设""商品价格"和"服务问题"。本研究分析出游客的总体满意度小于总体期望，表明本届南宁国际民歌艺术节游客的实际体验未达到期望值，游客满意度不高。

第二节　中国（柳州·三江）侗族多耶节游客满意度影响因素分析

一、影响因素的"重要性—满意度"分析

由第三章内容可知，中国（柳州·三江）侗族多耶节的满意度影响因素共有 18 项，笔者以此为基础，展开对该节庆游客满意度影响因素指标的重要性和满意度数据分析。

（一）"重要性—满意度"总体分析

如表 4-8 所示，从重要性角度来看，游客对中国（柳州·三江）侗族多耶节的 X7 餐饮卫生期望值最高；从满意度角度来看，游客对 X4 民族风情的展示程度的满意度最高，对 X9 住宿价格、X15 商品价格、X6 食品价格、X11 交通费用、X14 门票价格的满意度最低。

表 4-8　各指标重要性、满意度均值与二者差值

代码	指标	重要性（均值）	满意度（均值）	满意度—重要性（差值）
X1	活动布置及装饰的民族特色	4.29	4.19	−0.10
X2	活动数量	4.07	4.10	0.03

续　表

代码	指标	重要性（均值）	满意度（均值）	满意度—重要性（差值）
X3	娱乐项目的民族特色	4.32	4.20	−0.12
X4	民族风情的展示程度	4.31	4.22	−0.09
X5	文化底蕴的展示效果	4.36	4.21	−0.15
X6	食品价格	4.24	4.06	−0.18
X7	餐饮卫生	4.41	4.14	−0.27
X8	餐饮食品的民族特色	4.35	4.19	−0.16
X9	住宿价格	4.23	4.02	−0.21
X10	住宿环境	4.32	4.12	−0.20
X11	交通费用	4.18	4.08	−0.10
X12	交通便捷性	4.35	4.12	−0.23
X13	现场秩序管理	4.35	4.20	−0.15
X14	门票价格	4.21	4.08	−0.13
X15	商品价格	4.18	4.03	−0.15
X16	商品民族特色	4.30	4.17	−0.13
X17	商品质量	4.34	4.16	−0.18
X18	工作人员的服务态度	4.39	4.19	−0.20

综上所述，这18项指标与游客期望存在一定的差值。其中，满意度与重要性之间差值最大的指标为 X7 餐饮卫生，差值的绝对值为0.27，其次为 X12 交通便捷性、X9 住宿价格、X10 住宿环境和 X18 工作人员的服务态度，差值的绝对值分别为0.23、0.21、0.20和0.20，这些是影响中国（柳州·三江）侗族多耶节游客满意度的关键性指标。

（二）IPA 分析

笔者在研究过程中，将中国（柳州·三江）侗族多耶节所涉及的各项指标的重要性及满意度的总均值作为 IPA 模型的基准线和纵横轴交叉点，勾勒出四个象限，之后将数据导入 SPSS22.0 版本软件，绘制散点图，18 项指标因素落入各个象限中，形成 IPA 分区图，如图 4-2 所示。

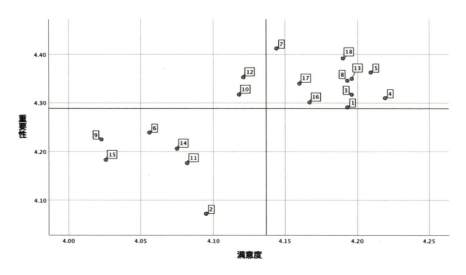

图 4-2　中国（柳州·三江）侗族多耶节指标重要性—满意度矩阵图

第一象限为高重要性、高满意度模块，在本次调查中，共有 10 项指标位于该象限，分别为 X1 活动布置及装饰的民族特色、X3 娱乐项目民族特色、X4 民族风情展示程度、X5 文化底蕴的展示效果、X7 餐饮卫生、X8 餐饮食品民族特色、X13 现场秩序管理、X16 商品民族特色、X17 商品质量、X18 工作人员的服务态度，说明参加该节庆活动的游客对这 10 项指标非常重视，并且他们认为该节庆活动在这些方面表现优异，属于该节庆的优势部分，应该继续保持。第二象限为高重要性、低满意度模块，在本次调查中，共有 2 项指标位于该象限，分别为 X10 住宿环境、X12 交通便捷性，说明这届多耶节游客对这两项指标非常重视，但游客对于这两者的满意度评价较低。因此，中国（柳州·三江）侗族多耶节活动举办方应加强对这两方面的重视，对这两方面重点关注，并采取适当的措施进行改善。第三象限为低重要性、低满意度模块，在本次调查中，共有 6 项指标位于该象限，分别为 X2 活动数量、X6 食品价格、X9 住宿价格、X11 交通费用、X14 门票价格、X15 商品价格，说明游客认为这几项的重要性较低，同时，游客对于这些内容的满意度评价也较低。因此，活动主办方可将这几项指标纳为需要改进的内容。第四象限为低重要性、高满意度模块，在本次调查中，没有指标位于该象限。通过 IPA 分析，笔者认为活动主办方应对第二象限区域的指标加强重视，重点改善，对第三象限区域的指标进行积极改进，从而有效提高游客满意度。

（三）总体期望与满意度分析

表 4-9 总体期望与满意度

名称	最小值	最大值	均值	标准差
总体期望	1	5	4.19	0.731
总体满意度	1	5	4.15	0.771

如表 4-9 所示，游客对中国（柳州·三江）侗族多耶节的总体期望和总体满意度的均值都达到了 4 分，这表明游客对该节庆的整体感知是较为满意的状态。但游客的总体满意度小于总体期望的均值，这表明游客的实际感知体验低于其心理期望。另外，游客的总体满意度标准差大于总体期望标准差，这表明游客对于不同指标的满意度评价有显著差异。

二、研究结论

由以上分析可得，游客对价格类如住宿价格、商品价格、食品价格、门票价格的满意度评价较低，对餐饮卫生、交通便捷性、住宿价格和工作人员的服务态度的重要性、满意度评价差值较大，这几项指标是影响中国（柳州·三江）侗族多耶节游客满意度的关键指标。由 IPA 分析可得知，需要重点改善的指标有住宿环境和交通便捷性两项，需要改善的指标有活动数量、食品价格、住宿价格、交通费用、门票价格和商品价格六项。笔者将这些内容归纳为价格问题、现场管理问题、产品和服务问题。由总体满意度与总体期望分析得知，游客的总体满意度小于总体期望，这表明游客的实际感知体验未达到其期望程度，即游客的期望没有得到满足。

第三节 桂林国际山水文化旅游节游客满意度影响因素分析

桂林国际山水文化旅游节游客满意度的影响因素共有 15 项，以下是笔者对游客在游览过程中对该节庆活动内容的重要性和满意性分析。

一、"满意度—重要性"总体分析

如表 4-10 所示，从重要性来看，游客对桂林国际山水文化旅游节在举办过程中的城市基础设施建设、节庆活动艺术氛围、国际影响力、山水文化展现形式这五项指标的期望值最高，对工作人员的服务态度、现场秩序、旅游商品种类及价格这三项指标的期望值最低；从满意度来看，游客对现场秩序、工作人员的服务态度、城市基础设施建设这三项指标的满意度最高，对住宿、历史文化底蕴的展示效果、国际影响力三项指标的满意度最低。

表 4-10 各指标重要性、满意度均值与二者差值

代码	指标	重要性（均值）	满意度（均值）	满意度—重要性（差值）
X1	节庆活动艺术氛围	3.45	4.33	−0.88
X2	山水文化展现形式	3.54	4.29	−0.75
X3	历史文化底蕴的展示效果	3.35	4.28	−0.93

续　表

代码	指标	重要性（均值）	满意度（均值）	满意度—重要性（差值）
X4	特色旅游产品及路线	3.45	4.03	−0.58
X5	旅游商品种类及价格	3.54	3.73	−0.19
X6	国际影响力	3.40	4.32	−0.92
X7	住宿	3.24	4.22	−0.98
X8	城市基础设施建设	3.75	4.40	−0.65
X9	现场秩序	3.97	3.72	0.25
X10	交通状况	3.60	4.02	−0.42
X11	安保措施	3.61	4.12	−0.51
X12	休憩场所	3.72	4.20	−0.48
X13	停车问题	3.71	4.02	−0.31
X14	餐饮及卫生环境	3.52	4.26	−0.74
X15	工作人员的服务态度	3.77	3.45	0.32

综上所述，上表中15项指标的游客满意度与游客期望值存在差异，"住宿"这项指标的差值最大，差值的绝对值为0.98，其次是历史文化底蕴的展示效果、国际影响力和节庆活动艺术氛围。可见，这四项指标对桂林国际山水文化旅游节游客满意度的影响是至关重要的。

二、IPA 分析

如图4-3所示，第一象限为高满意度、高重要性模块，包含5项内容，即城市基础设施建设、休憩场所、停车问题、交通状况和安保措施，笔者将这部分区域定义为优势区。第二象限为低满意度、高重要性模块，包含七项内容，即节庆活动艺术氛围、山水文化展现形式、历史文化底蕴的展示效果、特色旅游产品及路线、国际影响力、住宿和餐饮及卫生环境，笔者将这部分区域定义为机会区。第三象限为低满意度、低重要性模块，只有旅游商品种类及价格一项，笔者将这部分区域定义为改进区。第四象限为高满意度、低重要性模块，包含两项内容，即现场秩序和工作人员的服务态度，笔者将这部分区域定义为维持区。因此，通过IPA 模型分析，笔者建议桂林国际山水文化旅游节主办方对改进区和机会区中的指标进行整改，从而最大限度满足游客的需求，提高游客满意度评价。

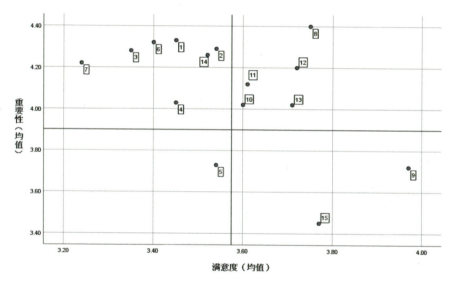

图 4-3　桂林国际山水文化旅游节指标重要性—满意度矩阵图

三、总体期望与满意度分析

如表 4-11 所示，游客对桂林国际山水文化旅游节总体期望和满意度的均值都大于 3，这说明游客对于该节庆活动只达到了一般满意状态；游客总体期望的标准差低于总体满意度的标准差，意味着游客期望与他们的实际满意度存在较大差异。

表 4-11　总体期望与满意度

名称	最小值	最大值	均值	标准差
总体期望	1	5	3.52	0.781
总体满意度	1	5	3.33	0.854

第四节　广西龙胜各族自治县红衣节游客满意度影响因素分析

一、满意度影响因子分析

（一）旅游产品及服务

如表 4-12 所示，旅游产品及服务这一因子项由 9 个影响因素构成，因子特征值为 7.059，大于 1。该因子项的解释程度最高，能解释游客满意度 41.525% 的内容。这一因子的总体均值为 3.7595，其中，停车问题、节庆活动中商品的种类及价格、工作人员的服务态度，以及纪念品价格的均值较低，这说明红衣节举办过程中的商品价格超出了游客的预期，并且工作人员的态度不够好，使游客产生了不满情绪。

表4-12　旅游产品及服务因子分析

因子项	影响因素	因子负荷	特征值	方差解释比例（%）	均值	总体均值
旅游产品及服务	纪念品价格	0.799			3.68	
	住宿价格	0.707			3.90	
	安保措施	0.633			3.91	
	消防安全	0.564			4.00	
	节庆活动的宣传力度	0.542	7.059	41.525	3.72	3.7595
	工作人员的服务态度	0.525			3.66	
	节庆活动中商品的种类及价格	0.516			3.58	
	停车问题	0.497			3.50	
	活动数量	0.496			3.87	

（二）举办效果

如表4-13所示，举办效果由四个影响因素构成，因子特征为1.18 > 1。该因子的解释程度较高，能解释游客满意度6.94%的内容。举办效果的总体均值为3.9723，是三个因子中总体均值最高的因子，说明游客对该因子的满意程度很高。举办效果因子包含的四个影响因素中，休憩场所的均值较低，说明休憩场所建设不完善，导致游客无处休息。

表 4-13　举办效果因子分析

因子项	影响因素	因子负荷	特征值	方差解释比例（%）	均值	总体均值
举办效果	文化底蕴的彰显效果	0.754	1.18	6.94	4.06	3.9723
	节庆氛围	0.748			4.06	
	民族风情的展示效果	0.732			4.05	
	休憩场所	0.499			3.73	

（三）城市发展及配套服务

如表 4-14 所示，城市发展及配套服务这一因子项由四个影响因素构成，因子特征值为 1.014，大于 1。该因子的解释程度比较高，能解释游客满意度 5.967% 的内容。城市发展配套服务的总体均值为 3.6783，是三个因子项中总体均值最高的，这说明游客对城市发展及配套服务的满意度较低。在这一因子包含的四个影响因素中，交通便利性和节庆活动的融入性均值相对较低，这说明龙胜县的交通不够方便，游客路途较为波折，并且，在该节庆活动举办过程中，游客没有很好地融入红衣节，使游客满意度不高。

表 4-14　城市发展配套服务因子分析

因子项	影响因素	因子负荷	特征值	方差解释比例（%）	均值	总体均值
城市发展及配套服务	现场秩序管理	0.781	1.014	5.967	3.70	3.6783
	举办地环境状况	0.555			3.77	
	交通便利性	0.501			3.59	
	节庆活动的融入性	0.392			3.66	

二、影响因素的"重要性—满意度"分析

通过上述分析可知，广西龙胜各族自治县红衣节的游客满意度影响因素共有 17 项，下面，笔者将对游客感知影响因素的重要性和满意度进行分析。

（一）"重要性—满意度"总体分析

如表 4-15 所示，从重要性来看，在这些影响因素中，游客对 X17 消防安全、X15 工作人员的服务态度、X16 安保措施、X8 节庆活动的融入性这四项指标的期望值最高；从满意度来看，游客对 X5 节庆氛围、X6 民族风情的展示效果、文化底蕴的彰显效果这三项指标的满意度最高，对 X14 停车问题、X11 节庆活动中商品的种类及价格、X1 交通便利性这三项指标的满意度最低。综上所述，下表中的 17 项指标与游客期望有一定的差值。其中，满意度与重要性之间差值最大的指标是 X15 工作人员的服务态度，差值的绝对值为 0.77，其次为 X8 节庆活动的融入性、X11 节庆活动中商品的种类及价格，以及 X4 现场秩序管理，差值的绝对值分别为 0.51、0.51 和 0.45，这些是影响广西龙胜各族自治县红衣节游客满意度的关键指标。

表 4-15　各指标重要性、满意度均值与二者差值

代码	指标	重要性（均值）	满意度（均值）	满意度—重要性（差值）
X1	交通便利性	4.09	3.59	−0.50
X2	举办地环境状况	3.84	3.77	−0.07
X3	休憩场所	4.07	3.73	−0.34
X4	现场秩序管理	4.15	3.70	−0.45
X5	节庆氛围	4.16	4.06	−0.10
X6	民族风情的展示效果	4.16	4.05	−0.11

续 表

代码	指标	重要性（均值）	满意度（均值）	满意度—重要性（差值）
X7	文化底蕴的彰显效果	4.14	4.06	−0.08
X8	节庆活动的融入性	4.17	3.66	−0.51
X9	活动数量	3.98	3.87	−0.11
X10	节庆活动的宣传力度	4.1	3.72	−0.38
X11	节庆活动中商品的种类及价格	4.09	3.58	−0.51
X12	住宿价格	4.09	3.90	−0.19
X13	纪念品价格	3.67	3.68	0.01
X14	停车问题	4.1	3.50	−0.60
X15	工作人员的服务态度	4.25	3.66	−0.59
X16	安保措施	4.18	3.91	−0.27
X17	消防安全	4.29	4.00	−0.29

（二）IPA 分析

笔者将广西龙胜各族自治县红衣节所涉及的 17 项指标的重要性与满意度的均值数据导入 SPSS26.0 版本，绘制散点图，得到了 IPA 四分图，如图 4-4 所示。

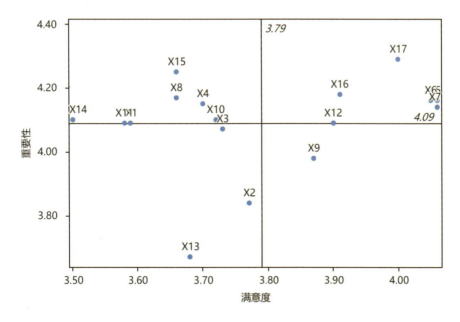

图 4-4　广西龙胜各族自治县红衣节指标重要性—满意度矩阵图

　　从上图中可以看出，第一象限为高满意度、高重要性模块，包含六项内容，分别为 X5 节庆氛围、X6 民族风情的展示效果、X7 文化底蕴的彰显效果、X12 住宿价格、X16 安保措施、X17 消防安全，即在调查过程中，游客对这六项内容的重要性和满意度评价较高。因此，活动主办方可将这一模块归纳为优势区域。第二象限为低满意度、高重要性模块，包含七项内容，分别为 X1 交通便利性、X4 现场秩序管理、X8 节庆活动的融入性、X10 节庆活动的宣传力度、X11 节庆活动中商品的种类及价格、X14 停车问题、X15 工作人员的服务态度，即在调查过程中，游客对这七项内容的重要性评价较高，但满意度较低。因此，活动主办方可将这一区域归纳为重点改进区。第三象限为低满意度、高重要性模块，包含三项内容，分别为 X2 举办地环境状况、X3 休憩场所、X13 纪念品价格，即在调查过程中，游客对这三项内容的重要性和满意度评价都很低。因此，活动主办方可将这一模块归纳为改进区域。第四象限为高满意度、低重要性模块，包含一项内容，即 X9 活动数量，即在调查过程中，游客对这一项指标的重要性评价较低，但满意度较高。因此，活动主办方可将这一象限归纳为维持区域。通过 IPA 分析，笔者建议广西龙胜各族自治县红衣节的活动主办方可对重点改进区域和改进区域的指标进行调整，从而提高游客满意度。

（三）总体期望与满意度分析

如表 4-16 所示，游客对广西龙胜各族自治县红衣节的总体期望和总体满意度的均值均在 3～4 之间，这说明游客的整体感知达到了相对满意的状态；游客的总体期望与总体满意度均值相等，说明他们的实际体验与期望相差不大；总体满意度的标准差大于总体期望的标准差，则说明游客在总体满意度方面的评价差异较大。

表 4-16　总体期望与满意度

名称	最小值	最大值	均值	标准差
总体期望	1	5	3.75	0.674
总体满意度	1	5	3.75	0.736

三、研究结论

经上述分析可得，游客对停车问题、节庆活动中商品的种类、价格及交通便利性这三项指标的满意度评价很低，这几项是影响广西龙胜各族自治县红衣节游客满意度的关键指标。由 IPA 分析可知，重点改进区域的指标有交通便利性、节庆活动的融入性、节庆活动的宣传力度、节庆活动中商品的种类及价格、停车问题及工作人员的服务态度七项，改进区域的指标为举办地环境状况、休憩场所及纪念品价格三项。笔者将这三个区域的指标中存在的主要问题归纳为"价格问题""服务问题""基础设施问题"及"效果问题"。

第五节　资源河灯节游客满意度影响因素分析

一、满意度影响因子分析

（一）基础设施及配套服务

如表 4-17 所示，基础设施及配套服务因子由 6 个影响因素构成，因子特征值为 6.084，大于 1。该因子的解释程度最高，能解释游客满意度28.970% 的内容；这一因子的总体均值为 3.388，说明游客对该因子的满意程度相对较低；在这一因子包含的 6 个影响因素中，住宿环境、文化底蕴的彰显效果、景区环境的均值较低，说明该节庆活动在住宿环境、景区环境及文化底蕴的彰显效果这三方面有待提高。

表 4-17　基础设施及配套服务因子分析

因子项	影响因素	因子负荷	特征值	方差解释比例（%）	α 系数	均值	总体均值
基础设施及配套服务	景区交通	0.767	6.084	28.970	0.809	3.48	3.388
	文化底蕴的彰显效果	0.714				3.33	
	节庆氛围	0.635				3.52	
	景区环境	0.632				3.37	
	景区配套设施	0.625				3.46	
	住宿环境	0.565				3.17	

（二）商品价格

如表 4-18 所示，商品价格因子由 5 个影响因素构成，因子特征值为 1.963，大于 1。该因子的解释程度比较高，能解释游客满意度 9.348% 的内容，这一因子的总体均值为 3.236，是六个因子中总体均值最低的因子，说明游客对该因子的满意程度很低。商品价格因子包含的 5 个影响因素中，住宿价格、食品价格、疫情防控措施及安保措施的均值较低，说明商品价格对游客满意度能够产生较大的影响。

表 4-18　商品价格因子分析

因子项	影响因素	因子负荷	特征值	方差解释比例（%）	α 系数	均值	总体均值
商品价格	疫情防控措施	0.810	1.963	9.348	0.767	3.22	3.236
	食品价格	0.715				3.24	
	住宿价格	0.576				3.13	
	安保措施	0.553				3.24	
	餐饮价格	0.527				3.35	

（三）现场管理服务

如表 4-19 所示，现场管理服务因子由 3 个影响因素构成，因子特征值为 1.605，大于 1。该因子的解释程度比较高，能解释游客满意度 7.644% 的内容；这一因子的总体均值为 3.423，说明游客对该因子的满意程度较高；在这一因子包含的 3 个影响因素中，现场秩序管理、游客咨询服务这两个影响因素的均值较低，说明资源河灯节期间，节庆活动主办方在现场秩序管理及游客咨询服务这两方面做得不够到位。

表4-19　现场管理服务因子分析

因子项	影响因素	因子负荷	特征值	方差解释比例（%）	α系数	均值	总体均值
现场管理服务	游客咨询服务	0.754				3.40	
	便利服务	0.733	1.605	7.644	0.658	3.49	3.423
	现场秩序管理	0.728				3.38	

（四）节庆气氛

如表4-20所示，节庆气氛因子由2个影响因素构成，因子特征值为1.174，大于1。该因子的解释程度一般，能解释游客满意度5.591%的内容；这一因子的总体均值为3.640，是六个因子中总体均值最高的因子，说明游客对该因子的满意程度最高。

表4-20　节庆气氛因子分析

因子项	影响因素	因子负荷	特征值	方差解释比例（%）	α系数	均值	总体均值
节庆气氛	节庆气氛影响力	0.770				3.60	
	民族风情的展示效果	0.653	1.174	5.591	0.543	3.68	3.640

（五）产品宣传

如表4-21所示，产品宣传因子由2个影响因素构成，因子特征值为1.102，大于1。该因子的解释程度一般，能解释游客满意度5.246%的内容；这一因子的总体均值为3.520，说明游客对该因子的满意程度相对较高。

表4-21　产品宣传因子分析

因子项	影响因素	因子负荷	特征值	方差解释比例（%）	α系数	均值	总体均值
产品宣传	活动宣传力度	0.805	1.102	5.246	0.523	3.56	3.520
	节庆产品的特色性	0.593				3.48	

（六）旅游产品

如表4-22所示，旅游产品因子由2个影响因素构成，因子特征值为6.084，大于1。该因子的解释程度比较低，能解释游客满意度4.770%的内容；这一因子的总体均值为3.590，说明游客对该因子的满意程度较高。

表4-22　旅游产品因子分析

因子项	影响因素	因子负荷	特征值	方差解释比例（%）	α系数	均值	总体均值
旅游产品	消防安全	0.760	6.084	4.770	0.350	3.68	3.590
	旅游产品内容的丰富性	0.532				3.50	

综上所述，在资源河灯节游客满意度的六个影响因子中，商品价格是总体均值最低的因子，节庆气氛则是总体均值最高的因子。

二、影响因素的"重要性—满意度"分析

通过第三章分析可知，资源河灯节的游客满意度影响因素共有21项，下面，笔者对游客感知影响因素的重要性和满意性进行分析。

（一）"重要性—满意度"总体分析

如表 4-23 所示，从重要性来看，游客对资源河灯节的 X2 景区环境、X5 节庆氛围、X9 节庆产品的特色性、X7 民族风情的展示效果、X10 活动宣传力度、X4 节庆气氛影响力、X14 住宿价格这七项内容的期望最高；从满意度来看，游客对 X7 民族风情的展示效果、X18 消防安全、X4 节庆气氛影响力这三项内容的满意度最高，对 X14 住宿价格、X12 住宿环境、X16 疫情防控措施、X17 安保措施、X15 食品价格这五项内容的满意度评价最低。

表 4-23　各指标重要性、满意度均值与二者差值

代码	指标	重要性（均值）	满意度（均值）	满意度—重要性（差值）
X1	景区交通	3.77	3.48	−0.29
X2	景区环境	3.95	3.37	−0.58
X3	景区配套设施	3.64	3.46	−0.18
X4	节庆气氛影响力	3.84	3.60	−0.24
X5	节庆氛围	3.93	3.52	−0.41
X6	文化底蕴的彰显效果	3.70	3.33	−0.37
X7	民族风情的展示效果	3.88	3.68	−0.20
X8	旅游产品内容的丰富性	3.75	3.50	−0.25
X9	节庆产品的特色性	3.93	3.48	−0.45
X10	活动宣传力度	3.86	3.56	−0.30
X11	餐饮环境	3.77	3.50	−0.27
X12	住宿环境	3.63	3.17	−0.46
X13	餐饮价格	3.65	3.35	−0.30
X14	住宿价格	3.81	3.13	−0.68

代码	指标	重要性（均值）	满意度（均值）	满意度—重要性（差值）
X15	食品价格	3.69	3.24	−0.45
X16	疫情防控措施	3.54	3.22	−0.32
X17	安保措施	3.34	3.24	−0.10
X18	消防安全	3.80	3.68	−0.12
X19	便利服务	3.25	3.49	0.24
X20	现场秩序管理	3.41	3.38	−0.03
X21	游客咨询服务	3.30	3.40	0.10

综上所述，上表中所涉及的 21 项指标与游客期望有一定的差值。其中，满意度与重要性之间差值最大的指标是 X14 住宿价格，差值的绝对值为 0.68，其次为 X2 景区环境、X12 住宿环境、X9 节庆产品的特色性和 X15 食品价格，差值的绝对值分别为 0.58、0.46、0.45 和 0.45，这些是影响资源河灯节游客满意度的关键指标。

（二）IPA 分析

笔者将资源河灯节所涉及的 21 项指标的重要性与满意度的均值数据导入 SPSS26.0 版本，绘制散点图，得到了 IPA 四分图，如图 4–5 所示。

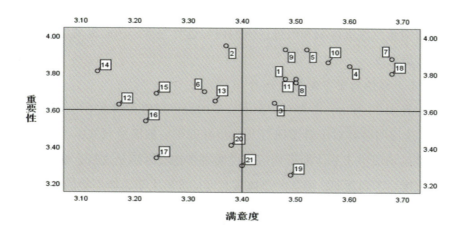

图 4-5　资源河灯节指标重要性—满意度矩阵图

　　第一象限为高满意度、高重要性模块，包括 10 项内容，分别为 X1 景区交通、X3 景区配套设施、X4 节庆气氛影响力、X5 节庆氛围、X7 民族风情的展示效果、X8 旅游产品内容的丰富性、X9 节庆产品的特色性、X10 活动宣传力度、X11 餐饮环境、X18 消防安全，即在调查过程中，游客对这 10 项内容的重要性和满意度的评价较高。因此，笔者将这一区域归纳为优势区域。第二象限为低满意度、高重要性模块，包含 6 项内容，分别为 X2 景区环境、X6 文化底蕴的彰显效果、X12 住宿环境、X13 餐饮价格、X14 住宿价格、X15 食品价格，即在调查过程中，游客对这 6 项内容的重要性评价较高，但是对于满意度评价较低。因此，笔者将这一区域归纳为重点改进区域。第三象限为低满意度、低重要性模块，包含 3 项内容，分别为 X16 疫情防控措施、X17 安保措施、X20 现场秩序管理，即在调查过程中，游客对这 3 项内容的重要性和满意度评价都低。因此，笔者将这一区域归纳为改进区域。第四象限为高满意度、低重要性模块，包含 2 项内容，分别是 X19 便利服务、X21 游客咨询服务，即在调查过程中，游客对这 2 项内容的重要性评价较低，但他们的满意度较高。因此，笔者将这一区域归纳为维持区域。

通过对这些影响因素进行 IPA 分析，笔者认为资源河灯节的活动主办方可对重点改进区域和改进区域的内容进行完善，从而提高这些方面的游客满意度。

（三）总体期望与满意度分析

如表 4-24 所示，游客对资源河灯节的总体期望和满意度均值均未达到 4，这说明游客对于资源河灯节的举办处于一般满意状态；游客的总体满意度均值小于总体期望均值，说明游客在实际感受之后，他们的总体满意度达不到预期；游客的总体满意度标准差大于总体期望的标准差，说明不同游客的总体满意度差异较大。

表 4-24　总体期望与满意度

名称	最小值	最大值	均值	标准差
总体期望	1	5	3.62	0.916
总体满意度	1	5	3.32	0.937

三、研究结论

综上所述，第一，以本次调查数据作为主要依据，通过因子分析可以发现，第二十六届资源河灯节在举办过程中对游客满意度造成影响最大的因素是商品价格，影响其结果的主要原因有：食品价格、住宿价格、餐饮价格等。第二，从满意度来看，游客对住宿价格、住宿环境、疫情防控措施、安保措施、食品价格这五个方面的满意度评价相对较低，这些方面是影响资源河灯节游客满意度的重要因素。第三，从 IPA 分析的结果来看，游客对景区环境、文化底蕴的彰显效果、住宿环境、餐饮价格、住宿价格及食品价格这六个方面都很重视，但是他们在实际体验后，发现这些项目并未达到自己的预期，这就需要资源河灯节的活动主办方对这些方面提起重视，并进行重点改进。此外，游客对疫情防控措施、安保措施、现场秩序管理方面也不是很满意，活动主办方也需要对这三个方面进行适当调整。第四，从总体期望与总体满意度来看，大部分游客对第二十六届资源河灯节抱有较高的期待，但游客实际感受之后，他们的总体满意度却不高，反映出游客的实际体验未达到预期。

第六节　中国·融水苗族芦笙斗马节游客满意度影响因素分析

一、满意度影响因子分析

（一）节庆魅力及安全

如表 4-25 所示，节庆魅力及安全因子由 8 个影响因素组成，因子特征值为 6.137，大于 1。该因子的解释程度很高，方差解释比例为 76.713%；这一因子的总体均值为 3.25，大于 3，说明游客对这一因子中的 8 个影响因素满意程度适中。

表 4-25　节庆魅力及安全因子分析

因子项	影响因素	因子负荷	特征值	方差解释比例（%）	均值	总体均值
节庆魅力及安全	现场开幕式内容及形式	0.755	6.137	76.713	3.19	3.25
	芦笙踩舞堂现场氛围	0.756			3.26	
	斗马比赛精彩程度	0.766			3.31	
	斗鸟比赛精彩程度	0.803			3.14	
	文化底蕴的彰显效果	0.774			3.27	
	民族风情的展示效果	0.781			3.36	
	节庆内容的丰富性	0.745			3.23	
	消防安全	0.758			3.12	

（二）场地基础设施及服务

如表 4-26 所示，场地基础设施及服务因子是由 7 个影响因素所组成的，这一因子的特征值为 5.413，大于 1；该因子的方差解释比例为 77.328%，其总体均值为 3.03，大于 3，是在中国·融水苗族芦笙斗马节游客满意度的 3 个影响公因子中总体均值最低的，说明游客对该因子中的影响因素满意度不高。因此，中国·融水苗族芦笙斗马节的活动主办方要对这几个影响因素提起重视，不断提升游客满意度。在这 5 个影响因素中，到达融水的交通便利性、表演场地周围停车场所和表演场地周围厕所数量及卫生的均值都低于 3 分，说明游客较为重视这三个方面。

因此，活动主办方应该进一步完善场地交通等基础设施，以及现场的安保措施。

表4-26　场地基础设施及服务因子分析

因子项	影响因素	因子负荷	特征值	方差解释比例(％)	均值	总体均值
场地基础设施及服务	到达融水的交通便利性	0.813			2.97	
	表演场地周围停车场所	0.768			2.94	
	表演场地周围厕所数量及卫生	0.772			2.94	
	表演场地规模及设施	0.807	5.413	77.328	3.08	3.03
	现场安保措施	0.714			3.03	
	对特殊人群照顾程度	0.756			3.10	
	工作人员态度及志愿者服务意识	0.783			3.18	

（三）消费价格

如表4-27所示，消费价格这一公因子是由2个影响因素所组成的，消费价格因子的特征值为1.741，大于1；消费价格的因子解释度也比较高，方差解释比例为87.057%。此外，这一因子的总体均值为3.21，大于3，说明游客对该因子的满意程度适中。

表 4-27　消费价格因子分析

因子项	影响因素	因子负荷	特征值	方差解释比例（%）	均值	总体均值
消费价格	住宿价格	0.871	1.741	87.057	3.16	3.21
	餐饮价格	0.871			3.26	

二、影响因素的"满意度—重要性"分析

（一）"满意度—重要性"总体分析

笔者通过对 17 个影响因素的满意度和重要性的各个均值及差值进行分析讨论，得出了如表 4-28 所示的数据。

表 4-28　各指标重要性、满意度均值与二者差值

代码	指标	重要性（均值）	满意度（均值）	满意度—重要性（差值）
X1	到达融水的交通便利性	3.87	2.97	−0.90
X2	表演场地周围停车场所	3.85	2.94	−0.91
X3	表演场地厕所数量及卫生	3.85	2.94	−0.91
X4	表演场地规模和设施	3.86	3.08	−0.78
X5	住宿价格	3.55	3.16	−0.39
X6	餐饮价格	3.62	3.26	−0.36
X7	现场开幕式内容及形式	3.74	3.19	−0.55
X8	芦笙踩堂舞现场氛围	3.78	3.26	−0.52
X9	斗马比赛的精彩程度	3.80	3.31	−0.49
X10	斗鸟比赛的精彩程度	3.83	3.14	−0.69
X11	文化底蕴的彰显效果	3.79	3.27	−0.52
X12	民族风情的展示效果	3.92	3.36	−0.56

续　表

代码	指标	重要性（均值）	满意度（均值）	满意度—重要性（差值）
X13	节庆内容的丰富性	3.81	3.23	−0.58
X14	消防安全	3.88	3.12	−0.76
X15	现场安保措施	3.84	3.03	−0.81
X16	对特殊人群照顾程度	3.82	3.10	−0.72
X17	工作人员态度及志愿者服务意识	3.77	3.18	−0.59

从上表中可知，到达融水的交通便利性、表演场地周围停车场所、表演场地厕所数量及卫生的均值最低，都小于3，很显然，游客对于这三个方面非常不满意。而从重要性来看，游客满意度最低的这三个方面所对应的重要程度较高，这就导致游客满意度与重要性不成正比，使满意度和重要性的差值较大，从而使游客对这方面的满意度大幅度降低，甚至影响到游客对该节庆活动的整体满意度。

（二）IPA 分析

顾客满意度是顾客感知的一个函数，它所体现的是某个产品或服务的质量和顾客的期望，而 IPA 模型图解正是用于根据产品或服务属性的两个组成部分来衡量客户满意度的调查。[①] 笔者根据在本研究前期、中期所收集到调查数据，经过后期的一些处理，将最终的调查数据导入 SPSS 应用中，得到了如图 4-6 所示的矩阵图。其中，x 轴表示重要性，y 轴表示满意度。

---

① 王尚君.IPA 模型下的展览会服务体系与质量评估：基于观众感知视角 [J].商业经济研究,2018(1):178-182.

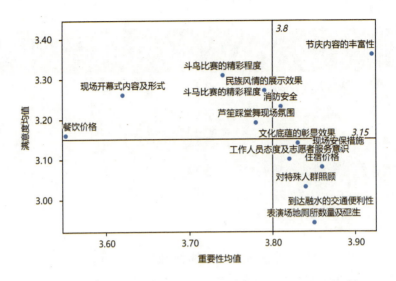

图 4-6 中国·融水苗族芦笙斗马节指标重要性—满意度矩阵图

不难发现，游客对于该节庆活动举办过程中的节庆内容的丰富性、斗鸟比赛的精彩程度、斗马比赛的精彩程度、民族风情的展示效果、现场开幕式内容及形式、消防安全、芦笙踩舞堂现场氛围和餐饮价格是比较满意的；游客认为节庆内容的丰富性、消防安全、文化底蕴的彰显效果、现场安保措施、工作人员态度及志愿者服务意识、住宿价格、对特殊人群照顾程度、到达融水的交通便利性和表演场地厕所数量及卫生这些因素是比较重要的。

第一象限为高满意度、高重要性模块，包括 2 项内容，分别为 X13 节庆内容的丰富性、X14 消防安全，即在调查过程中，游客对这 2 项内容的重要性和满意度的评价较高。因此，笔者将这一区域归纳为优势区域。第二象限为低满意度、高重要性模块，包含 6 项内容，分别为 X10 斗鸟比赛的精彩程度、X9 斗马比赛的精彩程度、X12 民族风情的展示效果、X7 现场开幕式内容及形式、X8 芦笙踩舞堂现场氛围和 X6 餐饮价格，即在调查过程中，游客对这 6 项内容的重要性评价较高，但是对于满意度评价较低。因此，笔者将这一区域归纳为重点改进区域。第三象限为低满意度、低重要性模块，在游客满意影响因素的 IPA 分析中，没有指标符合这一模块。第四象限为高满意度、低重要性模块，包含 7 项内容，分别是 X11 文化底蕴的彰显效果、X15 现场安保措施、X17 工作人员态度及志愿者服务意识、X5 住宿价格、X16 对特殊人群照顾程度、X1 到达融水的交通便利性和 X3 表演场地厕所数量及卫生，即在调查过程中，游客对这 7 项内容的重要性评价较低，但他们的满意度较高。因此，笔者将这一区域归纳为维持区域。

（三）总体期望与满意度分析

如表 4-29 所示，游客的总体期望和总体满意度均值均介于 3 ～ 4 之间，说明游客对于中国·融水苗族芦笙斗马节这个节庆活动的期望值和参与体验该节庆后的满意度较为相符。但从总体期望均值和总体满意度均值来看，游客的总体满意度高于总体期望，这说明游客在实际参与、体验中国·融水苗族芦笙斗马节后，对该节庆活动较为认可。

表 4-29　总体期望与满意度

名称	最小值	最大值	均值	标准差
总体期望	1	5	3.45	1.037
总体满意度	1	5	3.49	1.016

三、研究结论

通过前期的问卷调查和中、后期的数据收集、分析可知，游客对于该节庆活动的总体满意度大于总体期望值，表明游客在参与该节庆活动的过程中，对该节庆活动给予了认可，并且，通过以上分析，可以得知游客对节庆内容的丰富性等方面非常满意。在对中国·融水苗族芦笙斗马节影响游客满意度的三个公因子的分析中，笔者认为，游客对节庆魅力及安全、消费价格的满意度较高，因此，活动主办方应该继续保持这些方面的优势。此外，游客对场地基础设施及服务这项公因子中的影响因素感到不满意，笔者建议活动主办方要不断改进这些方面，如引进新观念、新想法，也要进行适当的创新，以满足更多游客的需求，达到提高游客整体满意度的目的。有关部门不但要重视游客满意度，还要重视一些影响因素对于游客的重要性，只有两者相互结合，才能更加有效地提升游客满意度。要想使游客满意度得到质的提升，活动主办方就得从细节方面入手。笔者在调查研究的过程中，也发现了一些影响较小的因素，但这些因素会直接影响游客的整体满意度，如到达融水的交通便利性、现场安保措施、表演场地周围停车场所、表演场地厕所数量及卫生环境、工作人员态度和志愿者服务意识等。游客的反馈能够使活动主办方快速定位自身的优势、特色，以及现阶段存在的一些问题，以便更好地提升游客满意度。笔者认为，中国·融水苗族芦笙斗马节现阶段游客满意度的提升必须加大对交通、场地方面的建设与管理力度，以及加强对工作人员的培训。

第七节　广西宜州刘三姐文化旅游节游客满意度影响因素分析

一、影响因素的"重要性—满意度"分析

（一）"重要性—满意度"总体分析

如表 4-30 所示，首先，在重要性方面，X2 刘三姐文化的展现形式、X7 节庆活动的宣传力度、X1 节庆活动的艺术氛围、X3 刘三姐文化的展示效果这四项指标的均值最大，分别为 4.30、4.30、4.28、4.26，说明游客对这四项内容有很高的期待。其次，在满意度方面，均值最高的指标是 X9 城市交通便利性、X15 工作人员的服务态度、X8 城市基础设施建

设这三项，说明游客对这三项内容最满意；均值最低的指标为 X7 节庆活动的宣传力度、X3 刘三姐文化的展示效果、X6 旅游商品的种类及价格，说明游客对这三项内容不太满意。最后，在重要性均值、满意度均值的差值方面，差值最大的指标是 X7 节庆活动的宣传力度，其次是 X3 刘三姐文化的展示效果和 X1 节庆活动艺术氛围。由此可知，这三个指标对本届广西宜州刘三姐文化旅游节游客满意度的影响最大。

表4-30　各指标重要性、满意度均值与二者差值

代码	指标	重要性(均值)	满意度（均值）	满意度—重要性(差值)
X1	节庆活动艺术氛围	4.28	3.46	−0.82
X2	刘三姐文化的展现形式	4.30	3.55	−0.75
X3	刘三姐文化的展示效果	4.26	3.37	−0.89
X4	山歌对唱的传承与创新	4.23	3.45	−0.78
X5	宜州特色餐饮文化的体验	4.00	3.53	−0.47
X6	旅游商品的种类及价格	3.67	3.42	−0.25
X7	节庆活动的宣传力度	4.30	3.28	−1.02
X8	城市基础设施建设	4.22	3.80	−0.42
X9	城市交通便利性	4.25	4.01	−0.24
X10	酒店住宿	3.71	3.65	−0.06
X11	活动现场餐饮及卫生环境	4.00	3.64	−0.36
X12	活动现场秩序管理	4.09	3.73	−0.36
X13	活动现场安保措施	4.17	3.73	−0.44
X14	活动现场停车服务	3.99	3.55	−0.44
X15	工作人员的服务态度	4.25	3.81	−0.44

（二）IPA 分析

如图 4-7 所示，笔者运用 SPSS26.0 制作散点图，得到了广西宜州刘三姐文化旅游节指标重要性—满意度矩阵图。

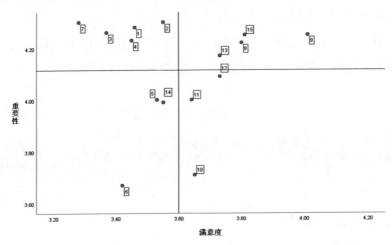

图 4-7　广西宜州刘三姐文化旅游节指标重要性—满意度矩阵图

第一象限为高满意度、高重要性模块，包括 4 项内容，分别为 X8 城市基础设施建设、X9 城市交通便利性、X13 活动现场安保措施、X15 工作人员的服务态度，即在调查过程中，游客对这 4 项内容的重要性和满意度的评价较高。因此，笔者将这一区域归纳为优势区域。第二象限为低满意度、高重要性模块，包含 5 项内容，分别为 X1 节庆活动艺术氛围、X2 刘三姐文化的展现形式、X3 刘三姐文化的展示效果、X4 山歌对唱的传承与创新、X7 节庆活动的宣传力度，即在调查过程中，游客对这 5 项内容的重要性评价较高，但是对于满意度评价较低。因此，笔者将这一区域归纳为重点改进区域。同时，这也说明这 5 项指标是影响本届刘三姐文化旅游节的关键指标。第三象限为低满意度、低重要性模块，包含 3 项内容，分别是 X5 宜州特色餐饮文化的体验、X6 旅游商品的种类及价格、X14 活动现场停车服务，即在调查过程中，游客对这 3 项内容的重要性和满意度评价都低。因此，笔者将这一区域归纳为改进区域。

第四象限为高满意度、低重要性模块，包含 3 项内容，分别是 X10 酒店住宿、X11 活动现场餐饮及卫生环境、X12 活动现场秩序管理，即在调查过程中，游客对这 3 项内容的重要性评价较低，但他们的满意度较高。因此，笔者将这一区域归纳为维持区域。

（三）总体期望与满意度分析

如表 4-31 所示，游客的整体满意度均值低于整体期望均值，这表明游客的实际体验效果没有达到预期，不同游客对本届广西宜州刘三姐文化旅游节整体满意度的评价存在较大差异。

表 4-31　总体期望与满意度

名称	最小值	最大值	均值	标准差
总体期望	1	5	3.53	0.779
总体满意度	1	5	3.36	0.858

二、研究结论

通过上述分析，可以得到以下三个结论。第一，游客对本届广西宜州刘三姐文化旅游节的节庆活动艺术氛围、节庆活动文化的展现，以及节庆活动的宣传力度的满意度并不高。第二，通过 IPA 分析可知，X1 节庆活动艺术氛围、X2 刘三姐文化的展现形式、X3 刘三姐文化的展示效果、X4 山歌对唱的传承与创新、X7 节庆活动的宣传力度这 5 项指标需重点改进，改进区域的指标为 X5 宜州特色餐饮文化的体验、X6 旅游商品的种类及价格、X14 活动现场停车服务。笔者将这些公因子总结为节庆文化展现、节庆活动宣传、旅游商品及现场停车管理。第三，通过对游客总体期望与满意度进行分析可知，游客的体验感知未能达到其预期，即游客的期望并未在该节庆活动中得到满足。

第八节 中国壮乡·武鸣"三月三"歌圩节游客满意度影响因素分析

一、满意度影响因子分析

（一）节庆体验感

如表 4-32 所示，节庆体验感因子由 6 个影响因素构成，因子特征值为 4.270，大于 1。该因子与其他因子相比，方差解释比例最高；这一因子的总体均值为 2.618，说明游客对该因子的满意程度较高。

表 4-32 节庆体验感因子分析

因子项	影响因素	因子负荷	特征值	方差解释比例（%）	均值	总体均值
节庆体验感	城市环境绿化	0.665	4.270	71.168	2.51	2.618
	标牌指引	0.737			2.58	
	住宿环境	0.732			2.63	
	餐饮质量	0.751			2.59	
	节目内容	0.684			2.73	
	工作人员态度及志愿者服务	0.701			2.67	

（二）产品价格及服务

如表 4-33 所示，产品价格及服务因子由 8 个影响因素构成，因子特征值为 5.436，大于 1。该因子的解释程度比较高，因子的总体均值为

2.61，说明游客对该因子的满意程度较高。

表4-33　产品价格及服务因子分析

因子项	影响因素	因子负荷	特征值	方差解释比例（%）	均值	总体均值
产品价格及服务	交通便利性	0.672			2.57	
	住宿价格	0.711			2.60	
	餐饮价格	0.752			2.55	
	现场气氛	0.609			2.67	
	歌圩节的表现形式	0.692	5.436	67.952	2.59	2.61
	民族风情的展示效果	0.716			2.52	
	当地居民的态度	0.623			2.77	
	安保措施	0.661			2.61	

（三）环境认可度

如表4-34所示，环境认可度因子由3个影响因素构成，因子特征值为2.362，大于1。该因子的解释程度比较高，因子的总体均值为2.59，说明游客对该因子的满意程度偏低。在这一因子中，停车场所的均值最低，说明在节庆活动举办期间，现场的停车位不够，需要加以改善。

表4-34　环境认可度因子分析

因子项	影响因素	因子负荷	特征值	方差解释比例（%）	均值	总体均值
环境认可度	防灾设备	0.738			2.73	
	停车场所	0.791	2.362	78.739	2.49	2.59
	餐饮环境	0.833			2.56	

（四）文化彰显度

如表 4-35 所示，文化彰显度因子由 3 个影响因素构成，因子特征值为 2.327，大于 1。该因子的解释程度比较高，因子的总体均值为 2.72，是影响中国壮乡·武鸣"三月三"歌圩节游客满意度的四个因子中总体均值最高的因子，说明游客对该因子的满意程度较高。在这一因子包含的 3 个影响因素中，文化底蕴的彰显效果这一均值是最高的，说明游客能在节庆活动举办期间体会到壮族独特的文化底蕴。因此，活动举办方要保持节庆活动在这方面的优势，不断提高游客满意度。

表 4-35　文化彰显度因子分析

因子项	影响因素	因子负荷	特征值	方差解释比例（%）	均值	总体均值
文化彰显度	纪念品价格	0.788			2.69	
	文化底蕴的彰显效果	0.761	2.327	77.574	2.75	2.72
	对特殊人群照顾程度	0.779			2.70	

二、影响因素的"重要性—满意度"分析

通过上述分析可知，中国壮乡·武鸣"三月三"歌圩节的游客满意度影响因素共有 20 项，以下是笔者对游客感知影响因素重要性和满意性的分析。

（一）"重要性—满意度"总体分析

如表 4-36 所示，从重要性来看，游客对中国壮乡·武鸣"三月三"歌圩节的交通便利性、标牌指引、餐饮质量、文化底蕴的彰显效果和对特殊人群照顾程度的期望值最高；从满意度角度来看，游客对中国壮乡·武鸣"三月三"歌圩节的防灾设备、节目内容、文化底蕴的彰显效果和当地居民的态度这五项指标的满意度最高，对停车场所、城市环境

绿化和民族风情的展示效果这三项指标的满意度最低。

表 4-36　各指标重要性、满意度均值与二者差值

代码	指标	重要性（均值）	满意度（均值）	满意度—重要性（差值）
X1	城市环境绿化	3.85	2.51	−1.34
X2	防灾设备	3.91	2.73	−1.18
X3	交通便利性	3.97	2.57	−1.4
X4	标牌指引	3.96	2.58	−1.38
X5	停车场所	3.86	2.49	−1.37
X6	住宿环境	3.92	2.63	−1.29
X7	住宿价格	3.89	2.60	−1.29
X8	餐饮环境	3.92	2.56	−1.36
X9	餐饮质量	3.97	2.59	−1.38
X10	餐饮价格	3.86	2.55	−1.31
X11	纪念品价格	3.83	2.69	−1.14
X12	节目内容	3.92	2.73	−1.19
X13	现场气氛	3.94	2.67	−1.27
X14	歌圩节的表现形式	3.85	2.59	−1.26
X15	文化底蕴的彰显效果	3.96	2.75	−1.21
X16	民族风情的展示效果	3.88	2.52	−1.36
X17	当地居民的态度	3.88	2.77	−1.11
X18	工作人员态度及志愿者服务	3.89	2.67	−1.22
X19	安保措施	3.86	2.61	−1.25
X20	对特殊人群照顾程度	4.00	2.70	−1.3

由此可见，影响游客满意度的 20 项因素与游客的期望存在一定的差值，尤其是餐饮质量和标牌指引，差值的绝对值都为 1.38，其次还有城市环境绿化、停车场所、餐饮环境和民族风情的展示效果，这些都是影响中国壮乡·武鸣"三月三"歌圩节游客满意度的重要内容。

（二）IPA 分析

笔者将中国壮乡·武鸣"三月三"歌圩节所涉及的 20 项指标的重要性与满意度的均值数据导入 SPSS25.0 版本，绘制散点图，得到了 IPA 四分图，如图 4-8 所示。

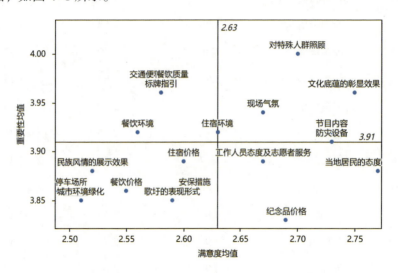

图 4-8　武鸣"三月三"歌圩节指标重要性—满意度矩阵图

第一象限为高满意度、高重要性模块，包括 6 项内容，分别为 X13 现场气氛、X6 住宿环境、X20 对特殊人群照顾程度、X15 文化底蕴的彰显效果、X12 节目内容及 X2 防灾设备，即在调查过程中，游客对这 6 项内容的重要性和满意度的评价较高。因此，笔者将这一区域归纳为优势区域。第二象限为低满意度、高重要性模块，包含 4 项内容，分别为 X3 交通便利性、X9 餐饮质量、X4 标牌指引、X8 餐饮环境，即在调查过程中，游客对这 4 项内容的重要性评价较高，但是对于这些内容的满意度评价较低。因此，笔者将这一区域归纳为重点改进区域。第三象限为低满意度、低重要性模块，包含 7 项内容，分别是 X10 餐饮价格、X7 住宿价格、X19 安保措施、X5 停车场所、X1 城市环境绿化、X14 歌圩节的表现形式及 X16 民族风情的展示效果，即在调查过程中，游客对这 7 项内容的重要性和满意度评价都低。因此，笔者将这一区域归纳为改进区域。第四象限为高满意度、低重要性模块，包含 3 项内容，分别是 X11 纪念品价格、X17 当地居民的态度、X18 工作人员的态度及志愿者服务，即在调查过程中，游客对这 3 项内容的重要性评价较低，但他们对这 3 项内容的满意度较高。因此，笔者将这一区域归纳为维持区域。

（三）总体期望与满意度分析

如表 4-37 所示，游客对中国壮乡·武鸣"三月三"歌圩节的总体期望均值达到了 4.02 分，而总体满意度却小于 3 分，这说明游客对当前的中国壮乡·武鸣"三月三"歌圩节并不满意；游客的总体满意度均值小于总体期望均值，这说明游客对于该节庆活动的期望值过高，而在实际体验之后并未达到自己的期望；游客总体满意度的标准差大于总体期望的标准差，则说明不同游客对于总体满意度的评价存在较大的差异。

表 4-37　总体期望与满意度

名称	最小值	最大值	均值	标准差
总体期望	1	5	4.02	0.944
总体满意度	1	5	2.78	1.244

三、研究结论

经过上述分析可以得出，游客对停车场所、城市环境绿化和民族风情的展示效果这三项内容的满意度最低。通过 IPA 分析可知，在交通便利性、餐饮质量、标牌指引、餐饮环境这 4 个方面，游客的重要性评价较高，但是满意度评价较低，被归为重点改进区域；改进区域有餐饮价格、住宿价格、安保措施、停车场所、城市环境绿化、歌圩节的表现形式及民族风情的展示效果几项内容。笔者将这些影响因素归纳为产品价格问题、城市基础设施问题、文化彰显问题三大类。由总体期望和满意度分析可知，游客对中国壮乡·武鸣"三月三"歌圩节的期望值过高，而活动主办方并未使该节庆活动达到游客的期望。

第九节　广西宾阳炮龙节游客满意度影响因素分析

一、节庆品牌的宣传

从广西宾阳炮龙节的优化对策调查结果来看，大家对"利用新媒体运营，扩大宣传力度"这一对策的看法是比较赞同的，如图4-9所示。

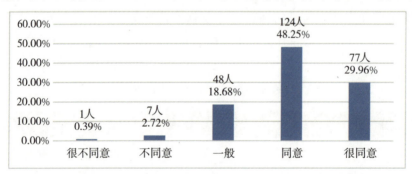

图4-9　"利用新媒体运营，扩大宣传力度"的调查结果图

根据STP市场分析法来对市场进行细分，可以将市场分为年轻群体市场和老年群体市场。活动主办方在进军年轻群体市场时，可以使用年轻人的方式来宣传。现如今，网络迅速发展，活动的宣传方式也变得多种多样。活动主办方可以通过在抖音、快手和微视等短视频应用上发布广西宾阳炮龙节的信息，宣传该节庆活动的亮点，让更多年轻人知道和

了解广西宾阳炮龙节。这种便捷的宣传方式简单有效，使宣传效果更为显著，同时也增强了品牌知名度。

节庆活动的发展前提就是让人们先知道有这个活动，所以宣传是非常重要的。宣传上除了新型的宣传方式，传统的宣传方式也不能丢弃。在根据STP市场分析法的市场细分，老年人和其他市场通过传统的海报宣传和政府的官方宣传，这对他们而言更具备官方准确性，也更具说服力。对此传统的宣传也应加大力度，此外还可通过电视新闻和报纸的大板块宣传来让全国各地的人们知晓节日，做到宣传到位，通过有效的传统宣传扩大宣传范围。

二、节庆活动的文化内涵

在解决"节庆活动缺少文化内涵"这一问题的对策调查中，人们对于"增添节日缘由互动活动，继承节日文化内涵"的认同程度较高，如图4-10所示。

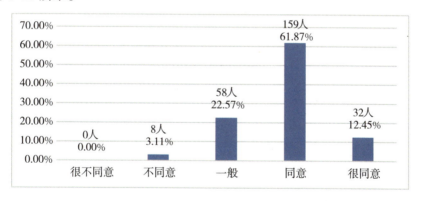

图4-10　"增添节日缘由互动活动，继承节日文化内涵"的调查结果图

广西宾阳炮龙节有着有趣的节日来源，具有丰厚的历史文化底蕴。广西宾阳炮龙节的活动主办方应当对节日做更进一步的宣传，通过增添节日活动缘由的互动活动继承节日的文化底蕴。例如，活动举办方可以在活动举办地张贴节日简介、在开幕式就节日缘由编排生动且令人容易

接受的节目、在现场根据广西宾阳炮龙节的缘由举办赢取纪念品的观众互动小游戏等等。

文化内涵作为节日的精神核心，是节日传承的力量源泉，因此，节庆活动对于节日文化内涵的继承也十分重要。首先，活动主办方需要让参与活动的人们对广西宾阳炮龙节的文化内涵有一定的了解，所以要强化人们对节日内涵的记忆。在强化记忆的过程中，"重复"是较为有效也较为简单的方法，因此，活动主办方在强化人们对于节日内涵的记忆时也可以采取这种方法。首先，在人们来到广西宾阳开始，当地政府就可以对炮龙节进行简要的宣传，如车站和餐厅等显眼的地方放置宣传牌；其次，在广西宾阳炮龙节的举办地，活动主办方要大面积宣传，这一目的就是让人们对此节日的文化内涵有深刻记忆；最后，活动主办方可以在闭幕式上举办有奖问答，着力考查人们对该节日文化内涵的了解程度，增加人们的记忆点，从而继承节日的文化内涵。

三、对节庆活动发展的重视

如图 4-11 所示，要提高广西宾阳炮龙节的游客满意度，活动主办方就要重视节日的相关发展，开展游客体验活动。从马斯洛需求层次理论来看，人们对实现个人价值有所需求，广西宾阳炮龙节开展游客体验活动有助于实现人们的自我实现需求。开展游客的体验活动具体做法有以下三项：第一，开展炮龙节手工纪念品 DIY 活动；第二，设计节庆活动主题一日游，主要围绕炮龙节的相关内容进行；第三，开展宾阳美食创新活动，让游客在体验当地美食的同时感受节日的氛围。活动主办方要通过加强游客的参与体验感，使游客满意度得到提升，通过旅游纪念品展示宾阳文化与特有的节庆民俗。广西宾阳炮龙节的成功举办为当地居民增加了工作岗位，让他们增加了经济收入，使他们不用远离家乡就可以解决赚钱养家的现实问题，提高了当地的就业率。

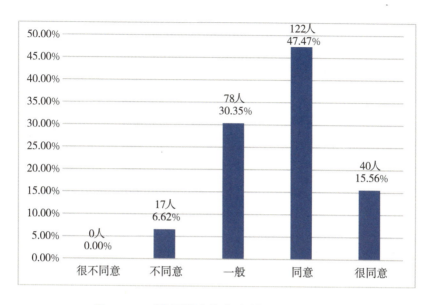

图 4-11　"发展游客体验活动"的调查结果图

如图 4-12 所示，有 64.21% 的调查对象对"完善基础设施"持同意或很同意的态度。无论是广西宾阳的发展还是炮龙节的成功举办，基础设施的完备是较为基础且重要的，所以广西宾阳炮龙节的活动主办方应该积极完善基础设施建设。完善基础设施就是完善安全，帮助人们落实对安全的需求。关于完善基础设施，具体可以从以下三个方面入手：第一是扩宽道路，对路面进行修整，保证大家的安全；第二是住宿设施建设必须按照有关部门的相关要求落实，为游客营造舒适的旅游住宿环境；第三是增加绿色树木的种植面积，净化空气。通过这些对策来使广西宾阳炮龙节更完善，不断提升游客满意度。

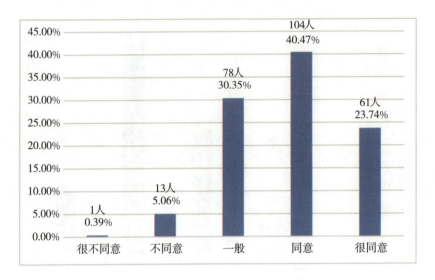

图 4-12   "完善基础设施"的调查结果图

第十节   梧州国际宝石节游客满意度影响因素分析

笔者通过将影响梧州国际宝石节游客满意度的 14 个影响因素进行聚类分析，将它们分为三大方面，分别是城市印象、特色活动、现场印象。城市印象主要是以游客的第一视角，即进入城市的首要感知作为出发点。因此，城市印象的影响因素有整体旅游形象、卫生整洁度、节庆氛围浓厚程度、举办活动时当地交通顺畅程度、基础建设设施完善程度及导游服务专业程度 6 个方面；特色活动的影响因素包括提供特色餐饮服务、娱乐项目多样化、特色景观、特色创新活动 4 个方面；现场印象的影响因素有纪念品地方代表性、现场指示牌等设置合理程度、现场活动秩序良好程度、工作人员服务态度 4 个方面，如图 4-13 所示。

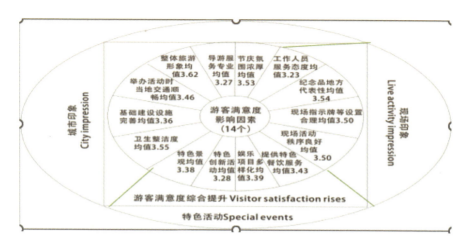

图 4-13　影响因素分类图

一、城市印象

（一）交通顺畅程度与卫生整洁度有待提高

根据问卷调查列举的影响因素中交通便利与卫生程度这两个因素的显著性分别为 0.007、0.037，数值均小于 0.05，且非标准化系数 B 均为正数，说明这两个影响因素影响着游客的满意度并与游客满意度呈正相关。当游客迈入城市首先第一感觉是视觉上的感知，这与城市整体的卫生程度相关，其次是交通舒畅程度上的感知，如果游客进入城市就堵，定会影响游客的满意程度。梧州市区的交通道路并不多，且在下班高峰时时常会出现多个路段同时堵车的现象，正常来说，对于人口较多的城市堵车习以为常。但梧州市区仅仅是几十万人口，由此可以看出城市交通网络尚不够发达，况且在宝石节举办期间，当大量游客涌入梧州市，势必会加剧这一问题的严重性，严重影响着游客的满意度。城市建设活动主办方需要高度重视城市的基础交通建设、优化城市环境等工作。

（二）导游专业程度有待提高

导游可以说是一个城市的文化传播者，因此，导游的精神面貌、专业程度直接影响游客对于一个城市的印象。导游也是唯一一个在梧州国际宝石节举办期间全程与游客进行交谈的人，因此，导游需要具备过硬的专业知识，只有这样，才能做文化传播的使者，才能成为游客的首选。由第三章数据可知，导游专业程度的满意度加权平均数为3.27，且在14个影响因素中排在第13位，由此可见，梧州国际宝石节在举办期间，许多专业导游解说得不到大家的广泛认可。这是因为，梧州市本身没有很好的旅游行业发展基础。梧州以"百年商埠"著称，对于当地旅游业来说，并没有像桂林这样的发展机会，发展旅游业历时不长，而导游需要在一个相对具备旅游资源的环境中孵化，才能锻炼出较强的专业能力。在梧州国际宝石节举办期间，临时组成的导游解说团队不足以在短时间内消化较多专业的知识。例如，在这些知识中，会涉及梧州岭南文化、宝石文化、龙母文化，以及各个旅游景区的介绍，如果细化到更加具体，还会涉及宝石的生产、加工、交易等知识。

二、特色活动

（一）缺乏特色创新活动

全国性的节庆活动每年都在增加，在数量上的增加是好事，但这些节庆活动也出现了由于次数增加，举办质量下降的通病。梧州国际宝石节迄今为止已举办17届，同样也出现了举办方式创新不足的情况。第三章的数据显示，多次、2次或2次以上到访的游客占58.6%，这些多次参加的游客更容易出现审美疲劳或者是体验疲劳的情况。另外，几乎每一届梧州国际宝石节都会举办美食街活动、风筝比赛、宝石娃娃比赛，缺乏创新，游客也对这些活动给予的评价不高。由此可见，这些特色活动没有获得部分游客的认可。

（二）缺乏特色景观

现如今，在不同的地区、不同的风景区，售卖的特产、纪念品、小吃都相似或雷同，这是目前旅游服务行业普遍存在的问题，这个问题会使城市特色的建立存在难度。梧州市内旅游景区稀缺，仅有两个国家4A

旅游景区，分别是李济深故居和梧州白云山旅游风景区，剩余的 3A 景区不足以成为特色景观，更不足以对游客产生较大的吸引力。相较于同省的桂林、南宁、北海这些旅游城市，梧州在景区景点的建设上远远落后。梧州国际宝石节期间，会有大量的游客涌入梧州，这些游客不单单是来参与该节庆活动的，也有不少游客表示有计划在本市的旅游景区游玩。根据期望差异理论，游客来之前如果有游玩的计划，便会产生一定的旅游前期望，游玩结束后也会对本次的旅游产生一个整体的印象，特色景观就在这一理论中起到了重要的作用。根据调查分析，特色景观这一因素对于游客满意度的影响的显著性也是小于 0.05 的，说明这项因素与游客满意度之间有着高度的相关性。如果游客在参观城市特色景观的过程中保持了愉快的心情，那么游客满意度便会较高。

三、现场印象

（一）工作人员的服务态度有待提升

梧州国际宝石节是梧州整体旅游环境的重要组成部分，旅游行业作为服务业，工作人员的服务态度尤为重要。在上一章对于梧州国际宝石节游客满意度的调查中，工作人员的服务态度的均值为 3.23，显著性为 0.001。由此可见，该节庆活动中相关工作人员的服务态度是非常重要的影响因素。据调查所知，梧州市举办宝石节期间，梧州市委、市政府主要领导组织召开了三次组委会会议及工作现场会，相关部门领导多次到节庆活动现场办公，协调、解决在节庆活动举办期间存在的问题，使各项工作高效推进。但工作人员的服务态度显然还是没有达到游客的要求，因此，有关部门需要对工作人员加强相关的培训工作，争取做到更好。

（二）现场活动秩序良好程度有待提升

现场活动秩序由安保、人员出入场、交通疏散、车辆管理等多个方面共同构成。本次调查研究的主体——2020 年第十七届梧州国际宝石节同期还举办了"云上宝石节""云直播""梧州特产"等活动，365 天持续更新展出内容，打造"永不落幕"的梧州国际宝石节。现场活动繁多，吸引来了大量的游客，现场秩序较为混乱，同时，笔者在调查中发现，固定的游客接待中心在设置数量上不够多。这就会导致游客没有获得良好的活动体验，使该节庆活动的游客满意度不甚理想。因此，活动举办方在活动举办的现场需要制订周全的秩序维护计划。

第五章　原因分析及对策建议

　　本章以广西极具代表性的十个节庆活动的实地调查结果为依据，在对广西节庆活动游客满意度的影响因素进行分析的基础上，从设施建设、商品价格、服务问题、历史文化底蕴的展示效果等方面对影响广西节庆活动游客满意度的原因进行分析，进而分别针对广西极具代表性的十个节庆活动提出提升游客满意度的对策建议，以期在提高广西节庆活动举办质量、彰显广西节庆活动文化内涵、提升广西节庆活动品牌价值等方面提供一定的理论指导和案例借鉴。本章内容对提升游客对该节庆活动体验的满意度、进一步提升广西城市知名度，以及指导其他地区节庆活动的举办具有一定的现实意义。

第一节　影响广西节庆活动游客满意度的原因分析

一、影响南宁国际民歌艺术节游客满意度的原因分析

（一）设施建设有待改善

　　是否具有吃、住、行、游、娱、购设施是判断一个旅游区基础设施建设完善与否的基本要素。第二十三届南宁国际民歌艺术节举办于南宁园博园，游客在欣赏民歌盛会后，很大程度上会进行游园，停留时间较长，需在园内多次就餐、乘车甚至住宿。园博园外围无集聚的餐饮、住宿和购物设施环境，即使园内物价较高，游客也别无选择，这一情况容易使游客心生不满，在一定程度上降低对南宁国际民歌艺术节的满意度。此外，有较多游客反映，该节庆活动的举办地存在观光路线较长，遮阳建筑较少，由赛歌台休憩场所不足问题造成的等待时间久、游客驻足时间短等现象，所以，活动主办方首先需要改善的就是该园区内外的设施环境问题。

（二）人均消费水平较高

南宁国际民歌艺术节每年都会迎来超百万游客，该节庆活动的成功举办也会为举办地周边带来较大的旅游经济效益。笔者通过实地调查发现，第二十三届南宁国际民歌艺术节于南宁园博园举办，园内的消费水平较高，且园博园外围左侧环河，右侧几乎没有餐饮、酒店和购物场所。外卖平台上的餐饮店距园博园均超过 4 千米，同时存在入园配送困难问题，造成了园博园吃、住、购一家独大的现象。南宁园博园的消费水平过高，致使部分游客拒绝再次参加该节庆活动。除了住宿价格较高之外，参加本届南宁国际民歌艺术节的游客还需购买园博园门票，以及支付多次乘坐园内观光车或电动车等的游览花销。在第三章笔者发放的调查问卷中，纪念品价格及游览花销这一项满意度的均值为 3.58 分，是南宁国际民歌艺术节游客满意度最低的方面，这体现了游客对物价的不满。除此之外，南宁园博园周边的餐厅、酒店等也在南宁国际民歌艺术节举办期间上涨了价格，使得游客花销加大。

（三）服务质量有待提高

本届南宁国际民歌艺术节在南宁园博园举办，出现了游客忘记携带学生证不能免费进入和缺少座位等情况。南宁国际民歌艺术节的服务工作由南宁园博园、南宁国际民歌艺术节主办方等多个部门及不同组织的志愿者共同展开。在活动举办过程中，园区短时间内人流量增大，致使现场出现服务不到位、疏导不及时现象，一定程度上降低了游客的满意度。此外，南宁国际民歌艺术节的志愿者大部分是年轻的学生，并未经过系统的培训，社会经验和服务经验均有不足，对于一些棘手问题没有解决的方案、措施，导致服务情绪不稳定和搁置问题等情况的发生。

（四）游客期望未能满足

南宁国际民歌艺术节作为集民俗民歌文化为一体的大型节庆活动，宣传工作做得不够到位，故而使未参与过该节庆活动的游客对民歌节与民歌文化的心理预期较高。目前为止，笔者搜索的主流软件如微博、抖音等虽然有民歌节的官方账号，但经调查发现，上述账号均于3～5年前停止更新，而民歌节的微信公众号平台虽然经常更新，但发布的推文更多只是一笔带过，既无图文、视频，也无热度推荐。至于各大电视台和新华网、人民网等权威媒体虽然每年都发表相关文章，但是也要等到民歌节举办过后才会有推文出现，更别提在网络上主动宣传南宁国际民歌艺术节的二次创作视频了。即使民歌节有自己的官方网站，该节庆活动的相关信息也因疏于维护而导致线上传播过少，正是这个原因，使得一定数量的游客对于南宁国际民歌艺术节了解不全面。故而如何改善民歌节对外信息闭塞的局面，如何正确对内创造民歌节的新形式、对外正确宣传民歌节的真实面貌是活动主办方亟待解决的问题。

二、影响中国（柳州·三江）侗族多耶节游客满意度的原因分析

（一）节庆期间产品价格较高

中国（柳州·三江）侗族多耶节每年都会吸引大量来自五湖四海、身份各异的游客。笔者通过实地调查发现，在节庆活动举办期间，当地的产品价格存在大幅提升现象，使游客花销加大。由第三章的调查分析可以得知，参与该节庆活动的游客中学生占比较大，对学生而言，较高的消费水平会降低其消费欲望，进而会影响到其对该节庆活动的满意度评价。通过对影响因素的分析，笔者得出结论，即游客对住宿价格、商品价格、食品价格、门票价格这四项内容的满意度评价最低，表明游客对当地的产品价格存在不满。

节庆活动中的产品价格超出游客预算，而产品质量却未得到保障，会使游客产生负面情绪，进而影响游客满意度评价。因参加节庆活动的游客来自五湖四海，其身份不同，收入层次也会存在一定差距，这意味着游客所能承担的旅游消费存在差值，不同游客对于产品的价格、质量等方面的需求也不尽相同。由第三章调查分析结果可知，参与该节庆活动的游客收入水平在2000元及以下的所占比重较大，达40.85%。因此，

较高的物价水平会导致大部分游客感到需求未得到满足，从而使其满意程度下降，进而影响其对该节庆活动的整体满意度评价。同时，产品价格的高低对游客是否愿意再次前往此地游玩及是否愿意向亲友推荐该节庆活动有一定影响。

（二）游客期望未得到满足

中国（柳州·三江）侗族多耶节作为中国十大最具民俗特色节庆之一，其在举办期间推出过众多颇具民族特色的系列活动，前来参与该节庆活动的游客来自中国境内乃至境外的多个地区。通过网络引擎对多耶节进行搜索，笔者发现关于中国（柳州·三江）侗族多耶节的宣传资料较少，其主要依赖政府和自媒体渠道进行宣传，没有打造专属于该节庆的官网平台。多耶节的相关信息没能有效利用新兴媒体的手段进行放射式宣传，这就使得多耶节的知名度较低，游客对于多耶节的了解较少，从而会对该节庆活动产生较高的心理期望。据调查显示，对于中国（柳州·三江）侗族多耶节在举办过程中存在的问题，大部分游客认为其宣传力度不够。游客对中国（柳州·三江）侗族多耶节的总体期望均值为4.19，对中国（柳州·三江）侗族多耶节总体满意度均值为4.15，总体满意度小于总体期望，表明游客参与该节庆活动的实际感知体验低于其心理预期，游客的期望未被满足，致使游客满意度降低。

节庆活动举办地居民与游客之间能否形成良好的互动关系，直接影响游客在该节庆活动中是否具有参与感，这也能够在一定程度上影响游客满意度。笔者由调查数据分析得知，不同教育程度的游客在民族特色的满意度上存在显著差异；从 IPA 数据分析可得知，游客对于活动数量的满意度较低。中国（柳州·三江）侗族多耶节作为极具民俗文化特色的节庆活动，其活动内容丰富多彩，但在活动类别、活动创新、活动数量，以及活动文化底蕴的展现上还有待改进，节庆活动主办方应对其加以重视并进行改善。颇具互动感、参与感的活动项目不仅有助于游客更深入地体会该节庆活动中的传统习俗及民族特色，更有助于游客领会多耶节的文化内涵，这对该节庆活动的知名度和游客满意度具有显著提升作用。

（三）产品质量及服务水平有待提升

中国（柳州·三江）侗族多耶节规模较大，参与人数较多。该节庆活动的服务工作由多个部门及志愿者团队联合开展，在工作配合度方面难度较大，对于突发状况的把控能力较弱，且游客量过大，会出现现场服务不及时的情况，会使游客满意度降低。由于举办规模庞大，工作人员及志愿者的需求量骤升，因此，大部分志愿者为当地居民及高校招募的大学生，他们并未接受过专业、系统的培训，服务经验缺乏，服务水平较低，难以使游客满意。另外，节庆活动举办期间，商品价格大幅提升，但其质量却参差不齐，很大程度上会使游客产生不满情绪。

中国（柳州·三江）侗族多耶节的工作人员展示给游客的精神面貌饱满与否、服务态度的好坏，以及工作能力的高低都会直接影响到双方之间的互动，进而使游客对该节庆活动的满意度及认同度产生变化，对游客的满意度评价产生影响。由调查数据分析得知，不同教育程度的游客在现场管理的满意度方面存在显著差异。中国（柳州·三江）侗族多耶节举办于侗族三江自治县，因此，部分从业人员为周边农民，其接受教育能力有限，在与游客进行语言沟通方面存在困难。因此，节庆活动主办方需提升节庆活动工作人员及志愿者的整体素质，特别是旅游服务方面的素质，从而有效提升游客满意度。

（四）现场管理需要加强

由于（柳州·三江）侗族多耶节规模较大，参与人数较多，现场秩序把控不及时，会使游客产生"拥挤"的感受，这一感受进而会使游客产生行为压力等一系列的负面影响。游客对于拥挤的感知程度与游客满意度成正相关，即节庆活动现场过于拥挤将会导致游客产生不满情绪。根据调查分析可知，游客对于环境卫生的重视程度极高，而当地的餐饮饭店与住宿酒店多为当地居民自营自办，其卫生条件和住宿环境参差不齐，游客的生理需求没有得到满足，这会直接影响游客对该节庆活动的满意度评价。

另外，节庆活动举办地基础设施是否足够完善，将直接对游客在此地游玩过程中的便利程度产生影响。若该地区的基础设施建设相对不完善，那么游客满意度就会受到影响，进而使游客对该节庆活动的满意度评价降低。交通便捷性对游客参与该节庆活动的满意度评价起到了重要作用。由于多耶节举办规模较大，因此，在节庆活动举办期间，当地停车位存在供不应求的情况，游客不能顺利找到停车位，这说明活动主办方对于工作人员的培训还不够到位，致使游客的感知体验下降，进而影响游客对该节庆活动的满意度评价。

三、影响桂林国际山水文化旅游节游客满意度的原因分析

（一）未满足游客期望

桂林国际山水文化旅游节作为桂林市当地的标志性节庆活动，一直都是由政府全权负责。伴随旅游节的发展壮大，游客会对桂林国际山水文化旅游节产生较高的期望，但每一届节庆活动都不是十全十美的，也会出现很多缺陷。例如，临时组建的组委会可能会在某种程度上参照上一届举办的经验，从而忽视对桂林国际山水文化旅游节的创新；同一个节目在不同的活动中出现多次，甚至是照搬上一届的节目，会使游客感觉乏味、无趣，从而使游客期望的得不到满足。据调查显示，游客的总体满意度均值低于总体期望均值，意味着游客期望没有得到充分满足，进而使桂林国际山水文化旅游节的游客满意度不高。

（二）住宿体验感差

住宿作为旅游活动的六要素之一，是游客满意度的重要影响因素。游客对住宿体验感不佳会直接影响其满意程度，而桂林国际山水文化旅游节举办场地附近的住宿环境就无法满足游客的需求。据调查分析显示，游客对住宿的总体满意度均值小于其总体期望均值，意味着游客对住宿

的真实感受低于其心理预期值，即游客期望与其满意度存在差异，导致游客的满意度不高。

（三）旅游商品或纪念品开发滞后

改革开放后，随着经济的发展，旅游市场规模急剧增大，桂林国际山水文化旅游节的发展越来越好。游客在参加节庆活动的过程中购买旅游商品或纪念品，一个非常重要的动机是为了让自己参加节庆活动的经历得到物化，并且，游客通常购买的旅游商品或纪念品大多能体现旅游目的地特定的历史文化。多年来，与桂林国际山水文化旅游节相关的旅游商品或纪念品的开发力度明显不足，市场上很难找到与之相关的旅游商品或纪念品。一般该节庆活动主办方设计的 Logo 也只是在节庆活动的举办现场使用，节庆活动组委会缺乏将桂林国际山水文化旅游节的理念、品牌、Logo 与旅游商品或纪念品进行结合，并利用这些商品产生经济效益的意识。据调查分析显示，游客对旅游商品种类的总体满意度小于其总体期望，意味着游客对旅游商品种类的实际感受小于其心理预期值，进而影响游客的满意度。

（四）宣传力度小，国际影响力低

笔者在网络上对桂林国际山水文化旅游节进行搜索，发现关于该节庆活动的宣传资料较稀缺。目前，该节庆活动主要以政府平台及自媒体渠道作为主要宣传方式，活动主办方并未创建桂林国际山水文化旅游节的官方网站，也并未利用新兴媒体对该节庆活动的具体信息进行大范围的推广，这就会导致游客对桂林国际山水文化旅游节认识不到位。在竞争日益激烈的节庆活动市场中，桂林国际山水文化旅游节处于相对劣势的地位，基本上每一届活动都只是为了让当地群众自娱自乐，其国际影响力相对较低。根据调查数据分析，游客对国际影响力的总体满意度均值小于其总体期望均值，表示游客对该节庆活动的国际影响力满意度小于心理预期值。

（五）现场餐饮与卫生环境管理有待加强

食品安全关乎游客的人身安全，而活动现场的卫生环境会直接影响游客对于桂林国际山水文化旅游节的印象。该节庆活动的举办场地有多个，且较分散，因此，相关部门开展的协调工作较困难，不能对每个细节完全把控。而且，桂林国际山水文化旅游节在某个活动现场的客流量可能会较大，工作人员可能会对现场的卫生环境管理不到位。根据调查数据分析，游客对该节庆活动在餐饮与卫生环境方面的总体满意度均值小于其总体期望均值，意味着游客对餐饮与卫生环境的实际体验低于其期望。

四、影响广西龙胜各族自治县红衣节游客满意度的原因分析

（一）游客体验感需求大

参与广西龙胜各族自治县红衣节的游客以年轻群体为主，这是因为他们有一定的经济基础和消费水平，即他们的消费需求较高，对体验感需求更大。但由于红衣节以民俗活动、歌舞表演及婚俗表演为主，住宿、美食、购物、娱乐等服务仅停留在相对较简单的阶段，只能满足游客的基本需求，不能让游客在吃喝玩乐的过程中体验龙胜独特的民俗风情和民族文化。目前，广西龙胜各族自治县已经开发了一定的旅游资源，但是各个景区之间仍然存在很多不合理竞争，存在许多商贩各自为营、商品价格虚高等现象。同时，各个景区展现出来的民俗风情及为游客准备的旅游产品与活动也如出一辙，这种情况大大降低了游客的期待值和满意度。

（二）基础设施建设不够完善

国家在广西龙胜各族自治县的旅游发展资金投入有限，导致这一地区的基础设施建设滞后，这在一定程度上影响了广西龙胜各族自治县红衣节的游客满意度，限制了龙胜地区旅游业的发展。例如，交通不便就是一个很大的问题。桂林市目前没有通往龙胜的高铁、火车等交通工具，

人们只能通过乘坐私家车和大巴车前往。然而，通往龙胜的公路仍然存在着很大的安全隐患，很多私家车并不能够直达景区，需要另外换乘景区的大巴，极不方便游客的出行。资金投入的不足也导致了当地政府对龙胜地区的景区没有形成合理的规划，景区与景区之间路程较远且路途不便。而作为少数民族村寨，龙胜景区缺乏有效的管理，该地区没有建立完善的环境管理部门，导致商贩的位置杂乱。广西龙胜各族自治县红衣节的举办吸引了大量游客，而上述交通与环境问题没有得到很好的解决，使得游客体验感较差。此外，游客在游玩娱乐过程中难免需要休息，休憩场所的建设不足，导致现场拥挤、游客无法歇脚现象的出现，这在很大程度上给游客造成了负面情绪。

（三）服务水平有待提高

由第三章的分析可以看出，游客对"工作人员的服务态度"较为不满。广西龙胜各族自治县红衣节的工作人员和服务人员多为当地居民，而龙胜县的整体教育发展较为落后，村寨内很大一部分年轻劳动力选择外出发展，这就导致红衣节的工作人员整体素质水平较低。而红衣节目前缺乏完整的旅游服务管理体系，导致工作人员的服务态度和质量较差，从而影响了该节庆活动的游客满意度。

（四）举办形式较为单一，宣传不够真实

目前来说，广西龙胜各族自治县红衣节的举办形式较为单一，更多以观赏型歌舞表演、民俗表演及婚俗表演为主，与游客的互动较少，游客无法完全融入节庆活动，这也就不能让游客深入感受龙胜红衣节独特的民俗风情、感受当地的文化内涵。而活动举办方在节庆活动的宣传中，过于夸大对旅游地的宣传，拔高了游客的期待值，但该地区为游客呈现出的生态旅游产业、度假酒店产业等并不符合游客的预期，导致游客参与性较差，游客未感受到该有的体验，他们的满意度自然就会大大降低。

五、影响资源河灯节游客满意度的原因分析

（一）基础设施及配套服务不健全

1.旅游公共设施方面

笔者通过分析该节庆活动游客满意度的影响因子发现，基础设施及配套服务这一因子包含的 6 个影响因素中，景区环境、景区配套设施、景区交通的满意度均值较低，说明游客在景区环境、景区配套设施、景区交通方面的体验感不是很好。在节庆活动举办期间，由于资源县城内的道路较为狭窄，且路标指引不清晰，面对短时间内汹涌的客流，导致资源县城的中心路段出现拥堵。另外，资源河灯节还出现了公共洗手间严重不足、厕所周边环境堪忧、游憩场所数量不足、食宿环境不佳等问题，给游客带来了诸多不便。

2.便利服务方面

笔者通过因子分析发现，游客对于该节庆活动的便利服务、游客咨询服务的满意度总体均值相对较低，说明游客对于该节庆活动中的这两个方面不是很满意。此外，在旅游过程中，许多外来游客在遇到如维权等问题时，不知道该如何进行投诉，这些游客往往对旅游目的地的投诉信息缺乏了解。他们对景区的旅游咨询和投诉服务热线不熟悉，想要投诉又不知从何着手。从长远来看，上述因素都在一定程度上限制了资源河灯节的发展。

（二）现场管理有待加强

在现场管理服务因子包含的 3 个影响因素中，游客对于现场秩序管理的满意度较低，说明在资源河灯节活动举办期间，活动主办方在现场秩序管理方面做得不够到位。在万盏河灯漂放期间，由于人流密集，容易导致场面混乱，从而影响现场气氛，并且很有可能出现踩踏事故，不利于现场管理。笔者通过因子分析发现，游客对于疫情防控措施、消防安全的满意度同样较低。在资源河灯节举办期间，资源河灯节虽然吸引了不少游客，但由于场地人手有限，所以疫情控制措施还不够完善。从

IPA 分析的角度来看，游客对安保措施也不是很满意，这方面也需要改进。资江两岸的河堤防护围栏存在安全隐患，对游客的生命安全构成了威胁，现场工作人员的安全防范意识不强，公共场所的部分消防安全设备未达到标准，这些都证明了活动主办方及现场工作人员在应急救助服务方面的意识有待加强。

（三）缺乏核心吸引力

1. 节庆活动缺乏创新

笔者通过因子分析发现，游客对于文化底蕴的彰显效果、节庆产品的特色性、旅游产品内容的丰富性的满意度相对较低，表明文化底蕴的彰显效果、节庆产品的特色性及旅游产品内容的丰富性能够对游客满意度产生较大的影响。由 IPA 分析可知，在重要性高、满意度低（重点改进）的影响因子中，文化底蕴的彰显效果不明显。单调、缺乏创新的民俗文化旅游活动，导致游客对民俗活动的体验感不强，游客期望未能满足，从而影响他们对资源河灯节的满意度，以及向亲友推荐和重游的意愿，进而影响潜在的客源市场。据调查显示，34.09% 的游客愿意再次参加该节庆活动，而 65.91% 的游客不愿意再次参加，这表明他们的重游意愿比较低。此外，游客的总体满意度均值为 3.32，总体期望均值为 3.62，反映出游客的整体实际体验感较差，未达到预期。

近年来，资源河灯节的旅游形式正逐步从传统观光游向以参与、体验民族风情文化为主的旅游模式发展。然而，综观近五年来资源河灯节的日程安排，其活动项目日趋简单。在笔者调查的该届资源河灯节中，仅存的活动只有漂放河灯祈福仪式和山歌表演环节，最能体现资源县特有传统地方文化的民间特色活动越来越少，如传统的斗鸟比赛、顶竹竿活动、群众文艺汇演等。目前为止，资源河灯节的文化活动较为简陋，且缺乏创新。

2. 宣传力度较弱

笔者通过因子分析发现，游客对于活动宣传力度的满意度相对较低，表明资源河灯节的活动宣传力度较弱。此外，笔者通过在网络上搜索发现，资源河灯节没有官方的网络社交媒体账号，这说明资源河灯节的主办方并没有借助新兴媒体的力量进行宣传，该节庆活动的相关信息传播范围并不广，导致潜在游客对资源河灯节的认识不够透彻，期待度不高。有关资源河灯节的相关资讯，在网络上的点击量并不高，活动主办方在微信公众号上回复游客的效率也比较低。在网络上，网民对于与资源河灯节有关的文化内容传播的关注程度相对较低，在资源河灯节的宣传内容方面，网民的信息反馈相对较少，且大多是被动地接受，呈现出一种单向的沟通模式。

（四）消费性价比不高

1. 餐饮住宿方面

笔者通过对游客的总体期望与总体满意度进行分析发现，满意度与重要性之间差值最大的指标是住宿价格，差值的绝对值为 0.68，表明游客对于住宿价格很看重，但实际体验后并不满意。通过对游客满意度影响因素进行 IPA 分析，作者发现，游客对住宿环境、住宿价格、餐饮价格的重要性评价较高，但是对这些因子的满意度评价比较低，说明游客对住宿环境及价格、餐饮价格等方面不是很满意。资源河灯节的举办，极大地带动了当地旅游业、餐饮业、住宿业等行业的发展。在节庆活动举办期间，资源县的酒店几乎被预订一空，餐厅更是座无虚席，但几乎所有的酒店和餐厅也在不同程度上提高了价格，使得游客的花销加大。

2. 商品价格方面

在影响资源河灯节游客满意度的六个因子中，商品价格因子是总体均值最低的因子，其总体均值只有 3.236，表明商品价格能够对游客满意度产生相对较大的影响。在游客满意度影响因素中，住宿价格、食品价格的均值分别为 3.13、3.24，这两个变量在资源河灯节游客满意度中的得分最低。除此之外，笔者通过 IPA 分析得知，游客对于住宿环境、餐饮价格、住宿价格及食品价格都很重视，但他们在实际感受后却对这些方面并不满意。这些都反映了游客对商业服务消费合理性的不满，这些方面在一定程度上会降低游客的旅游体验。

资源河灯节旅游景区的商品价格普遍高于居住地区的同类商品。该地区的旅游商品以纪念小商品、当地特产等为主，产品设计简单、创意不足、产品种类不齐全、品质不高、价格虚高。然而，在日常生活用品如矿泉水、餐饮、日用品等方面，景区的高昂价格常常使游客感到无可奈何。由此可见，该地区旅游商品价格贵、质量差，不能够满足游客的需求，也不利于节庆活动的可持续发展。

六、影响中国·融水苗族芦笙斗马节游客满意度的原因分析

（一）交通不便

在第三章的问卷调查中，有 33.63% 的游客对于交通便利性不满意，由此可见，融水苗族自治县在交通便利方面有待加强。融水苗族自治县位于广西壮族自治区北部，是一个比较偏僻且落后的县城，这个地区在旅游开发方面也比较落后。融水苗族自治县有火车站，但没有动车和高铁，火车也仅能到达柳州、南宁等少数城市。从融水苗族自治县到南宁市，坐火车需要 4～5 小时的时间；从融水苗族自治县到桂林市等旅游城市，没有火车可直接到达，还需要到柳州市换乘；柳州市到融水苗族自治县的高速至少需要 2～3 小时，从融水苗族自治县前往桂林市的高速也需要 4 小时左右。由此可见，融水到达其他较发达城市的交通方式和交通线路还是非常不便的。融水苗族自治县城内道路狭小，车辆较多，堵车现象频繁。融水苗族自治县不大，但因为经济落后的原因，公交车也比较少，虽然街边的三轮车很多，但他们没有固定的收费标准，1～2 公里都需要花 10 块钱。同时，从融水苗族自治县到旅游景区交通也十分不便，道路又陡又弯，这都会在很大程度上影响前来参加节庆活动的游客的满意度。

（二）表演和比赛场地配套设施不完善

通过第三章的问卷调查可以发现，有29.2%的游客对场地周围的场所不满意，有30.97%的游客对场地的厕所数量及卫生环境不满意，有37.17%的游客对表演场地的规模及设施不满意。笔者通过实地调研了解到，中国·融水苗族芦笙斗马节的举办地是在融水的体育公园。其中，开幕式及芦笙踩舞堂是在体育公园的露天式足球场举办，这个足球场最多能同时容纳25000人，分有正门、东门、西门、南门和北门，除了正门之外，其他四个门都配有一个公共厕所。对于能同时容纳25000人的场所来说，仅配有四个公共厕所是远远不够的，无法满足游客需求，会导致游客的满意度下降。斗马和斗鸟比赛的场地是专门的比赛用地，也是露天式场地，比赛那天是不需要购买门票就可以前去观看的，这一场地没有专门规划好观看区，哪里有空位就可以入座，在这种情况下，就随时都会出现踩踏事故。斗马场地的围护栏不高，斗马时，马可能会突然失控，冲撞人群，一旦马冲向人群，人们则会更加慌乱，这时，该节庆活动的危险系数就会大大增加。这些表演和比赛场地都是露天的，都会受到天气的影响，且融水是一年四季多雨的县城，如果当天下雨，主办方也会取消当天的露天表演和比赛等活动。这些因素在一定程度上都影响着游客的满意度。

（三）现场安保力度不足

从问卷调查数据统计上看，游客认为现场的安保措施是达不到安全保障的，存在许多风险因素。在该节庆活动举办期间，游客观看开幕式、芦笙踩舞堂、斗马比赛和斗鸟比赛都是不需要购买门票的，现场观众来自五湖四海，但安保人员较少，这对安保人员来说，工作的难度就加大了。安保人员难以管控和维持秩序，就容易出现偷盗和打架斗殴等现象，以及因为人员拥挤而出现踩踏现象，一旦出现这样的现象，现场就会很难控制住，从而影响游客的满意度。

（四）苗族风情体现不突出

融水苗族自治县是一个以苗族为主并且有多个少数民族共同生活的县城，去过融水的人都知道，生活在那里的人们只有在融水节庆日时才会对融水进行一番打造。也就是说，外地游客只有在中国·融水苗族芦笙斗马节举办时才会感受到当地的民族风情。在平时，苗族的民族风情完全没有展现出来，在县城中穿梭，完全感受不到苗族文化，也完全感受不到苗族文化氛围。正是因为这些原因，融水这个小县城并没有给游客留下更好的印象，这使得融水的知名度大打折扣。但是，在县城外的景区里面，苗族的民族氛围却较为浓厚，这些景区里有大量苗族文化方面的装饰，而且定期有吹芦笙、芦笙踩堂舞等节目演出。因此，除节庆活动外，要想发展旅游业，当地政府就应该在村寨内将苗族风情淋漓尽致地展现出来，以更好地吸引游客，加强中国·融水苗族芦笙斗马节的游客满意度。

七、影响广西宜州刘三姐文化旅游节游客满意度的原因分析

（一）刘三姐文化展示效果不佳，节庆活动艺术氛围不够浓厚

广西宜州刘三姐文化旅游节虽已连续举办 12 届，吸引了不少游客，但据笔者的调查数据结果显示，本届节庆活动的游客满意度并不高，其中节庆活动艺术氛围、刘三姐文化的展现形式和展示效果的满意度均值都较低，说明游客对于这几项指标的满意度并不高。笔者通过实地考察发现，在本届文化旅游节开幕式文艺汇演中，表演节目多为戏曲、民俗表演、情景剧，缺少山歌对唱等表演，后续的活动项目也多为舞蹈大赛、旅游商品展销会。唱山歌等活动是刘三姐文化的鲜明特征，而本届文化旅游节相关活动却缺少山歌大赛，难以真正向游客展现刘三姐文化及壮族的民族文化和宜州的地域文化。本届广西宜州刘三姐文化旅游节的艺术氛围营造得也不够到位，活动主办方所策划的活动形式单一、老套，旅游商品创意征集活动、舞蹈大赛、网红短视频带货直播大赛等活动都

与刘三姐文化毫不相关，无法让游客感受到浓厚的刘三姐文化氛围。此外，很多活动场景的布置也过于简略，在节庆活动举办期间，该地区缺乏浓厚的节庆氛围。宜州是刘三姐的故乡，整个城市的布局和装饰都应该围绕着刘三姐文化这一元素，在广西宜州刘三姐文化旅游节举办期间更应如此。但经笔者实地考察发现，在该节庆活动举办期间，除了活动举办地外，市区其他地方并没有被特别地装饰。

（二）节庆活动宣传力度不够

广西宜州刘三姐文化旅游节是该地区的大型节庆活动，但是很多当地人还不了解该节庆活动，这说明广西宜州刘三姐文化旅游节的宣传做得并不到位。广西宜州刘三姐文化旅游节的宣传很大程度上都离不开政府的媒体平台，没有独立的官方网站，宣传渠道狭窄。通过使用网络引擎进行搜索，笔者发现网络上关于广西宜州刘三姐文化旅游节的介绍资料及宣传资料并不多，这就会导致很多人无法详细地了解该节庆活动。笔者通过调查发现，本届广西宜州刘三姐文化旅游节的举办时间为2021年12月10日，但相关媒体平台在12月9日才发布该活动的宣传消息，宣传过晚，导致该节庆活动的宣传效果并不理想，很多游客都不知道该节庆活动已经开幕。

（三）旅游商品缺乏地域文化内涵

旅游商品作为地方文化宣传的窗口，对树立地方形象具有非常重要的作用。据调查显示，本届广西宜州刘三姐文化旅游节的游客对于旅游商品的种类及价格的评价并不是很好。笔者经过实地考察发现，宜州当地的特色旅游商品主要有红兰米酒、德胜米酒、牛肉条等特色食物及一些装饰品。该地区旅游商品种类少，地方文化特色不高，无法体现出壮族独特的民族风情和地域文化。

（四）旅游商品价格不合理

旅游商品在一定程度上能够体现出一个地方的风土人情，在广西宜州刘三姐文化旅游节活动举办过程中，旅游商品成为传播当地风土人情的重要途径。但近年来，天价旅游商品层出不穷。笔者经过调查分析发现，目前，宜州区的旅游商品确实存在价格不合理现象，标注地方特色的各类商品，其价格相当混乱，导致游客缺乏购物的欲望。同时，相关的假冒伪劣商品也在市场上出现，这些商品损害了游客的利益，使部分游客对刘三姐文化旅游节产生了一定的抗拒心理。旅游商品价格的不合理，以及诸多假冒伪劣商品的出现，不仅降低了游客的满意度，也大大损害了宜州区的品牌形象，导致刘三姐文化的传播受到影响。

（五）游客期望未满足

广西宜州刘三姐文化旅游节每年都会吸引大量全国各地的游客。但本届节庆活动出于疫情防控的考虑，采取了线上与线下结合的举办模式，这就导致很多游客不能亲临活动现场去感受节庆氛围。本届节庆活动所举办的活动项目过于单一，活动主办方未能突破传统策划观念，策划的活动内容与往届如出一辙，缺乏创新性。同时，活动主办方在宣传方面做得也不够到位，造成很多游客无法及时获取该节庆活动的相关信息，无法全面了解刘三姐文化旅游节，从而对这一节庆活动抱有较高的期望。根据第三章的调查数据显示，游客的整体满意度均值低于整体期望均值，说明游客的真实体验没有达到其预期，游客的需求未能得到满足。

（六）活动现场停车管理有待加强

近年来，随着车辆的增加，停车问题对人们的出行造成了很大的影响，尤其是当旅游目的地举办各种活动时，该地区常因为停车问题导致交通堵塞。笔者经调查发现，在本届广西宜州刘三姐文化旅游节各项活动举办期间，活动举办地的停车位严重不足，加之附近的公共区域无法临时停车，导致活动举办地车辆拥堵。此外，举办方对游客的停车问题考虑得不够周全，活动现场的交通疏导有待加强。再加上该地区缺乏相应的停车管理制度，没有相关人员在活动现场进行车辆疏导，活动现场乱停车现象屡次发生。

八、影响中国壮乡·武鸣"三月三"歌圩节游客满意度的原因分析

（一）城市基础设施有待完善

南宁市成为广西壮族自治区首府的时间比较短，该区域发展起步也比较晚，因此，这一地区在城市的基础建设方面还不够完善，再加上中国壮乡·武鸣"三月三"歌圩节举办期间游客人数骤增，这对于城市基础设施的使用造成了很大压力。所以，游客在中国壮乡·武鸣"三月三"歌圩节期间会发现这一地区的绿化、交通之类的基础设施不如其他的城市，导致对于中国壮乡·武鸣"三月三"歌圩节的满意度下降。

（二）节庆期间物价虚高

中国壮乡·武鸣"三月三"歌圩节每年都会迎来超百万游客。每个地区有节庆活动举办的时候，总会有商人想趁此机会赚钱，因此，他们会在节庆期间故意抬高商品或服务的价格。笔者通过实地调查发现，中国壮乡·武鸣"三月三"歌圩节虽然会提供一些免费的小吃供游客尝鲜，但这并不能让游客填饱肚子。游客想要吃饱，就要花高价去买一些能够充饥的食物，这些食物的价格并不便宜，甚至比市面上高出几倍不止。除了食物之外，住宿费用也水涨船高，中国壮乡·武鸣"三月三"歌圩节期间，该地区的民宿费用至少比平时贵 2～3 倍，更不用说酒店住宿了。节庆活动举办期间，该地区纪念品的价格也非常高昂，平时市面上几十元的东西在中国壮乡·武鸣"三月三"歌圩节期间就会卖到上百元，完全印证了"价高质低"这一说法。中国壮乡·武鸣"三月三"歌圩节期间，游客的人均消费从几百到上千，消费过高致使一部分游客只逛不买，甚至有一部分游客拒绝再次参加该节庆活动。

（三）节庆文化彰显不突出

经过实地调查，笔者发现中国壮乡·武鸣"三月三"歌圩节期间表演的节目大多缺乏其独特的魅力，究其原因，是设计节目的人为了紧跟时代潮流，凭借热点来吸引游客。借助热点问题提升该节庆活动的热度，这一想法是很美好的，但缺点是中国壮乡·武鸣"三月三"歌圩节的节

目缺少了壮族独特的民族魅力，使壮族文化被遮掩，这与节庆名称严重不符。如此的节目设计使整个节庆活动无法有效地凸显壮族文化，这也是影响游客满意度的因素之一。

（四）游客期望得不到满足

中国壮乡·武鸣"三月三"歌圩节是该地区独特的民族节庆活动，武鸣人将这一节庆活动一代代传承了下来，其游客大多来省外多个地区。但中国壮乡·武鸣"三月三"歌圩节的活动主办方没有建立自己的官方网站，其宣传主要依赖政府和自媒体。游客利用网络引擎进行搜索，能了解的关于中国壮乡·武鸣"三月三"歌圩节的资料过少，歌圩节的相关信息并未通过新兴媒体的渠道扩大宣传，这就会导致游客对于中国壮乡·武鸣"三月三"歌圩节的了解不全面，从而对该节庆活动产生较高的期望。据调查显示，39.69%的游客表示愿意再次参加该节庆活动，而63.31%的游客则不愿意再次参加，这说明游客的重游意愿较低。游客的满意度均值2.78，期望均值为4.02，其总体满意度小于总体期望，这说明游客在整体上对中国壮乡·武鸣"三月三"歌圩节的实际体验低于其期望，导致他们不愿意再次参加该节庆活动。

九、影响广西宾阳炮龙节游客满意度的原因分析

（一）宣传力度较低

1.缺少专门宣传版块

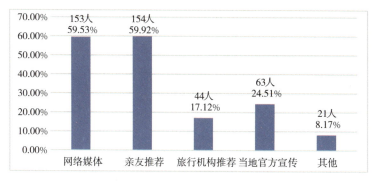

图5-1　了解渠道调查结果图

如图 5-1 所示，在参与该届节庆活动的游客中，有 154 人是通过亲友推荐得知的，占总人数的 59.92%；有 153 人是从网络媒体上得知的，这部分人数占总人数的 59.53%，说明该节庆活动的宣传有一大部分是依靠网络与亲友推荐进行的，这一数据也表明了网络宣传的重要性。但是在宾阳的各处宣传网页上，很少有专门宣传广西宾阳炮龙节的版块，这说明活动主办方没有利用好网络时代下便捷的宣传方式，有关部门应该建立针对性强的宣传版块，推出针对广西宾阳炮龙节的特色宣传。

2. 向外知名度较低

如图 5-2 所示，关于"宣传力度较低，缺乏品牌知名度"这一问题，42.02% 的人持同意态度，26.85% 的人持很同意态度，24.51% 的人认为一般，5.84% 的人不同意，0.78% 的人很不同意。

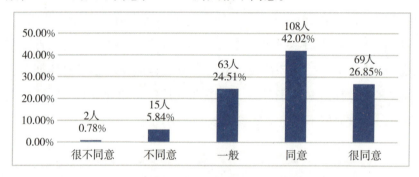

图 5-2 "宣传力度较低，缺乏品牌知名度"的调查结果图

此外，因为宣传力度不到位，活动主办方仅仅在节日当天或者临近活动举办日期才进行宣传，导致一些路途较远的游客无法前来参与，以至于来参加活动的更多为宾阳本地人和广西境内人，如图 5-3 所示。由此可见，该节庆活动的向外知名度较低，活动主办方应在宣传和塑造品牌形象方面下功夫。

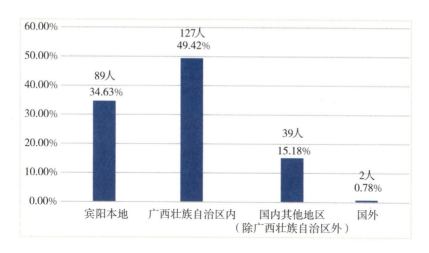

图 5-3　游客来源地调查结果图

（二）活动内容缺少活力

1.活动按部就班，缺乏吸引力

如图 5-4 所示，在"活动较为按部就班，缺少创新"这一问题的调查中，有 161 个人认为确实是这样，占总人数的 62.65%，占比较大。在广西宾阳炮龙节举办的活动内容方面，以传统活动为主，包括"游彩架""灯会"和"舞炮龙"。继承传统固然很重要，但是与时俱进、跟随时代发展，对该节庆活动做出创新也能吸引更多的人来参加这项节庆活动。没有创新的活动无法吸引当今时代高速发展下的人们，所以，活动主办方在不丢弃传统的前提下，结合新时代的文化需求对该节庆活动进行创新，以此来吸引人们的注意力，是很有必要的。

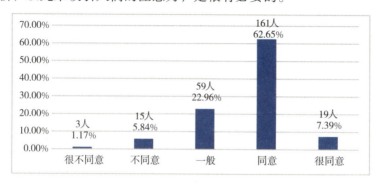

图 5-4　"活动较为按部就班，缺少创新"的调查结果图

2.活动文化内涵缺乏挖掘

如图 5-5 所示，"缺少文化内涵"这个问题有 109 人选择一般，84 人选择同意，40 人选择很同意。因此，广西宾阳炮龙节还是存在活动文化内涵缺乏挖掘的问题。文化内涵作为民俗节庆活动的灵魂，对民俗节庆活动起到升华作用。但该节庆活动在举办过程中对文化内涵的挖掘还是较少，没有让前来参加宾阳炮龙节的游客了解它的文化内涵，了解炮龙节的起源、成就和继承等等。换句话说，也就是该节庆活动没有向游客深入传达宾阳炮龙节的活动文化内涵。

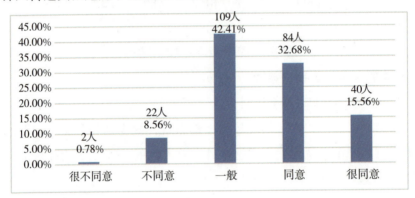

图 5-5　"缺少文化内涵"的调查结果图

（三）节日发展重视程度较弱

1.发展速度缓慢

如图 5-6 所示，在"发展速度缓慢"这个问题上，选择同意的人数为 138 人，占比 53.7%，相对较高。广西宾阳炮龙节起源较早，历史悠久，但是兴起发展的原因主要是由于国家在 2003 年加大了对非物质文化遗产的宣传和保护力度。2006 年，舞炮龙被中央电视台冠以"中华一绝"的称号，从而引起了宾阳政府的重视，这使得炮龙节又重新映入大家眼帘。

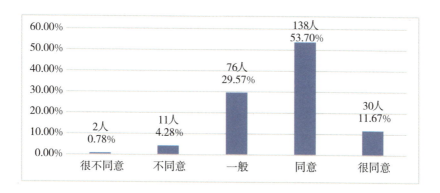

图 5-6　"发展速度缓慢"的调查结果图

2.基础设施建设滞后

如图 5-7 所示，在"基础设施建设滞后"这个问题的选择上，"一般"和"同意"的人数分别为 79 和 119，分别占比 30.74% 和 46.3%。这表明该节庆活动的基础设施建设与游客实际需求不符，所以，活动主办方应注重该区域的基础设施建设。基础设施建设对发展节庆活动起到了重要的作用，好的基础设施建设能够推动活动举办地的经济发展。道路建设作为基础设施建设中最基本也是最重要的部分，应当满足游客一般的道路需求。但炮龙节举办地——宾阳县的一些老街路面状况不太好，特别是在炮龙节开展期间车辆翻倍的情况下，道路的基础设施不能满足游客的需求。

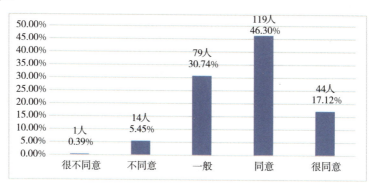

图 5-7　"基础设施建设滞后"的调查结果图

十、影响梧州国际宝石节游客满意度的原因分析

（一）游客层面

1. 游客眼界的提升

近年来，全国各地的节事旅游活动增多，各种创新展会层出不穷，因此，游客也能够对自己参加的节庆活动有一个更高的认知和了解。现在互联网的发达程度日益提高，游客了解各大展会的渠道也日益增多。简言之，游客的眼光更高了，对节庆活动的体验感更是有了自己的想法。结合满意度理论，笔者了解到，游客的到访前后期望产生了一定差异。因此，怎样让梧州国际宝石节的举办更加精准地服务于游客，满足游客的需求，仍是活动主办方需要考虑的问题。

2. 游客对节庆活动的个性化需求增加

在大数据信息时代，21世纪的中国市场环境及消费者需求已经发生了巨大的变化，既可以说是量的飞跃，也可以说是质的提升。量的飞跃表现在产品数量的增加上，琳琅满目的商品进入人们的生活，更多、更好的产品和服务促使人们的生活有了质的提升。同样，随着人们眼界的提升，传统的大众化节事旅游已经不能满足游客的个性化需求，游客在参与过程中，更加注重对个性化体验的追求。例如，在本次调查中，有游客对于梧州市特色景观、特色创新活动的评价不高，因此，活动主办方在梧州国际宝石节活动中可以通过打造迎合游客需求的体验活动，促进节事旅游活动的长远发展。

3. 游客对梧州市的整体体验感欠佳

随着时代的发展，越来越多的新鲜事物出现了，在这种情况下，活动主办方应该对游客的活动体验感提起重视，这是因为游客活动体验感的好坏决定了游客是否满意与是否愿意再次参与该节庆活动。根据问卷最后的感知印象回访调查情况可以看出，游客给出的普遍平均分在3.46～3.59分之间，如表5-1所示。由此可见，游客体验感较差，直接导致游客的重游意愿以及将节庆活动推荐给好友的意愿都不强，这说明

该节庆活动给游客留下的印象并没有达到预期，需要打破常规方式，创新理念提升游客的体验满意度。

表 5-1　游客感知印象调查

	样本数	最小值	最大值	平均数	标准差
是否愿意再次参与梧州国际宝石节	304	2	5	3.55	0.950
是否愿意将此活动推荐给其他亲友	304	1	5	3.54	0.967
该活动是否给您留下了非常好的印象	304	2	5	3.46	0.867
请您给梧州国际宝石节的满意程度打分	304	1	5	3.59	0.939

（二）本地市民层面

1. 对待外来游客友好程度有待提升

本地市民的综合表现也会给来访的游客留下深刻的印象，从而影响游客对该节庆活动的满意度。例如，本地居民是否文明礼貌、热情好客；本地居民是否为远道而来的游客提供了特色的餐饮和服务等。在笔者所做的问卷调查中，游客对该地区服务人员的工作态度给予了较低的分数，这些工作人员大多是本地居民。由此可见，在梧州国际宝石节举办期间，本地居民应该树立一个积极的形象，为游客展现最好的状态，以提高本地区在游客心中的满意度。

2. 对维护良好的市容市貌缺乏团队意识

良好的市容市貌对维持一个城市良好的游客体验感有着非常重要的推动作用。据游客对梧州国际宝石节的满意度调查数据分析显示，影响因素较大的有卫生整洁度、举办活动时当地交通顺畅程度，由此可见，维持良好的市容市貌是提升游客满意度不可或缺的因素。但维持一个长期有效的市容市貌整治成果，不仅需要政府方面做出合理细致的城市清洁工作安排，而且需要每一位公民具备文明意识，互相监督。

（三）梧州国际宝石节工作策划者方面

1.统筹协作工作有待增强

统筹协作包括各项活动的安保、接待、宣传、后勤保障工作等，这些内容在节庆活动中需要得到全面提升，并且，对于节庆期间的游客，要实现"零投诉、零事故、零伤亡"。在梧州国际宝石节期间，主办方还举办了宝石娃娃才艺展演、饰品设计大赛、岭南辣椒竞吃大赛等诸多活动。活动多，意味着统筹协作的工作难度大，并且在创新活动上需要投入更多的人力物力。结合问卷调查中的平均满意度来看，本届节庆活动"缺乏特色创新活动"的游客整体满意度在 3.28 分，属于较低的评价，由此可见，这些活动没有获得大部分游客的认可和满意。举办展览会的同时，主办方也需要保证游客的参与程度，可以在科技高速发展的今天，在节庆活动举办过程中注重融入具有游客体验感的科技元素，如人工智能、展会一卡通等。这些工作都需要活动主办方在统筹协作工作中做出更加详细的计划。

2.智慧化节庆活动的嵌入有待增强

在 21 世纪的今天，智慧旅游盛行，活动主办方可以通过云计算为游客提供符合他们需求的旅游产品。无论是旅行社，还是各旅游局，都可以将本地的资源优势进行整合。同理，梧州国际宝石节的主办方如果将有特色的本地资源进行整合，通过云计算得出游客偏好，那么就会对提升游客满意度起到非常重要的作用。将智慧旅游细化到智慧化节庆活动上，同样需要运用云计算技术得出游客偏好。以该地区的龙母文化为例，一方面，这种方式可以加深当地居民对龙母文化的认同感，另一方面，也可以促使游客在探寻龙母文化过程中获得游玩的趣味。由第三章的调查结果可知，与游客满意度显著性相关的因素有节庆氛围浓厚程度、特色餐饮服务、特色景观等，活动主办方可以通过运用现代技术得出游客在这些因素中的偏好，从而将智慧旅游嵌入智慧化节事旅游活动中。此外，活动主办方在节庆活动结束之后，也可以通过云技术对游客的具体差异做一个分析统计，当游客对一个地方或者一个活动的实际感知大于游客到访前的期望值时，产生的是正差异，反之则是负差异，正差异带来的影响有益于游客满意度的提升。

第二节　提升广西节庆活动游客满意度的对策建议

一、提升南宁国际民歌艺术节游客满意度的对策建议

（一）改善设施环境

1. 引进多方商家入驻

园内住宿、游览花销较高，究其原因，是园博园外部商业设施不足、内部一家独大的局面造成的。南宁国际民歌艺术节主办方可以尝试与园博园有关工作人员、政府有关部门进行沟通协作，招揽商家在园博园外围入驻，使商家采取"低价优质"的方式吸引游客，进而提升园内外服务竞争程度，改善园内外商业设施的不平衡局面。

2. 增加专项服务设施

针对观光路线长的问题，南宁国际民歌艺术节主办方应与园区协商，增设民歌专用观光车辆和线路；对于遮阳建筑、休憩场所不足等引发的游客驻足时间短的问题，活动主办方可以与园方协商，增加租赁帐篷、野餐毯、遮阳伞、藤椅等移动性好的商品，以提高游客舒适度，从而提升游客的驻足时长与满意度。

（二）控制消费水平

一个节庆活动的消费水平对于游客满意度有着重要影响。花销过高会导致游客满意度下降，反之上升。若想提高南宁国际民歌艺术节的游客满意度，活动主办方首先应控制举办地的商品价格，使其价格与市面价格差距缩小。对于游园时个人购买或组团购买的商品或乘坐的车辆达

到一定数量或金额时，商家可以给予游客相应的折扣优惠。至于住宿方面，园内酒店也应尽力通过提升软、硬服务设施的方式让游客拥有"物超所值"的体验。这些对策都有利于南宁国际民歌艺术节游客满意度的提升。

1. 建立监管机制，进行定期检查

南宁国际民歌艺术节的活动主办方应加强与南宁市园博园及市场监管部门的合作，采取一系列具有针对性的措施，加大执法力度，整治园内高定价情况，关注园外价格秩序。此外，当地政府可以设立巡察组，定期对园内商户进行监察，进行动态管理和控制，严禁商家哄抬物价。有关部门要在游客对商品价格的需求与经营者对利润的需求之间找到平衡点，为游客营造良好的消费环境，让游客在南宁国际民歌艺术节活动举办期间吃好、喝好、玩好。

2. 增加优惠福利，提升游客价格公平感

南宁国际民歌艺术节活动主办方可以与园博园内部达成协议，对到场参与节庆活动的游客发放专属票券，凡持南宁国际民歌艺术节票券的游客，可以在餐饮、游园、住宿方面享有不同程度的优惠，通过调价优惠的方式提升游客的价格公平感。此外，通过向游客提供良好的餐饮、住宿服务设施（包括整洁性、舒适性、及时性、安全性、可靠性、实用性、充足性这七个方面），能够提升游客的价格公平感，从而提升游客对于南宁国际民歌艺术节的满意度。

（三）提升服务质量

游客对于服务的标准不一，南宁国际民歌艺术节活动主办方首先应分析自身服务能否达到游客要求，其次要对游客提出的要求做出适当的反应。对于合理的服务要求，活动主办方应给予精准服务，若无法满足游客的要求，应主动向游客解释清楚。

1. 建立服务标准，培训工作人员

南宁国际民歌艺术节的活动主办方应建立良好、完善的服务标准与人才培养机制。一般来说，工作人员的服务质量属性包括：礼貌（有礼有节）、敏感（乐意帮忙）、友好（服务热心）、灵活（懂得变通）、敬业（恪尽职守）、关心（理解需求）、沟通（交流能力）等7个属性。南宁国际民歌艺术节的活动主办方要通过加强对工作人员的培训，提高全体工作人员的素质，使之能为游客提供满意的服务。此外，本届南宁国际民歌艺术节招募的志愿者大多为学生群体，他们的社会经验不足，而短时间的培训也不能较大程度地提升他们的服务水平。因此，为防止志愿者面对突发状况出现情绪不稳定和处理问题不及时的状况，主办方应事先告知志愿者在工作时的注意事项及有关负责人的联系方式，志愿者也要树立一种意识，即对于自己不能独立处理的问题，要及时向工作人员汇报。

2. 了解游客需求，做到精准服务

不同的游客所需要的服务不尽相同，南宁国际民歌艺术节的活动主办方可以通过询问游客，让其提出关于完善南宁国际民歌艺术节演出内容及服务的意见，以此为基础，对之后的演出内容和形式进行调整，使游客感受到主办方对其意见的重视。对于游客提出的短时间内无法进行完善的服务要求，如游客对入园门票服务、园博园的观光车游览路线等不满意，这些方面在短时间内显然是无法更改的，南宁国际民歌艺术节主办方能做到的就是努力和园博园有关部门协商，开通民歌节优惠票券、增设民歌节便捷游览通道；如无法满足游客需求，应告知不能满足的理由，并尽可能为游客提供其他适合的方案，让游客感受到主办方的真诚，把服务细致化，提升游客满意度。

（四）满足游客期望

1. 创新内容形式，带动游客参与

南宁国际民歌艺术节的活动主办方应了解游客对民歌民俗的期望与想法，在保留民歌优秀特点的基础上，对此节庆活动进行策略性改良。南宁国际民歌艺术节应在现有的民歌大会基础上进行内容和形式的创新，并增加与游客互动的环节，通过与游客进行民歌互动，带动全场气氛，带给游客所期望的振奋感与参与感，从而满足游客的心理需求。

2.改善宣传现状，调节心理预期

（1）从宣传时间上来说，南宁国际民歌艺术节主办方应该在活动举办前进行活动的宣传预热，使游客及时知晓活动日期、了解活动内容和形式，这能够对帮助游客修正心理预期、改善游客满意度起到一定的积极作用；在活动举办过后，南宁国际民歌艺术节的宣传部门应及时对剪辑完毕的活动视频进行上传，最好同时发放图文版活动总结。

（2）从宣传渠道上来说，南宁国际民歌艺术节的工作人员应拓宽宣传渠道，加大宣传力度，妥善运营自己的官方网站、微信公众号和其他各大平台的官方账号，将关于南宁国际民歌艺术节的信息正确、快速地传达出去，使游客对南宁国际民歌艺术节产生正确的了解，从而提升南宁国际民歌艺术节的游客满意度。

二、提升中国（柳州·三江）侗族多耶节游客满意度的对策建议

（一）把控各类产品价格

产品价格对游客满意度的影响十分重要，当其价格过高时，游客满意度会下降；当价格合理、实惠时，游客满意度会得到提升。因此，有效提升游客满意度的关键就在于控制市场各类产品的价格。对于在中国（柳州·三江）侗族多耶节举办期间，游客个人消费或组团消费达到特定数值时，当地商家可给予相应的折扣优惠或者产品奖励。政府也要通过对节庆活动举办期间产品价格的把控，使游客产生"物超所值"的心理感受，这不仅有利于多耶节游客满意度的提升，而且有利于提高游客的重游意愿以及向他人推荐该节庆活动的意愿。

1.建立价格监督管理机制

中国（柳州·三江）侗族多耶节的活动主办方应加强和当地市场监管部门之间的合作，共同协商，建立价格监督管理机制，制定一系列具

有针对性的措施。此外，市场监管部门也要加大执法监督管理力度，对当地相关产品的价格开展动态管理和控制，找到节庆活动举办期间游客对产品价格的需求与经营者对利润的追求之间的平衡点，最终使游客在多耶节举办期间能够获得十分满意的消费体验。

2. 制定奖惩机制，严禁哄抬物价

三江侗族自治县当地政府部门应该与侗族多耶节的活动主办方共同协作，制定关于物价把控的奖惩机制。针对中国（柳州·三江）侗族多耶节举办期间游客反映的周边住宿及餐饮价格偏高的现象，有关部门要进行严格的价格把控，严禁哄抬物价的现象发生，并对不遵守规定的商家给予一定的惩罚手段；反之，对当地好评度最高的商家，要进行公开表扬。对产品价格进行严格把控，可以为游客营造良好的消费环境。

（二）满足游客心理期望

1. 加强节庆活动宣传

首先，侗族多耶节的主办方要建立属于中国（柳州·三江）侗族多耶节的官网平台，以便全面、系统地向游客展示多耶节的活动概况及文化内涵，使游客可以实现一站式了解多耶节举办期间所涉及的各项活动安排、当地交通情况及周边景点。这样能够使游客在游前对当地旅游活动的分布区域和供应情况有一定的了解，方便游客制定旅游攻略，以提升游客的心理期望，进而有效提高游客对于中国（柳州·三江）侗族多耶节的满意度评价。

其次，在中国（柳州·三江）侗族多耶节的宣传和营销方面，活动主办方应顺应时代潮流的发展，在传统媒体渠道的基础之上，借助微博、抖音、小红书等新媒体平台，充分利用当前最热门的媒体宣传方式，如举办微博达人、网红"多耶行打卡"活动，通过图文推荐、Vlog 视频展示等方式进行爆炸式营销宣传，吸引游客眼球。

最后，中国（柳州·三江）侗族多耶节的活动主办方可以在节庆活动举办的前期、中期及后期，推出有奖参与活动，如某一用户发表的关于中国（柳州·三江）侗族多耶节的文章，其转发量、点赞量达到特定值，即可获得多耶节的周边礼品或多耶节免费游等奖励。这种形式不仅可以提高游客的参与度，扩大客源市场，也可以有效宣传该节庆活动。

2. 创新节庆活动内容

节庆活动的策划不仅要抓住当地民族特色，更要对游客的内心需求进行了解，最终进行策略性创新。因此，中国（柳州·三江）侗族多耶节的活动主办方应在现有的侗族大歌赛、琵琶舞等展示活动内容上进行创新，挖掘文化内涵，增加新的活动项目。例如，在节庆活动举办期间，可以开展"沉浸式多耶游"活动，通过使游客深入感知该节庆活动的文化内涵、获得当地居民的热情接待、体验当地颇具民俗特色的生活方式等，大幅提升游客的体验感。中国（柳州·三江）侗族多耶节的活动主办方可以通过创新活动展演内容为游客带来较为特别的旅游体验，给游客带来意料之外的惊喜，进而达到满足游客心理需求的目标。

3. 打造节事品牌 IP 形象

中国（柳州·三江）侗族多耶节以其具有的独特民俗文化特色吸引广大游客前往，互联网时代，一个好的 IP（intellectual propenty）形象，可以给游客留下很深的品牌印记。在众多节庆活动内容重复、同质化现象严重的背景下，中国（柳州·三江）侗族多耶节的活动主办方可以抓住这一关键点，打造属于中国（柳州·三江）侗族多耶节的专属 IP 形象，这不仅可以提升游客对该节庆品牌的记忆度，还可以使游客更好地感受该节庆活动的文化内涵。

（三）提高产品质量及服务水平

1. 重视旅游商品开发

旅游商品是节事旅游产品中最重要的经济因子，这一因子对该节庆活动和当地旅游开发的意义重大。中国（柳州·三江）侗族多耶节的活动主办方应该在遵循侗族的民族特色原则、创新性原则的基础上进行旅游纪念品、土特产、工艺品等商品的策划开发，严格把控商品质量。当地政府也要建立相应的奖惩机制，对存在商品质量低下、欺瞒消费者行为的商家采取一定的惩罚手段，以有效管控市场环境。

2.加强工作人员培训

在中国（柳州·三江）侗族多耶节举办期间，由于活动规模庞大，工作人员及志愿者的需求量骤升，因此，活动主办方大量招募当地居民及当地高校的大学生，这就会导致节庆活动的工作人员服务质量不够乐观。当地政府应主动对节庆活动举办期间所招募的工作人员进行定期分类培训。第一，活动主办方及其高层活动主办方应着重学习关于经营管理方面的知识，熟悉国内外节事发展特性，根据当地的民族特色及市场需求进行活动和产品的策划开发；第二，对于中层活动主办方，应着重对他们进行关于节事营销和管理相关的知识培训；第三，对于基层工作人员，如志愿者，应着重加强服务态度、服务礼仪和服务语言的学习；第四，活动主办方要统一工作人员的着装，服饰上应带有独具特色的标识，在多耶节举办期间，要求工作人员统一着装，这不仅能够使游客产生视觉上的冲击感，还能够加深游客对该节庆活动中品牌主题的印象，有效提升宣传效果。

（四）加强现场管理水平

1.加强基础设施建设

在交通便捷性方面，该节庆活动的举办主要以当地政府及一线参与人员作为主力。政府部门应全面有效地发挥主导作用，在政策支持的基础之上，加大对节事旅游的资金支持力度，以有效改善当地的道路状况，完善当地旅游咨询服务、标识系统、卫生间及停车场等基础设施建设。尤其是在中国（柳州·三江）侗族多耶节举办期间，该地区的客流量较大，停车位需求骤升，因此，有关部门应着手扩大当地停车场的规模。

针对住宿环境及餐饮卫生情况，政府可以鼓励、引导三江侗族自治县居民开设民宿、家庭旅馆、农家乐等自营店铺，同时，政府也要对相关居民开展旅游培训与市场管理教育，严格把控当地环境卫生条件，并为当地居民提供可以参与到本地节事旅游发展决策的平台与机会。这种方式一方面可以有效提高游客对于中国（柳州·三江）侗族多耶节的满意度，另一方面可以带动社区居民参与旅游业的热情，积极推动当地旅游经济的发展。

2. 严格把控现场秩序

中国（柳州·三江）侗族多耶节活动主办方应对现场管理工作给予高度重视，明确各部门工作职责，各部门相互配合，共同做好节庆活动的现场管理工作，以有效应对突发情况，提升游客满意度。中国（柳州·三江）侗族多耶节举办期间，可能会出现无法避免的突发状况，而当出现这些突发状况时，节庆活动的现场管理部门应迅速采取有效的应对措施，对现场秩序进行严格把控。当出现喧闹时，做到有效疏散人群、控制现场，避免因人流冲突导致堵塞。管理部门应做好控制现场人流量的工作，避免因拥挤造成踩伤事故。现场秩序得到有效把控，可避免拥挤现象的发生，从而使游客提升对该节庆活动的满意度。

三、提升桂林国际山水文化旅游节游客满意度的对策建议

（一）立足桂林当地的历史文化，满足游客的心理需求

旅游目的地悠久的历史文化底蕴可以促进旅游业的发展，桂林国际山水文化旅游节的活动主办方应该了解游客对桂林历史文化底蕴的展示效果的想法，并对此进行战略性创新。此外，活动主办方也要在节庆活动中充分展现桂林市深厚的历史文化底蕴，确定其极具特色的历史文化主题，使游客在参与过程中受到桂林独特历史文化的熏陶。因此，桂林国际山水文化旅游节的活动主办方应在现有的旅游产品推介会和品牌发布会、美食展等活动上渲染桂林市浓厚的历史文化底蕴，通过加大对桂林历史文化的宣传力度，为游客带来"物超所值"的心理体验，给游客创造"惊喜"，从而使游客的满意度得到提升。

（二）促进改善举办场地附近住宿条件

桂林市临桂新区常被选为桂林国际山水文化旅游节活动的举办地，该地区各种基础设施不断完善，且桂林市两江国际机场就坐落于此，交通条件相对比较便利。因此，桂林国际山水文化旅游节的活动主办方应加强自身的宣传力度，吸引住宿行业投资商到桂林国际山水文化旅游节举办地进行投资，完善该节庆活动举办地的住宿行业结构，提高游客满意度。

（三）加大对节庆活动旅游商品或纪念品的开发力度

节庆活动旅游商品或纪念品的开发需要根据目标市场的需要，对节庆活动的旅游资源及特色进行设计、研究、开发与整合，这是节庆活动中旅游商品开发关键内容之一。旅游商品或纪念品的创新和新颖程度对旅游节庆活动本身的宣传与促销也起着至关重要的作用，国内外的众多大型旅游节庆活动都会拥有自己特殊的旅游商品或纪念品，而且种类较为丰富，形式也较为新颖，对游客具有较大的吸引力，能够引起游客的购买欲望。

（四）拓宽宣传渠道

桂林国际山水文化旅游节的活动主办方应积极拓宽宣传渠道，增加本节庆活动的宣传推广资金，建立专属该节庆活动的微信公众号、官网和微博等，并积极丰富其中的内容，尽量做到把该节庆活动的具体信息准确、迅速、大范围地推广开，让游客可以正确认识到桂林国际山水文化旅游节。通常情况下，人们对于未知的事物往往会充满期待。此外，桂林国际山水文化旅游节的活动主办方在拓宽宣传渠道的同时，还要收集该节庆活动的游客相关信息，以便及时、清晰地了解游客的需求。还要对该节庆活动的数据进行定期维护，尽最大努力提高游客的满意度，最大限度影响游客的感知态度。

（五）加强现场餐饮与卫生环境管理

加强现场餐饮及卫生管理有利于减少出现食品问题的风险，有利于使游客心情愉悦，从而提升游客满意度。桂林国际山水文化旅游节的活动主办方需要对现场各项工作的管理与监督提起高度重视，明确各相关部门的分工，使各部门进行高效率的合作，努力做好桂林国际山水文化旅游节活动的现场工作。第一，成立食品监察组，重点检查旅游节活动现场的所有食品，确保其安全、卫生，及时解决桂林国际山水文化旅游节的突发情况。第二，严格要求所有工作人员及时清理桂林国际山水文化旅游节现场的垃圾，时刻保持活动现场的干净卫生，使游客对于桂林国际山水文化旅游节的满意度得到进一步提升。

四、提升广西龙胜各族自治县红衣节游客满意度的对策建议

（一）满足游客体验需求

广西龙胜各族自治县红衣节的活动主办方应该充分了解前来参加红衣节游客的内心想法和真实需求，侧重文化内涵的传承和塑造，以及为游客提供较为方便的旅游一条龙服务。因此，广西龙胜各族自治县红衣节的活动主办方应该在本身的游演内容上加以创新，避免和其他地区的旅游活动重复，注重以文化内涵和创新形式的结合增加游客满意度和游客黏性，给游客打造惊喜感，为游客带去与众不同的体验。政府要依靠龙胜县独特的旅游资源和民俗特色发展旅游业，就要在该地区打造特色民俗餐厅和民宿酒店，并在红衣节举办当天提供方便游客游玩的旅游线路和交通工具，实现游、住、行一条龙服务，增强广西龙胜各族自治县红衣节在全国节庆活动中的竞争力。

（二）加强政府引导和支持，完善龙胜基础设施建设

广西龙胜各族自治县红衣节要想增加游客黏性并长期稳定举办，首要任务就是得到政府部门的大力支持。红衣节的举办地位于桂林市龙胜县，所以该地区的旅游环境及基础设施建设会直接影响到红衣节的举办效果。

首先，要让政府了解龙胜发展旅游业的重要性和必要性，这是很关

键的。政府部门应在全市旅游业发展过程中重视每个旅游城市的基础设施建设，加大对交通、通信、水电及停车场等配套设施的财政拨款。另外，当地政府还需要对龙胜当地进行统一的规划和区域管理，为游客设计完整的旅游线路体系，将旅游地和城镇之间的交通网络进行联通，方便游客出行。其次，考虑到在节庆活动的举办期间，该地区的游客较多，因此，提供较大的停车场和集散广场也是很有必要的。最后，政府还需要对当地的人文环境进行管控，防止出现乱建房屋、商贩乱摆、垃圾乱扔等现象。

（三）注重从业人员上岗培训，提高服务接待水平

节庆旅游的发展，不仅需要当地具备丰富的活动内容、特色的旅游产品，还需要具备高素质的服务接待人员。而通过调研，笔者发现，广西龙胜各族自治县的剩余从业人员普遍素质较低，没有经过专业的服务技能培训，这大大影响了游客的体验感和节事旅游的可持续发展。所以，提高村民的整体素质、培养从业人员的服务接待水平，已经成为该地区提升游客满意度的重要手段，通过提高村民的整体素质与从业人员的服务接待水平，使游客感受到更加良好的旅游氛围。

首先，组织旅游从业人员进行集中培训和相关学习，建立管理部门对从业人员的行为监管，来提高旅游从业人员的综合素质。其次，需要建立标准化服务体系，规范化服务也是所有服务行业需要遵循的原则，其对于节庆旅游也同样重要。同时，定期开展宣讲活动，加强当地居民对自身民族文化的认同感，提升热情度。最后，加强对从业人员法律知识等方面的培训，给游客提供更优质的服务和独特的体验感。

（四）丰富举办形式，加强宣传力度

1.增加创新力，充分挖掘民族文化底蕴

广西龙胜各族自治县红衣节的举办模式较为单一，活动主办方对节庆活动的内容缺乏一定的创新意识，不能充分利用当地的民族文化底蕴。为改变这一现状，该节庆活动的主办方最重要的任务就是利用真实性包

装来宣扬民族文化，打造具有代表性的文化资源。前来参加红衣节的游客，他们的旅游动机是亲近大自然、舒缓学习和工作压力，他们追求的是纯粹、质朴的民族文化特色。因此，首先，红衣节活动主办方需注重保留该节庆活动中最具特色的内容，并将其加以修饰，以最好的面貌呈现出来，避免出现与其他地区雷同的商业化演出。其次，活动主办方可以让游客进行"沉浸式"体验，即令游客身着特色的民族服饰，与当地居民一起载歌载舞，使游客的参与性更强，这样能大大增加游客的重游率。最后，广西龙胜各族自治县红衣节要体现出自身的"文化品位"，旅游景点是否具备吸引力，一个关键就在于这个地区是否具有特色的文化景观。所以，在对红衣节进行策划的时候，活动主办方需要充分挖掘当地的民族文化，体现出旅游产品的文化价值，并将自然景观与人文景观恰到好处地融合，使旅游景点的优势贯穿在游客游览的整个过程。

2. 加强宣传力度，注重网络营销

简单质朴的民俗文化活动往往会因为未得到一个有效的宣传而被埋没，使得很多的人没有机会去亲身体验节庆活动中极具特色的民俗风情。由此可见，即便一个民俗文化活动策划得再好，也需要拥有良好的宣传策略。首先，在大力宣传红衣节之前，活动主办方需要将该地区塑造成一个民俗风情浓郁、环境优美、旅游产品丰富，以及极具民族特色的地方。与此同时，旅游景点的打造还要根据游客的需求进行，从商品价格、服务态度和民俗活动等方面进行宣传，以此来吸引游客的参与热情。其次，从参加红衣节的游客主体来看，大部分是学生和工薪阶层，这部分游客搜索旅游目的地信息的倾向性更强，所以红衣节的活动主办方要抓住这一特点，在互联网平台对该节庆活动进行宣传信息的投放。不过龙胜各族自治县红衣节虽然有自己的官方网站，但设计较为简单，缺乏吸引力，并且在搜索引擎中并没有将官方网站排在最前面，游客很难从中获取有效的信息。因此，活动主办方要充分发挥网络营销的作用，注重网页设计、内容排版、宣传信息的及时性，以及信息的反馈功能。最后，活动主办方要避免对于该节庆活动的虚假宣传，网站中的宣传内容需与现实相符，否则将会大大降低游客满意度，影响该节庆活动的可持续发展。

五、提升资源河灯节游客满意度的对策建议

（一）加大基础设施建设力度

要使旅游地的环境和服务得到改善，节庆活动举办地就必须有完备的基础设施和配套服务。只有这样，才能不断提高游客的满意度和体验感。现阶段，资源河灯节举办地的公共配套设施需进一步做出改善，旅游公共设施和服务体系有待进一步完善，景区整体环境有待优化。

1. 完善旅游公共设施

在资源河灯节举办期间，为了更好地为游客提供便利服务，以及有效缓解交通瓶颈问题，节庆活动主办方可以与公交公司合作，临时开通专用旅游观光公交车，合理规划路线，确保游客的交通安全。同时，活动主办方还可以在活动举办地推出"智慧停车"线上加线上一体化服务平台，使游客可以通过网上查询，提前获取多个路段的停车信息和具体位置，便于游客出行。

资源河灯节期间客流量大，因此，活动举办地的公厕配套必不可少，但往届活动举办期间，公共洗手间严重短缺，且卫生环境堪忧。为保证景区的卫生质量和活动的可持续发展，活动主办方应加强对活动举办地公共洗手间的服务管理，保持干净卫生的良好环境。同时，活动主办方也要督促景区管理人员加强对景区员工的教育培训，增强员工爱护环境、遵守规章制度的意识，使他们做到自觉维护景区环境。此外，景区负责人员也要为节庆活动的成功举办定点增设公共洗手间，并在网络地图上标注好公共洗手间的详细位置，并完善引导标识，方便游客查找。

2. 扩展便利服务范畴

一方面，增设游憩场所。为满足游客高峰期的需求，活动主办方可

以在游客密集的地点合理规划休息场所和吸烟区，为游客提供舒适的游憩场所。另一方面，健全投诉意见处理机制，为游客提供更多的咨询、投诉等服务，及时处理游客问题，提高游客满意度。同时，也要及时通过线下和线上相结合的方式对游客公布景区的旅游咨询和投诉渠道。

（二）严格落实现场管理制度

在旅游安全方面，为了保障游客的人身安全，景区负责人与节庆活动主办方必须加强景区的安保工作。在资源河灯节举办期间，活动主办方要严格执行各项防控措施，对活动场所的设施和设备进行定期的安全检查和维护，严格执行相关的规章制度。对未达到安全标准的旅游设施，场地负责人要及时对其进行全面的检查和维修，以确保为游客提供安全、优质的服务。资源河灯节期间，为了有效地处理各种突发事件，资源河灯节的活动主办方必须提前制定应急预案和较为完善的安全保障机制。此外，景区负责人还应该景区内设立急救中心，完善景区紧急医疗设施和药物储备。

在节庆活动举办期间，难免会有意外发生。在这种情况下，现场管理相关负责人应在第一时间采取有效措施予以应对，要严格把控现场秩序，在喧闹环境中做到有效疏散、控制人群，避免人流冲突造成堵塞；要适时限制现场人流，避免因拥挤造成踩踏事故。

（三）扩大品牌影响力

1. 注重传承和创新发展

节庆活动主办方应该积极加强资源河灯节相关民俗文化资源的保护和传承。资源河灯节的延续，包括河灯、山歌、传统节日文化的继承和发扬等方面。同时，节庆活动主办方要鼓励和调动本地民众，让他们有机会参与到这个活动中来，这不仅可以加深村民对资源河灯节的地方文化认同感与文化责任感，还可以增强村民的幸福感与荣誉感。

资源河灯节的旅游产品设计应紧密围绕民俗文化展开。旅游产品设计师应在旅游市场中找准商品定位，以市场为导向，以需求为指引，与时俱进、勇于开拓，打造多元化的文化创意产品。在作品设计中，设计师可以运用当地的民族色彩元素，融合资源河灯节元素，使用插画技术设计出各种具有民俗特色的旅游产品，如明信片、环保手袋、书签、水杯、海报、手机外壳等，使其应用领域更加广泛，满足游客的个性化需求，从而提高民俗文化的传播质量。

2. 大胆营销和造势引流

随着移动互联网的迭代升级，短视频已经成为各行各业新兴的流量传播之王。资源河灯节的活动主办方应进一步拓宽线上与线下的营销渠道，多维度、深层次地创新宣传推广方式，及时推介节庆活动信息。除了创建微信公众号和小程序，微博、抖音、快手等网络社交媒体官方账号之外，节庆活动主办方还可以大力研发新颖、独特的旅游宣传片，在抖音、快手等热门的短视频平台上播放，这种宣传方式既能留住现有的游客，又能吸引到更多的潜在游客。活动主办方要在网络上将关于资源河灯节的信息快速、准确地传达出去，让网友可以随时随地参与资源河灯节的相关网络话题活动，让潜在游客真正了解资源河灯节，从而增加节庆活动的实际人流量。活动主办方还可以由专人在短视频软件上进行宣传直播，并与网友互动，为潜在游客提供更多咨询服务与优惠政策。通过线上与线下相结合的推广宣传方式，可以提升资源河灯节的知名度和影响力，受到大批潜在游客的关注，快速为该节庆活动带来曝光度、关注度和流量。

除此之外，在拓宽宣传渠道的同时，活动主办方应积极收集游客信息，了解游客需求，让游客提出意见，然后不断对活动的举办形式进行改进和完善，以便满足游客的旅游消费需求。此外，活动主办方还要定期维护游客数据，使游客从中受益，使游客的实际体验高于预期，提高游客的认知体验，让游客有更强的重游意愿。

（四）加强监管力度，合理控制价格

1. 健全市场定价制度，强化政府调控

要以政府宏观调控为导向，对旅游产品的定价过程进行规范化管理，并确定合理的价格范围。要做到政府与市场的有机统一，活动主办方要以政府的宏观调控为主导，在政府监管下建立诚信评估体系，完善消费者的权利保障体系，充分发挥市场的调节作用，使节庆活动中旅游产品的价格得到合理的控制，实现对旅游产品的有效调控，为景区营造一个公开、有序的竞争环境。此外，活动主办方还要进一步加强餐饮、住宿从业人员的培训教育工作，使食宿从业人员能够做到依法合理经营，从而赢得消费者的口碑。

2. 加强商品品质，打造品牌精品

本研究通过对旅游商品的调查和分析，得出了旅游商品的定价对游客满意度有相对较大的影响。商品价格过高会导致游客满意度下降，反之，游客满意度则会上升。因此，节庆活动主办方若想提高游客的满意度，首先要控制商品价格，缩小商品价格与市场价格的差值，通过控制商品价格的手段，让游客获得物超所值的体验。这有利于提高资源河灯节游客的满意度。

旅游商品在节庆活动举办期间的高价低质或价格虚高会使游客的旅游体验感下降，使游客的购买意愿受到抑制，进而影响节庆活动举办地的经济效益。要改变这种状态，就得从提高旅游产品的品质着手。游客在景区中对价格的敏感性较差，而对低品质、高价位的旅游产品却是深恶痛绝。因此，活动主办方只有结合旅游商品的发展趋势，开发出既具有实用性又具有文化内涵的高质量产品，才能满足游客的心理需求，引起游客的关注，让他们愿意买单。

如今，资源河灯节的销售模式多为各种商品在各个商店混合销售，也就是说，很多商品都会出现在同一个店铺里，而在另外一家店内，销售的差不多都是同样的商品。因此，节庆活动举办地的经营者应转变现

有的销售理念，打造具有鲜明特色的店铺，对这些店铺进行品牌形象策划，并加大这些店铺的广告宣传力度，拓展店铺商品的营销渠道。为此，节庆活动举办地的商家应加强品牌建设，以优质产品及有力的市场推广，提高游客对品牌的认知度，提升游客对该节庆活动的情感认同，从而推动旅游消费。

六、提升中国·融水苗族芦笙斗马节游客满意度的对策建议

（一）提升交通便利性

一方面，活动主办方可以联合公交公司，为参加节庆活动的游客安排一些专线大巴，并增加公交车的车次。对于融水这个小县城来说，没有动车，使得一些游客从其他地方来融水游玩就非常不方便，那么在中国·融水苗族芦笙斗马节的活动筹备期间，活动主办方就可以安排工作人员在柳州火车站、动车站专线接送，这样游客就不需要在"怎样从车站到达景区"这一问题上浪费较多的时间。融水的火车站、汽车站也比较偏僻，距离该节庆活动的举办地有较长一段距离，因此，活动举办方就要在活动举办期间，在这些场合增加公交车的车次，方便人们在融水游玩。此外，当地政府也要抓住这一机会，加强融水与景区间公路的修建。只有到达景区的道路更加便捷，才能让人们在参与该节庆活动后，还愿意再次前往融水游玩。

另一方面，实行交通管制措施。融水这个小县城平时经常出现飙车、三无车辆频繁出现等现象，在举办节庆的几天里，人流量大大增加，车流量同样会直线上升，那么为了安全及城市面貌，就要对交通实行管控，在每个十字路口设置检查车辆点、服务和进行交通指挥。通过设置交通点，杜绝飙车和三无车辆出现，不但可以提高县城面貌，也是对其他人的安全负责，同时也方便一些游客咨询和解决交通堵塞等问题。

（二）完善表演和比赛场地的基础设施建设

第一，加大停车场所和厕所的建设及卫生清洁。在举办期间会有许

多人流量车流量，就需要更多的停车场地来容纳车辆，前面在数据分析中有 29.2% 的游客对停车场所不满意。那么就要在体育公园附近加大停车场地的建设，并且对一些地段降低收费标准或免费停车，使得车辆合规停车，避免交通堵塞；面对几万的人流量，仅靠六七个公共厕所是远远满足不了游客需求的，得建设场地周围的公共厕所，满足更多的人来解决个人问题，同时也要对公共厕所进行打扫清洁，也对场地周围的卫生进行打扫清洁，让观众有个良好的公共环境。

第二，扩大表演场地规模，营造良好观看的环境氛围。扩大表演场地、比赛场地的建设，同时要根据不同年龄段划分好观看区。扩大场地规模及设施，建一个室内的芦笙表演场馆，以便于下雨天能够正常举办开幕式及芦笙踩舞堂表演；扩大对斗马、斗鸟比赛场地规模的建设，让更多的人能够观看比赛，加高斗马场地的围栏建设，同时对斗马场地划分好媒体区、小孩区和大人区等不同区域，让人们在清晰看到精彩比赛的同时也可以保障安全，营造一个良好的观看比赛环境氛围。

（三）加大宣传力度

中国·融水苗族芦笙斗马节在现阶段的影响力还不是很大，很多人都对该节庆活动没有深入了解。因此，该节庆活动的主办方就需要加大宣传力度，积极拓宽相应的宣传渠道。现如今，抖音等短视频应用爆火，无论年轻人还是老年人都刷起了短视频，活动主办方恰恰可以抓住这个机会对中国·融水苗族芦笙斗马节进行宣传，让更多的人了解到中国·融水苗族芦笙斗马节这个具有苗族特色的节庆活动。

（四）加强现场安保力度

首先，安排专业人员进行巡逻。在人流量较多的活动现场，随时可能会发生偷盗抢劫事件，也可能会出现打架斗殴等不良现象。如果这个时候，节庆活动的现场出现类似状况，将会使全场陷入混乱，那么安排专业的安保人员进行巡逻和维持秩序就是十分有必要的。活动主办方可以让安保人员以组为单位，安排 3～4 个安保人员为一组，在不同时间、不同地点进行巡逻，降低活动现场偷盗抢劫和打架斗殴的发生率，为游客的生命财产做保障，使游客拥有一个舒心且放松的游玩体验。

其次，提醒游客加强自我保护意识。现场工作人员、志愿者和现场安保消防人员要时刻提醒身边的游客加强自我保护意识，提醒游客保管好自己的贵重物品，尽量与其他朋友结伴出行，一起参与节庆活动。同时，节庆活动的工作人员也要提醒游客不要轻易接近与相信陌生人，避免上当受骗；要提醒带小孩子的游客看管好自己的小朋友，不要让小朋友独自一人到处乱跑，当遇到困难时，要及时向身边的工作人员寻求帮助。

（五）提高服务水平和整体素质

第一，活动主办方负责人要对参与节庆活动的工作人员和志愿者进行专业培训，通过培训让工作人员提早了解节庆活动举办过程中的规章制度，提前熟悉活动的流程。当游客遇到问题与困难，向工作人员和志愿者咨询时，节庆活动的工作人员与志愿者要细心解答，形成良好的工作态度，树立良好的服务意识，为中国·融水苗族芦笙斗马节的成功举办做好准备，满足游客需求。

第二，建立健全游客监督制度。建立健全游客对工作人员的监督制度，能够在一定程度上得到游客对工作人员的反馈，使工作人员和志愿者在服务过程中得到监督，促进他们不断提高自身的服务水平及整体素质。当工作人员看到个别游客随地丢垃圾或随地吐痰时，要及时提醒和制止游客的不良习惯。同时，游客对在服务方面表现较好的工作人员，也可以提出表扬，对工作态度及行为恶劣的人员进行投诉，这样能够方便活动举办方不断优化工作人员，提升该节庆活动工作人员的服务水平与综合素质，进而提升该节庆活动的游客满意度。

（六）打造苗族特色风情文化

第一，加强苗族氛围的营造。加强街道建筑的苗族文化装饰，使游客看到街道上的装修就会感到眼前一亮，给游客留下美好的第一印象。

融水作为一个苗族人民聚居的县城，应加强对苗族氛围的营造，这样可以更好地衬托出苗族的文化特点。同时，在融水的大广场和小广场中，可以适当安排吹芦笙和芦笙踩堂舞等活动节目内容。

第二，建设具有苗族风情的特色打卡点。当地政府可以通过修建一些具有苗族历史文化的打卡点，并且在打卡点附近招揽出租苗族服饰和芦笙的商铺，让游客在打卡点体验少数民族人民的生活。同时，在网络发达的今天，如果有越来越多的人来到融水穿苗衣、吹芦笙，打卡拍照上传网络，那么就会吸引更多的人来到融水，提高融水的旅游知名度，也会有更多的游客参与到中国·融水苗族芦笙斗马节当中来。

七、提升广西宜州刘三姐文化旅游节游客满意度的对策建议

（一）提升节庆活动艺术氛围，创新刘三姐文化展示形式

1.提升节庆活动艺术氛围

增强节庆活动现场的艺术氛围，有利于提高游客满意度，因此，节庆活动主办方应重视该问题。在节庆活动的对外宣传和形象设计上，可以渲染、放大刘三姐这一主题元素，着重体现壮族的山歌文化及民族文化。同时，活动主办方可以围绕刘三姐文化进行活动策划及旅游场景的布置，满足游客的文化享受，在这一过程中，也要避免该节庆活动过度商业化，脱离节庆活动艺术氛围的本质。

2.创新刘三姐文化展示形式

文化内涵是节庆活动的灵魂，广西宜州刘三姐文化旅游节的主办方应该牢牢抓住刘三姐文化这一元素，在活动策划过程中，要时刻围绕刘三姐这个主题，通过山歌新唱、歌舞剧、刘三姐故事传说历史展演、文化商业渗透等多种手法向游客展现刘三姐文化，在展现过程中，最重要的就是要保证刘三姐文化的真实性。活动主办方还要创新文化展现手法，利用多媒体等高科技手段将刘三姐文化及宜州的特殊民俗文化，以更加真实可感的形式展现出来，让游客更深入地了解宜州刘三姐文化，提升

游客对该节庆活动文化艺术氛围的满意度。

（二）加强节庆活动宣传力度

1.拓宽宣传渠道，增加宣传资本投入

广西宜州刘三姐文化旅游节主办方应拓宽宣传渠道，加大宣传力度，建立自己的官方网站，让广西宜州刘三姐文化旅游节的官方信息高质量、高速度地传播出去，使更多的游客全面了解该节庆活动。同时，该节庆活动的主办方应该加大宣传资本的投入，加强广告宣传，通过拍摄相关短视频或广告的形式，在各个主流媒体进行高频播放，提升宣传效果；活动主办方还可以在市区人流量聚集的地方设置节庆宣传标语，利用LED屏幕播放该节庆活动的宣传视频。广西宜州刘三姐文化旅游节主办方要不断创新宣传思路，实施专业策划，根据广西宜州刘三姐文化旅游节的实际情况制订宣传计划。

2.加强市场推广，加强宣传力度

广西宜州刘三姐文化旅游节主办方可以通过参加国家级或省级宣介会活动宣传广西宜州刘三姐文化旅游节。同时，活动主办方还可以在宣介会上介绍宜州刘三姐风情之旅的线路、宜州的旅游商品，以及宜州的特色美食。同时，该节庆活动的主办方也要加强市场推广，让全国各地的游客对广西宜州刘三姐文化旅游节有全面的认知。

（三）增加旅游商品的文化内涵

1.打造"刘三姐"文化元素的旅游商品

广西宜州刘三姐文化旅游节的活动主办方可以成立旅游商品开发机构，广泛收集各种信息，打造具备刘三姐地域文化特色的旅游纪念品，通过将刘三姐文化与旅游商品相结合，来增加该地区旅游商品的文化价值，使刘三姐文化走出广西，走出国门。除此之外，该节庆活动的主办方还应根据实际市场需求，增加旅游商品的种类，如刘三姐传说故事中的各个卡通人物手办、壮族特色服饰等。

2. 打造"口袋文化"

广西宜州刘三姐文化旅游节的活动主办方可将宜州独特的民族风情和刘三姐文化形象化融入旅游商品的包装设计中，打造独特且富含个性的品牌形象，这在一定程度上能够提升该节庆活动旅游商品的文化价值。同时，活动主办方还可以将宜州的山水、刘三姐传说故事中的各个人物形象作为该地区旅游商品的设计素材，将宜州刘三姐文化外化于形，使其变成移动的"口袋文化"。

（四）控制旅游商品的价格

1. 加强对旅游商品价格的监管

广西宜州刘三姐文化旅游节的活动主办方应与相关部门合作，加强对活动现场商品价格的管理，采取具有针对性的措施，实行动态管理与控制。相关部门可以通过设定商品的最高定价标准，来合理控制、规定普通商贩对旅游商品的定价。对旅游商品进行科学定价，不仅有利于为游客提供一个良好的消费环境，还有利于提升游客对该节庆活动的满意度。

2. 打击假冒伪劣商品

假冒伪劣商品会损害游客的利益，使游客对该旅游商品有不好的印象，从而使游客的体验感不强，降低游客满意度。因此，节庆活动举办地的相关部门应落实好对各个旅游商品的注册备案，加大对销售假冒伪劣商品的处罚力度，引导生产地方特色商品的厂家及销售相关产品的商家规范化经营，为该地区树立良好的形象榜样，从而提高广西宜州刘三姐文化旅游节在游客中的影响力，提升游客对该节庆活动的满意度。

（五）满足游客期望

1. 创新活动项目，满足游客需求

想要满足游客所需，就必须清楚游客所想。广西宜州刘三姐文化旅游节主办方应广泛收集信息，充分了解游客对节庆活动项目内容的偏好，并针对游客重视的内容进行策略性创新，打破传统的策划方式，站在不

同年龄阶段游客或者不同性别游客的角度去策划活动。此外，该节庆活动的主办方还可以将刘三姐文化与新时代流行文化相结合，推出老山歌新唱法、新时代情景剧表演等创新性活动，满足游客的需求，只有这样，才能不断吸引游客，提升游客重游率和满意度。

2.增加游客参与度，提高游客体验感

提高游客体验感需要引导游客从参观者转变为参与者，只有让游客亲身参与到节庆活动的项目中，才能使游客的体验感得到满足。因此，广西宜州刘三姐文化旅游节主办方应合理规划，如采取一定的奖励措施，鼓励游客积极参与到各个活动项目中，提高游客的体验感，提升游客的满意度。例如，举办山歌擂台赛，在比赛中赢得名次的选手都可以获得由广西宜州刘三姐文化旅游节活动主办方送出的精美礼品一份，以此来鼓励游客积极参与节庆活动中的精彩项目。

（六）加强活动现场停车管理

1.加大交通管制力度

加强节庆活动现场的停车管理有利于提高游客满意度，因此，节庆活动主办方应重视游客的停车问题，做好该方面的工作。首先，要增派安保人员及时对车辆停靠进行疏管，解决车辆拥堵问题；其次，要加强安保巡逻，保护游客车辆安全。

2.增加车位供给

在节庆活动举办期间，活动主办方要积极协调节庆活动举办地的停车场负责人员，扩大节庆活动停车场所的面积，也可将活动举办地附近的公共区域设为临时停车场，满足自驾游客对停车位的需求。同时，活动主办方与当地政府要改善停车收费标准，严厉打击车位乱收费现象。广西宜州刘三姐文化旅游节活动主办方通过这些方式改善活动现场停车问题，能够进一步完善节庆活动举办地的基础设施，在一定程度上提高游客对广西宜州刘三姐文化旅游节的游客满意度。

八、提升中国壮乡·武鸣"三月三"歌圩节游客满意度的对策建议

（一）建立完备的城市基础设施

1. 正确处理政府与市场的关系

在城市基础设施建设中，要明确政府与市场的关系。政府只是监督市场的运作，但不能直接对市场进行干预，要让市场以自己的方式运行，政府从旁协助，这才是优化营商环境的重要举措。特别是市场准入方面的审批工作，政府应该只保留对市场准入的监督权，给予市场充分的信任，以健全的信用机制来约束市场，这样才能建立起高效的城市基础设施。

2. 拓宽投资渠道，吸收社会资本

城市基础设施建设需要的资金很多，只靠政府拨款是远远不够的，因此，市场要发挥自身能动性，拉动市场投资，吸收社会资本。这样做的前提是，政府要能够充分发挥投资主体的作用，通过制定一系列的政策来保护和宣扬武鸣当地的重要项目，调动市场积极性，吸引国内外其他企业对武鸣进行投资。但是，引入的投资项目也要视情况而定，当地政府应根据歌圩节的不同活动内容和商业性特征，引入不同的投资主体。

（二）控制节庆期间的物价

1. 建立市场经济秩序

想要控制节庆活动举办期间的物价，最好的方式就是政府出台相关政策，与市场联合起来，管控节庆活动举办期间的市场经济秩序。政府可以建立一个节庆活动举办期间的物价监控部门，对于市场上的经济波动进行精准把控，在节庆期间，一旦发现个别企业的经济数据波动异常，就可以立即组织人手对其进行调查，对于在节庆活动举办期间恶意提高物价的企业进行严厉打击。

2. 健全群众监督体系

虽然建立市场秩序能够对控制节庆活动举办期间的商品价格起到一点作用，但还是需要建立起较为健全的群众监督体系。市场之间的竞争

较为激烈，因此，各企业都对彼此有一定的了解，在这些竞争企业中，不乏有些企业会通过竞价的方式进行恶意竞争。政府相关部门可以针对这种问题设立市场投诉机构，积极鼓励市民举报在节庆期间恶意竞价的行为，并对举报行为进行奖励，使群众的监督权发挥应有的作用。

（三）突出壮族地区的民族风情和本土文化

1. 充分挖掘民俗旅游资源的文化内涵

由于中国壮乡·武鸣"三月三"歌圩节的主办方在活动内容方面缺乏创新，也缺少对本土文化的传承，使得中国壮乡·武鸣"三月三"歌圩节举办期间关于壮族文化的节目越来越少。长此以往，游客就会认为中国壮乡·武鸣"三月三"歌圩节名不副实。因此，中国壮乡·武鸣"三月三"歌圩节主办方应多搜集一些壮族的特色民俗，并结合"三月三"这一特色节日，将这些内容设计成能突出壮族文化韵味的节目，使壮族风情重新展现在游客面前，提升游客对该节庆活动的满意度。

2. 活化民俗文化资源，打造民俗文化特色品牌

彰显民族文化，不能生搬硬套其他成功的节庆活动内容，更不能编造原本没有的文化，这些粗制滥造的事物不仅难以满足游客的需要，而且最终也会影响旅游从业者自身的利益。具体而言，中国壮乡·武鸣"三月三"歌圩节的主办方要尊重壮族文化本身的形式、内容和特征等，用壮族独有的民俗文化进行创新，结合时代大环境，以壮族的特色文化为启发，创造属于该节庆活动自己的特色品牌，并通过该节庆活动来进行品牌价值的塑造。

（四）满足游客期望

在目前的节庆活动中，游客越来越关注文明旅游，文明旅游也成为各大节庆活动主办方重点关注的内容。如果节庆活动的举办现场垃圾成堆，噪声污染严重，就会大大降低游客对该节庆活动的满意度，因此，中国壮乡·武鸣"三月三"歌圩节主办方应加强对此类内容的管理。例如，在游客入场时发放《游客须知》，内容应该包括游客行为规范和对

不文明行为的举报方法；在楼宇或电梯间内轮播文明广告；在显眼的地方摆放文明标语等。同时，该节庆活动的主办方还要在节庆活动举办期间要严格规范当地居民的行为，并扩大对中国壮乡·武鸣"三月三"歌圩节的宣传。

九、提升广西宾阳炮龙节游客满意度的对策建议

（一）首抓必备因素，避免引起游客不满

必备因素是指广西宾阳炮龙节在举办期间必须具备的内容，该节庆活动的主办方需要改善没有达标的必备因素，按照敏感性程度排序，这些没有达标的必备因素共有 3 个，分别是民俗活动体验性、通信设施、交通设施。

1. 增强民俗活动体验性

第一，营造文化氛围。广西宾阳炮龙节主办方可以通过装饰、音乐和氛围营造等手段，创造出更具有当地特色和文化气息的氛围，让游客能够融入其中，感受该地区节庆活动的独特魅力。第二，广西宾阳炮龙节主办方要为游客提供参与式的活动和体验，如手工制作、游戏竞赛、民俗表演等，这些活动可以让游客更加深入地了解当地的民俗文化，从而产生更强烈的体验感和参与感。第三，做好现场服务工作。广西宾阳炮龙节主办方要为游客提供良好的现场服务，为他们营造积极正面的氛围，如为游客提供餐饮服务、休息场所等，让游客感到轻松愉快。

2. 完善通信设施

第一，完善基础通信设施。广西宾阳炮龙节主办方可以在节庆活动举办地部署适当的通信基础设施，如设置移动信号增强器、公共 WIFI 热点等，提高信号覆盖率和传输速度，保证游客网络接入畅通。第二，提供多样化的网络服务。广西宾阳炮龙节应尽可能地在节庆活动的举办地设置各类互动互联服务设施，如互联网接入终端、在线视频机、自助服务台等，以为游客提供便捷的网络服务，增强游客的体验感。第三，加

强对设施的维护与管理。广西宾阳炮龙节举办方要设立专门的维护和管理机构，定期对通信设施进行检修和升级，确保设备和设施的正常运行，以免在活动过程中出现故障或问题。

3. 完善交通设施

第一，建设停车场。广西宾阳炮龙节主办方要在节庆活动举办地附近建设面积足够大的停车场，为节庆活动参与者提供充足的停车空间，同时也要满足旅游大巴等大型交通工具的停靠需求。第二，发展公共交通。广西宾阳炮龙节主办方要与当地的公交公司进行合作，增加公共交通的出行便捷性，完善公共交通路线和站点，延长公共交通的运营时间，特别是在活动期间，要适当增加公共交通的班次。第三，加强交通指引和标志。广西宾阳炮龙节主办方要在活动举办地周围设置指示牌和标识，使节庆活动参与者可以迅速找到活动场所。第四，开展应急保障工作。广西宾阳炮龙节主办方要加强活动举办地周围的应急救援措施和交通管制，提前准备应急车辆和专门的应急人员队伍，为节庆活动的举办和游客的出行提供全天候的服务和保障。

（二）改善期望因素，提高游客满意度

期望因素是指游客期望得到满足的需求。在炮龙节必备因素具备充分的情况下，根据炮龙节存在问题，并结合各因素的敏感性程度，活动主办方应该重点改善节庆活动可参与性、卫生环境、服务人员素质这3个因素。

1. 增强节庆活动参与性

第一，开展多元化活动。广西宾阳炮龙节主办方要向节庆活动参与者提供多种有趣的活动方案，包括但不限于文艺表演、手工制作、民俗展览、游戏和竞赛等，让他们积极参与到活动中来。第二，引导互动体验。广西宾阳炮龙节主办方可以在节庆活动中设立互动体验环节，让游客通过互动体验了解该节庆活动中蕴含的中华民族优秀传统文化，并且让他们更深刻地理解和感受这些文化，如体验农耕文化、制作纸艺、品尝民俗美食等活动。第三，吸引人气。广西宾阳炮龙节主办方要为游客提供有趣的节目和具有趣味性的参与方式，集中人气和精力去吸引更多游客参与到节庆活动中，并不断提升游客满意度。

2. 美化卫生环境

第一，建立卫生管理制度，包括环境卫生管理、垃圾分类处理、卫生设施维护等，确保活动场所的卫生状况得到有效管理。第二，安排专业的清洁人员。广西宾阳炮龙节主办方要在节庆活动举办期间安排专业的清洁人员对场地进行定期清扫、消毒、垃圾清理等工作，保证场地环境的卫生状况。第三，推动环保理念。广西宾阳炮龙节主办方要鼓励节庆活动参与者养成环保习惯，向他们宣传垃圾分类、回收等环保知识和理念。第四，提高活动组织者的环境保护意识。广西宾阳炮龙节主办方要增强活动组织者的文化素养和环境保护意识，使其重视环境保护工作，并通过自身的努力和宣传，影响更多节庆活动参与者更好地保护环境，建立文明环保的意识和习惯。

3. 提高服务人员素质

第一，加强培训。广西宾阳炮龙节主办方要对服务人员进行培训，包括礼仪、沟通等方面的内容，提高服务人员的专业水平。第二，为服务人员提供良好的服务设施和工作工具。例如，广西宾阳炮龙节主办方要为服务人员提供充足的工作空间、舒适的工作服、先进的通信设备等，提高服务人员的工作效率和工作质量。第三，建立奖惩制度。广西宾阳炮龙节主办方要鼓励服务人员在工作中发挥主观能动性和创新精神，同时也要制定相应的惩戒措施，强制执行。第四，加强沟通。广西宾阳炮龙节主办方要向服务人员强调，应加强他们与节庆活动参与者、客户间的沟通，提高服务水平，为参与者提供更好的服务和支持。

（三）把握魅力因素，给游客制造意外惊喜

魅力因素如果充分，会给游客带来意想不到的惊喜。因此，广西宾阳炮龙节活动主办方应充分意识到该类因素的重要性，这很可能是炮龙节在众多节庆活动中脱颖而出的关键。在充分具备必备因素和期望因素的基础上，根据炮龙节存在的问题，并结合各因素敏感性程度，活动主办方应该重点改善人文环境、购物环境、自然生态环境这 3 个要素。

1. 优化人文环境

第一，加强对炮龙文化内涵的宣传和普及，让游客更深入地了解炮龙节的历史渊源、文化背景、传统习俗等，从而增强游客对节日文化的认同感和归属感，提高游客对该节庆活动的参与度。第二，打造文化街区。广西宾阳炮龙节主办方可以将当地的历史文化和传统活动地点串联成一个文化街区，可以增加游客对该地区文化景点的选择，带动当地文化产业的发展。第三，开设文化展览。广西宾阳炮龙节主办方可以在炮龙节举办地开设文化展览，这样能够让游客更全面地了解当地的文化和传统，同时提高他们对当地文化的认识和尊重程度。

2. 优化购物环境

第一，为游客提供多元化的购物选择。为了丰富游客的购物选择，广西宾阳炮龙节主办方可以在活动举办地设置多个购物区域，并为游客提供不同类型的商品，如民俗手工艺品、地方特产等。第二，建设购物街区。广西宾阳炮龙节主办方可以通过这种方式引入更多商家和品牌，增加游客购物的选择和商品之间的竞争。第三，保证商品质量。商家应该注重商品质量，保证商品的品质和可靠性，增强游客购买的信心。同时，广西宾阳炮龙节主办方还要加强对销售商品的服务人员的培训，提高其服务质量和态度，给游客留下良好的印象。第四，推广网上购物。除了现场购物，广西宾阳炮龙节主办方还可以在线上开展购物业务，为具有不同需求的游客提供更加便利的购物方式。

3. 美化自然生态环境

第一，合理开发。广西宾阳炮龙节主办方在举办节庆活动的同时，要合理开发生态环境，充分利用自然资源，促进当地经济发展。同时，还可以为游客提供交通环保设施，如充电桩、自行车租赁等，方便游客出行，减少对环境的污染。第二，美化环境。广西宾阳炮龙节主办方可以在活动举办地植树种草，增加绿色植物，让人们能够呼吸到更加清新的空气，享受更好的自然环境。

十、提升梧州国际宝石节游客满意度的对策建议

（一）提高游客城市印象满意度方面

1.提高城市交通便利程度

交通是"兴城市"的重要抓手，对于广西梧州而言，它不属于旅游业发达的城市，整体经济水平欠佳。根据本专著中的调查数据显示，在该城市举办梧州国际宝石节期间，游客对该地交通顺畅的满意度分数在3.46分，总体来说并不高。借鉴全国一线城市的发展历程，城市交通的通达性是每一个节庆活动顺利举办的基础条件之一，通过增加交通的通达性推动城市框架的发展，提高游客参与梧州国际宝石节的便利性，有利于不断提升游客对该节庆活动的满意度。

2.提高城市空间专项规划程度

在城市建设领域，政府会针对特定的区域，根据其需要合理配置基础设施，并做出专项规划，充分考虑基础设施的布局、标准等问题。城市的基础设施完善程度会直接影响到游客的体验感，追求更高效地参与节庆活动是广大游客的需求。例如，专业观众参与梧州国际宝石节的宝石展览会时，更需要快速地掌握展馆的具体位置、展位位置及相关的产品信息，这就需要展馆内具备非常详细且准确的标识。由此可见，参会过程的便利程度与城市的基础建设息息相关。合理的城市空间规划需要政府积极开展交通运输、市容市貌、餐饮服务等专项整治行动，各类设施设备的合理安排、规划都会使梧州市的文明程度进一步提高，从而进一步提升游客满意度。

（二）增强游客特色活动满意度方面

1. 运用人工智能技术增加互动

每一位游客都会对节庆活动的内容有偏好。例如，有些游客喜欢热闹有趣的活动，有些游客喜欢诗词歌赋、猜谜语这些偏于文化性的活动。总之，梧州国际宝石节的活动主办方就要针对游客总结出一套行之有效的办法，那就是互动体验、重在参与。现如今，人工智能在计算机领域内，受到了愈加广泛的重视，这一技术在预测经济走势、控制系统、仿真系统中已经得到了应用。在该节庆活动中，如果各类展会都引入了智能机器人，不但能够增加整个展会的便利性，而且能够增加与游客的互动感，这样才能激起游客的热情，并且让他们愿意尝试参与进来。这才是节庆活动举办的最终目的，这也能够从根本上提升游客的舒适程度与积极性。

2. 打造节事旅游新亮点

梧州作为广西的东大门，连接着我国的经济大省——广东，有着地理位置上的优越。如果该地区能够再打造出更多节事旅游的新亮点，必然会吸引更多的游客前来游玩消费。以梧州国际宝石节为例，活动主办方可以向游客充分展现宝石的靓丽多彩，并在活动中将宝石的精致元素淋漓尽致地体现出来，提升游客的参与感与满意度。

3. 寻求宝石节活动创新方式

梧州国际宝石节的主办方坚持创新办节理念，在 2020 年举办的第十七届宝石节上安排了宝石娃娃才艺展演赛、饰品设计大赛、"苍海杯"中国少数民族广场舞大赛等诸多群众喜闻乐见的活动。现如今，游客对于节庆活动的要求越来越高，梧州国际宝石节的主办方应该抓住时代创新的机遇，通过新颖且迅速的方式吸引游客，聚集人气，从而带动该地区餐饮、住宿、房地产、旅游等相关行业的发展，形成节庆消费高峰。

（三）提升游客现场印象满意度方面

1. 做好志愿者团队培训工作

笔者根据对部分游客的访谈调查发现，有游客反馈，在该届梧州国际宝石节中，当遇到问题寻求志愿者帮助，或向他们询问一些关于宝石节活动的相关问题时，存在部分志愿者不懂如何回答的情况，这一情况非常影响游客对该节庆活动的满意程度。据了解，该届梧州国际宝石节的志愿者团队是临时组建的，而活动主办方对这些人的专业培训力度不够。因此，梧州国际宝石节的主办方要注重对其志愿者团队及自身团队的专业培养，从而在活动举办过程中充分发挥团队的力量，做好现场秩序维护等工作，短期内实现"专业人"做"专业事"的目标。

2. 完善旅游服务体系

在梧州举办宝石节期间，游客对梧州的整体满意度是由多方面因素构成的，完整的旅游服务体系对城市旅游业的健康稳定发展起着非常关键的作用。梧州国际宝石节的主办方应在活动举办期间结合本市实际，建立合理的临时管理制度，以提高游客对于该节庆活动的满意度。梧州在发展节事旅游的实践中，要注意依据现有的资源，运用包括西江经济带、梧州宝石城在内的影响力带来的间接便利，规划适应当地旅游发展需求的完整旅游服务体系，以满足游客对旅游品质提升的需求。此外，梧州国际宝石节主办方还需要在节庆活动举办期间建立必要的咨询点，并在这些咨询点放置一些清晰的路标指引和导游图册，便于游客更好地游览、观景，以及参加项目活动。只有这样，才能尽最大可能保证游客拥有良好的节事旅游体验感，从而提高游客满意度。

参考文献

[1] 李森,吴晓山.桂林国际山水文化旅游节发展策略研究[C]//桂林市旅游局,桂林旅游学会.桂林旅游发展研究文集(2000—2010年).北京:北京大学出版社,2011:8.

[2] 张值元.龙脊梯田中的红衣节[J].中国民族,2002(11):26-29.

[3] 陈学璞.论刘三姐文化现象[J].广西社会科学,2008,(2):23-26.

[4] 黎伟盛.民俗奇葩:宾阳"炮龙节"[J].传承,2007(3):38-39.

[5] 黄建团.国家级非物质文化遗产舞炮龙研究进展与评述[J].山东体育科技,2017,39(5):11-16.

[6] 游伟民,覃凤余.从宾阳"炮龙节"源于狄青夜袭昆仑关说起[J].广西民族研究,2009(3):134-137.

[7] 吴必虎.区域旅游规划原理[M].北京:中国旅游出版,2001:5-6.

[8] 余青,吴必虎,廉华,等.中国节事活动开发与管理研究综述[J].人文地理,2005,20(6):56-59.

[9] 戴光全,保继刚.西方事件及事件旅游研究的概念、内容、方法与启发(上)[J].旅游学刊,2003(5):26-34.

[10] 来逢波.会展概论[M].北京:北京大学出版社,2012:112-113.

[11] 戴光全,保继刚.城市节庆活动的整合与可持续发展:以昆明市为例[J].地域研究与开发,2007(4):58-61,78.

[12] 杨洋,李吉鑫,崔子杰,等.节事吸引力感知维度研究[J].旅游学

刊,2019,34(6):85–95.

[13] 刘瑶.非物质文化遗产旅游品牌塑造研究:以北川县为例[J].四川戏剧,2020(11):123–125.

[14] 孙鹏义.冬奥会与城市旅游的互动关系[J].旅游学刊,2020,35(4):5–7.

[15] 张涛.文化节庆提升国家认同:澳门叙事与组织策略[J].山东大学学报(哲学社会科学版),2021(3):82–90.

[16] 袁婷.节事活动传播城市形象策略研究:以青岛西海岸新区城市品牌建设为例[J].青年记者,2021(18):85–86.

[17] 梁红莲.节事旅游发展中存在的问题及对策[J].河北大学学报(哲学社会科学版),2010,35(03):143–144.

[18] 戴光全,张洁,孙欢.节事活动的新常态[J].旅游学刊,2015,30(1):3–5.

[19] 匡翼云.场域视角下传统节庆旅游的可持续性探讨:以四川凉山彝族火把节为例[J].农村经济,2018(4):88–92.

[20] 袁媛.重大节事活动助推城市文化品牌提升[J].前线,2020(4):67–70.

[21] 淦凌霞,张涛.社区支持视角下民俗节事服务生态系统研究[J].西北民族大学学报(哲学社会科学版),2021(1):141–147.

[22] 李智虎.谈旅游景区游客服务满意度的提升[J].企业活力,2003(4):39–41.

[23] 郭玲霞,张勃,王亚敏,等.兰州市旅游景区游客满意度研究[J].经济地理,2010,30(9):1580–1584.

[24] 王凯,唐承财,刘家明.文化创意型旅游地游客满意度指数测评模型:以北京798艺术区为例[J].旅游学刊,2011,26(9):36–44.

[25] 张伟,孙养学,王雅楠.华山牧场游客满意度影响因素实证研究[J].黑龙江畜牧兽医,2018(6):39–42.

[26] 车鹏.游客感知视角下的旅游节庆活动满意度研究:以都江堰放水节为例[D].成都:四川农业大学,2018.

[27] 胡武贤,聂晶,江华.广州市森林公园游客满意度影响因素分析[J].

西南林业大学学报 (自然科学),2020,40(1):147-152.

[28] 相洪贵 , 胡慧君 . 门票价格感知对旅游满意度的影响研究：以张家界风景区为例 [J]. 价格理论与实践 ,2020(3):139-142.

[29] 戴其文 , 陈泽宇 , 魏义汝 , 等 . 复合型乡村旅游地的游客满意度影响因素分析：以桂林鲁家村为例 [J]. 湖南师范大学自然科学学报 ,2022,45(3):33-40.

[30] 袁建琼 , 张璐璐 . 动机、经验和满意度对游客支付意愿和目的地忠诚度的影响：以张家界国家森林公园为例 [J]. 中南林业科技大学学报 ,2022,42(2):191-202.

[31] 陈黎 . 社交媒体背景下旅游地形象对游客满意度的影响：游客涉入度与信任的作用 [J]. 商业经济研究 ,2022(1):185-188.

[32] 龚剑 , 郭豫蕾 , 杨远瑶 , 等 . 野生动物旅游景区游客满意度影响因素研究：以成都大熊猫繁育研究基地为例 [J]. 干旱区资源与环境 ,2023,37(2):203-208.

[33] 左晶晶 , 唐蕙沁 . 智慧旅游建设对游客满意度的影响：基于上海迪士尼乐园的研究 [J]. 消费经济 ,2020,36(5):79-89.

[34] 宋明珍 , 马腾 , 杨星 , 等 . 基于扎根理论与文本分析的新疆自然景区游客满意度影响因素研究 [J]. 桂林理工大学学报 ,2022,42(10):1-15.

[35] 刘志成 , 钱怡伶 . 基于 SEM 模型武陵源生态旅游景区游客满意度研究 [J]. 湖南社会科学 ,2019(3):121-127.

[36] 李广宏 , 潘雨 , 梁敏华 . 基于 ACSI 模型的旅游演艺游客满意度研究：以 "印象·刘三姐" 为例 [J]. 西北师范大学学报 (自然科学版),2019,55(3):125-134.

[37] 董楠 , 张春晖 . 全域旅游背景下免费型森林公园游客满意度研究：以陕西王顺山国家森林公园为例 [J]. 旅游学刊 ,2019,34(6):109-123.

[38] 孙宝生 , 敖长林 , 王菁霞 , 等 . 基于网络文本挖掘的生态旅游满意

度评价研究 [J]. 运筹与管理 ,2022,31(12):165–172.

[39] 杨帆 , 冯娟 , 谢双玉 , 等 . 游客满意度对目的地重游意愿的影响研究 : 以武汉市 5A 级景区为例 [J]. 华中师范大学学报 (自然科学版),2022,56(1):116–126.

[40] 刘巧辉 , 王小平 , 刘晶岚 . 森林公园游客感知价值、满意度与环境责任行为的关系研究 [J]. 生态经济 ,2022,38(2):137–141.

[41] 张涛 , 贾生华 . 节事消费者感知价值对顾客满意的影响机制研究 [J]. 旅游论坛 ,2008(4):28–32.

[42] 马凌 , 保继刚 . 感知价值视角下的传统节庆旅游体验 : 以西双版纳傣族泼水节为例 [J]. 地理研究 ,2012,31(2):269–278.

[43] 张佑印 , 胡巧娟 , 顾静 . 国际旅游节事中家庭游客的服务感知及行为态度研究 [J]. 软科学 ,2012,26(11):135–140.

[44] 胡婷 , 范庆基 . 美食节选择行为形成机理研究 : 基于节事质量和价值的分析 [J]. 美食研究 ,2017,34(3):55–59.

[45] 张涛 , 陈韵婷 . 全景型节事场景的维度及其对游客满意度的影响研究 [J]. 旅游论坛 ,2017,10(5):20–27.

[46] 汪恒言 , 姜洪涛 , 石乐 . 户外音乐节参与者体验和满意度对忠诚度的影响机制 : 以太湖迷笛音乐节为例 [J]. 地域研究与开发 ,2019,38(6):103–110.

[47] 关志强 , 刘蓉 , 丁宇 , 等 . 节事活动旅游公共服务设施 IPA 评价 : 以 2018 中国—亚欧博览会为例 [J]. 西北师范大学学报 (自然科学版),2020,56(4):120–126.

[48] 黄璇璇 , 林德荣 . 游客密度、拥挤感与满意度 : 展览馆情境下游客拥挤感知的主要影响因素研究 [J]. 旅游学刊 ,2019,34(3):86–101.

[49] 陈希 , 孙嘉 , 赵彤 . 观赛者刺激感知对赛事忠诚度的影响研究 : 以澳门格兰披治赛车为例 [J]. 世界地理研究 ,2020,29(1):202–213.

[50] 王莉丽,张建国,杨丽,等.基于因子分析法的杭州超山梅花节游客满意度调查 [J]. 山东农业大学学报 (自然科学版),2020,51(4):774-781.

[51] 陈黎 . 社交媒体背景下旅游地形象对游客满意度的影响 : 游客涉入度与信任的作用 [J]. 商业经济研究 ,2022(1):185-188.

[52] 侯晓丽,程琬茹 . 商业旅游综合体顾客满意度影响因素研究 : 基于网络文本分析 [J]. 商业经济研究 ,2022(1):85-88.

[53] 赵多平,安烁,苗红,等 . 沙漠非传统节事旅游的影响因素及驱动机制 : 以阿拉善沙漠 e 族英雄会为例 [J]. 中国沙漠 ,2019,39(5):80-87.

[54] 樊庆,徐扬 . 中国科学技术馆观众满意度研究 [J]. 科技管理研究 ,2020,40(10):238-243.

[55] 田伟荣,赵多平,曹兰州,等 . 非传统节事旅游亚文化群体分化及其满意度对比研究 : 以阿拉善沙漠英雄会为例 [J]. 资源开发与市场 ,2021,37(12):1512-1519.

[56] 杨春梅,赵原,徐西帅,等 . 基于网络文本数据分析的冰雪旅游游客满意度研究 : 以哈尔滨为例 [J]. 企业经济 ,2022,41(3):133-140.

[57] 吴必虎,余青,殷平,等 . 中国城市节事活动的开发与管理 [J]. 地理研究 ,2004(6):845-855.

[58] 李智虎 . 谈旅游景区游客服务满意度的提升 [J]. 企业活力 ,2003(4):39-41.

[59] 杨洋,李吉鑫,崔子杰,等 . 节事吸引力感知维度研究 [J]. 旅游学刊 ,2019,34(6):85-95.

[60] Cardozo R N.An experimental study of customer effort,expectation,and satisfaction[J].Journal of marketing research,1965,2(3):244-249.

[61] 连漪,汪侠 . 旅游地顾客满意度测评指标体系的研究及应用 [J]. 旅游学刊 ,2004(5):9-1.

[62] 汪侠,顾朝林,梅虎 . 旅游景区顾客的满意度指数模型 [J]. 地理学

报 ,2005(5):807–816.

[63] 余晓勤 , 张慧 , 赵玲莉 . 基于灰色关联模型的外卖订餐顾客满意度影响因素分析 [J]. 食品工业 ,2020,41(1):242–246.

[64] 傅志妍 , 刘柯良 , 黄勇 , 等 . 基于 CCSI 的物流配送服务顾客满意度测评模型 [J]. 重庆交通大学学报 (自然科学版),2021,40(10):146–153.

[65] 朱玺 , 刘敏 . 基于 Kano 改进模型的旅游休闲街区夜间旅游产品游客满意度研究 : 以西安市大唐不夜城为例 [J]. 西安电子科技大学学报 (社会科学版),2022,32(2):1–15.

[66] 王秋娜 . 基于 IPA 分析的乡村旅游游客满意度研究 : 以三亚中廖村为例 [J]. 度假旅游 ,2019(2):39–41.

[67] 王尚君 .IPA 模型下的展览会服务体系与质量评估 : 基于观众感知视角 [J]. 商业经济研究 ,2018(1):178–182.

[68] Boorstin D J.The image:A guide to pseudo:events in America[M]. Vintage books,1987.

[69] Ritchie J R B.Assessing the impact of hallmark events:conceptual and research issues[J].Journal of travel research,1984,23(1):2–11.

[70] Getz.D.Event management&event tourism[M].New York:Cognizant communication corp,1997.

[71] Ritchie J R B,Smith B H.The impact of a mega–event on host region awareness:a longitudinal study[J].Journal of travel research,1991,30(1):3–10.

[72] Dimanche,Frederic.Special events legacy:the 1984 Louisiana world's fair in New Orleans[J].Festival management and event tourism,1996,4(1–2):49–54.

[73] Getz D,Page S J.Progress and prospects for event tourism research[J]. Tourism management,2016:593–631.

[74] Welthagen L,Geldenhuys S. Attendee satisfaction in festival activity:Innibos National Arts Festival[J]. African journal of hospitality,tourism and leisure,2015,4(1):1−9.

[75] Abbasian S. Disparate emotions as expressions of Well−Being:impact of festival participation from the participants' subjective view[J]. International journal of environmental research and public health,2023,20(1):1−12.

[76] Joe Goldblatt,Frank Supovitz.Dollars and events:how to succeed in the special events business[M].New York:John wiley&sons inc,1999:2−6.

[77] Luonila M,Suomi K,Johansson M.Creating a stir: the role of word of mouth in reputation management in the context of festivals[J]. Scandinavian journal of hospitality and tourism,2016,16(4):461−483.

[78] Intason M,Lee C,Coetzee W.Examining the interplay between a hallmark cultural event,tourism,and commercial activities:A case study of the Songkran Festival[J].Journal of hospitality and tourism management,2021,49:508−518.

[79] Ferjanić H,Goran,Vlahov.Towards better understanding electronic music festivals motivation[J].Zagreb International Review of Economics and Business,2020,23(2):141−154.

[80] Schnitzer M,Kronberger K,Bazzanella F,et al.Analyzing project management methods in organizing sports events[J].SAGE Open,2020,10(4):1−13.

[81] Cardozo R.Customer satisfaction:Laboratory study and marketing action[J].Journal of marketing research,1964,(2):244−249.

[82] Pizam A.Tourism's impacts:The social costs to the destination community as perceived by its residents[J].Journal of travel

research,1978,16(4):8−12.

[83] Oliver R L.A cognitive model of the antecedents and consequences of satisfaction decisions[J].Journal of marketing research,1980,17(4):460−469.

[84] Pizam A,Neumann Y,Reichel A.Dimensions of tourist satisfaction with a destination area[J].Annals of tourism research,1978,5(11):314−322.

[85] Ryu C,Kwon Y.Elements that affect foreign tourists' satisfaction: a case study in Seoul,Korea[J].Urban design internation al,2021,26(2):197−207.

[86] Saxena A,Sharma N K,Pandey D,et al.Influence of tourists satisfaction on future behavioral intentions with special reference to desert triangle of rajasthan[J].Augmented human research,2021,6(1):1−9.

[87] Torabi Z A,Shalbafian A A,Allam Z,et al.Enhancing memorable experiences,tourist satisfaction,and revisit intention through smart tourism technologies[J].Sustainability,2022,14(5):2721.

[88] Yoon Y,Uysal M.An examination of the effects of motivation and satisfaction on destination loyalty:A structural model[J].Tourism management,2005,26(1):45−56.

[89] Tapak L,Abbasi H,Mirhashemi H.Assessment of factors affecting tourism satisfaction using K−nearest neighborhood and random forest models[J].BMC research notes,2019,12(1):1−5.

[90] Ryu C,Kwon Y.Elements that affect foreign tourists' satisfaction: a case study in Seoul,Korea[J].Urban design Internation al,2021,26(2):197−207.

[91] Farhana S A ,Irwana S O . Assessing the tourists satisfaction of adventure lodges: a case study of Tadom Hill Resorts, Malaysia[J].

Journal of ecotourism,2022,21(4):295–310.

[92] Akhoondnejad,Arman.Loyalty formation process of tourists in sporting event:the case of Turkmen horse races[J].Journal of hospitality and tourism management,2018,34:48–57.

[93] Rita P,Oliveira T,Farisa A.The impact of e–service quality and customer satisfaction on customer behavior in online shopping[J]. Heliyon,2019,5(10):2–21.

[94] Molina–Gómez J,Mercadé–Melé P,Almeida–García F,et al.New perspectives on satisfaction and loyalty in festival tourism:The function of tangible and intangible attributes[J].PLOS ONE,2021,16(5):236–246.

[95] Schnitzer M ,Barth M . Does sport event satisfaction remain stable over time?[J]. International journal of tourism research,2019,21(6):785–789.

[96] Mayfield T L,Crompton J L.The status of the marketing concept among festival organizer[J].Journal of travel research,1995,33(4):14–22.

[97] Dewar K,Meyer D,Li W M.Harbin,lantems of ice,sculptures of snow[J].Tourism management,2001,22(5):523–532.

[98] Suzana M.How festival experience quality influence visitor satisfaction?A quantitative approach[J].Naše gospodarstvo/Our economy,2019,65(4):47–56.

[99] Aseres S A,Sira R K.An exploratory study of ecotourism services quality(ESQ)in bale mountains national park(BMNP),Ethiopia:using an ECOSERV model[J].Annals of Leisure Research,2019(6):1–21.

附录

南宁国际民歌艺术节游客满意度调查问卷

尊敬的先生/女士：

您好！非常感谢您填写本次问卷。本团队正在进行一项关于南宁国际民歌艺术节游客满意度的调查问卷，本次问卷实行匿名制，所有数据仅用于统计分析，请您放心作答，感谢您的参与。祝您生活愉快，万事如意！

第一部分：基本资料

1. 您的性别：[单选题]*

○ A. 男

○ B. 女

2. 您的年龄：[单选题]*

○ A.18 岁以下

○ B.18～45 岁

○ C.46～69 岁

○ D.69 岁以上

3. 您的最高学历：[单选题]*

○ A. 初中及以下

○ B. 高中及中专

○ C. 本科及大专

○ D. 研究生及以上

4. 您的职业：[单选题]*

○ A. 学生

○ B. 国家机关或企业单位工作人员

○ C. 专业技术人员（如医生、教师等）

○ D. 服务业工作人员

○ E. 农、林、牧、渔业工作人员

○ F. 个体户、自由职业者

○ G. 离退休人员

○ H. 其他

5. 您的月收入水平：[单选题]*

○ A.1000 元及以下

○ B.1001 ～ 3000 元

○ C.3001 ～ 5000 元

○ D.5001 ～ 10000 元

○ E.10001 元以上

第二部分：基本情况

1. 您来自：[单选题]*

○ A. 中国境内

○ B. 中国境外

2. 您参加南宁国际民歌艺术节的次数：[单选题]*

○ A. 首次参加

○ B.2～3 次

○ C.3 次以上

3. 您是否愿意向亲友推荐南宁国际民歌艺术节：[单选题]*

○ A. 是

○ B. 否

4. 您是否愿意再次参加南宁国际民歌艺术节：[单选题]*

○ A. 是

○ B. 否

第三部分：游客重要性—满意度调查

1. 请您根据参加南宁国际民歌艺术节的经历给以下选项打√，1～5
非常不重要～非常重要。[矩阵单选题]*

	1	2	3	4	5
城市绿化水平	○	○	○	○	○
交通便利性	○	○	○	○	○
标牌指引	○	○	○	○	○
停车场所	○	○	○	○	○
休憩场所	○	○	○	○	○
住宿环境	○	○	○	○	○
住宿价格	○	○	○	○	○
餐饮环境	○	○	○	○	○
餐饮质量	○	○	○	○	○

续　表

	1	2	3	4	5
餐饮价格	○	○	○	○	○
节日气氛	○	○	○	○	○
演出内容	○	○	○	○	○
民族风情的展示效果	○	○	○	○	○
文化底蕴的彰显效果	○	○	○	○	○
纪念品价格及游览花销	○	○	○	○	○
安保措施	○	○	○	○	○
当地居民态度	○	○	○	○	○
工作人员态度及志愿者服务意识	○	○	○	○	○
对特殊人群照顾程度	○	○	○	○	○

2. 请您根据参加南宁国际民歌艺术节的经历给以下选项打√，1～5非常不满意～非常满意。[矩阵单选题]*

	1	2	3	4	5
城市绿化水平	○	○	○	○	○
交通便利性	○	○	○	○	○
标牌指引	○	○	○	○	○
停车场所	○	○	○	○	○
休憩场所	○	○	○	○	○
住宿环境	○	○	○	○	○
住宿价格	○	○	○	○	○
餐饮环境	○	○	○	○	○
餐饮质量	○	○	○	○	○
餐饮价格	○	○	○	○	○

续 表

	1	2	3	4	5
节日气氛	○	○	○	○	○
演出内容	○	○	○	○	○
民族风情的展示效果	○	○	○	○	○
文化底蕴的彰显效果	○	○	○	○	○
纪念品价格及游览花销	○	○	○	○	○
安保措施	○	○	○	○	○
当地居民态度	○	○	○	○	○
工作人员态度及志愿者服务意识	○	○	○	○	○
对特殊人群照顾程度	○	○	○	○	○

3. 总体期望和满意度 [矩阵量表题]*

	很不满意	不满意	一般	满意	很满意
总体期望	○	○	○	○	○
总体满意度	○	○	○	○	○

中国（柳州·三江）侗族多耶节游客满意度
调查问卷

尊敬的先生 / 女士：

您好！非常感谢您填写本次问卷。本团队正在进行一项关于中国（柳州·三江）侗族多耶节游客满意度的调查问卷，本次问卷实行匿名制，所有数据仅用于统计分析，请您放心作答，感谢您的参与。祝您生活愉快，万事如意！

第一部分：基本资料

1. 您的性别：[单选题]*

○ A. 男

○ B. 女

2. 您的年龄：[单选题]*

○ A.18 岁及以下

○ B.19 ～ 35 岁

○ C.36 ～ 59 岁

○ D.60 岁及以上

3. 您的职业：[单选题]*

○ A. 学生

○ B. 政府或事业单位工作人员

○ C. 专业技术人员

○ D. 个体户、自由职业者

○ E. 农民或工人

○ F. 其他

4. 您的受教育程度: [单选题]*

○ A. 初中及以下

○ B. 高中及中专

○ C. 本科及大专

○ D. 硕士及以上

5. 您来自: [单选题]*

○ A. 中国境内

○ B. 中国境外

6. 您的月收入水平: [单选题]*

○ A.2000 元及以下

○ B.2001 ～ 5000 元

○ C.5001 ～ 10000 元

○ D.10001 元及以上

7. 您参加中国（柳州·三江）侗族多耶节的次数: [单选题]*

○ A. 首次参加

○ B.2 ～ 3 次

○ C.3 次以上

第二部分：基本情况

1. 您参加侗族多耶节的目的是: [多选题]*

○ A. 朋友聚会

○ B. 放松与娱乐

○ C. 结识好友

○ D. 公务旅游顺便参加

○ E. 慕名而来

○ F. 增长知识

2. 您觉得该节庆活动应具备哪些内容: [多选题]*

○ A. 民族特色性

○ B. 娱乐互动性

○ C. 文化性

○ D. 社会性

○ E. 审美性

3. 您是从何渠道了解到侗族多耶节的: [多选题]*

○ A. 社交软件

○ B. 亲友转告

○ C. 当地传统习俗

○ D. 其他

4. 您是否愿意向亲友推荐侗族多耶节: [单选题]*

○ A. 是

○ B. 否

5. 您是否愿意再次参加侗族多耶节: [单选题]*

○ A. 是

○ B. 否

第三部分：游客重要性—满意度调查

1. 请您根据参加中国（柳州·三江）侗族多耶节的经历给以下选项打√，1～5非常不重要～非常重要。[矩阵单选题]*

	1	2	3	4	5
活动布置及装饰的民族特色	○	○	○	○	○
活动数量	○	○	○	○	○
娱乐项目民族特色	○	○	○	○	○
民族风情展示程度	○	○	○	○	○
文化底蕴的展示效果	○	○	○	○	○
食品价格	○	○	○	○	○
餐饮卫生	○	○	○	○	○
餐饮食品民族特色	○	○	○	○	○
住宿价格	○	○	○	○	○
住宿环境	○	○	○	○	○
交通费用	○	○	○	○	○
交通便捷性	○	○	○	○	○
现场秩序管理	○	○	○	○	○
门票价格	○	○	○	○	○
商品价格	○	○	○	○	○
商品民族特色	○	○	○	○	○
商品质量	○	○	○	○	○
工作人员的服务态度	○	○	○	○	○

2.请您根据参加中国（柳州·三江）侗族多耶节的经历给以下选项打√，1～5非常不满意～非常满意。[矩阵单选题]*

	1	2	3	4	5
活动布置及装饰的民族特色	○	○	○	○	○
活动数量	○	○	○	○	○
娱乐项目民族特色	○	○	○	○	○
民族风情展示程度	○	○	○	○	○
文化底蕴的展示效果	○	○	○	○	○
食品价格	○	○	○	○	○
餐饮卫生	○	○	○	○	○
餐饮食品民族特色	○	○	○	○	○
住宿价格	○	○	○	○	○
住宿环境	○	○	○	○	○
交通费用	○	○	○	○	○
交通便捷性	○	○	○	○	○
现场秩序管理	○	○	○	○	○
门票价格	○	○	○	○	○
商品价格	○	○	○	○	○
商品民族特色	○	○	○	○	○
商品质量	○	○	○	○	○
工作人员的服务态度	○	○	○	○	○

3.总体期望和满意度 [矩阵量表题]*

	很不满意	不满意	一般	满意	很满意
总体期望	○	○	○	○	○
总体满意度	○	○	○	○	○

4. 您认为侗族多耶节开展存在的问题: [多选题]*

○ A. 主题不明确

○ B. 娱乐性不强

○ C. 节庆氛围不够浓厚

○ D. 宣传力度不够

○ E. 其他

○ F. 十分满意没有不足

5. 您对侗族多耶节的开展及布置有什么建议吗？

桂林国际山水文化旅游节游客满意度调查问卷

尊敬的先生/女士：

您好！非常感谢您填写本次问卷。本团队正在进行一项关于桂林国际山水文化旅游节游客满意度的调查问卷，本次问卷实行匿名制，所有数据仅用于统计分析，请您放心作答，感谢您的参与。祝您生活愉快，万事如意！

第一部分：基本资料

1. 您的性别：[单选题]*

○ A. 男

○ B. 女

2. 您的年龄：[单选题]*

○ A.18 岁以下

○ B.19 ～ 25 岁

○ C.26 ～ 45 岁

○ D.46 ～ 59 岁

○ E.60 岁以上

3. 您的最高学历：[单选题]*

○ A. 初中及以下

○ B. 高中/中专

○ C. 大专/高职

○ D. 大学本科

○ E. 硕士及以上

4. 您的职业: [单选题]*

○ A. 政府或事业单位工作人员

○ B. 学生

○ C. 教师

○ D. 个体户、自由职业者

○ E. 退休人员

○ F. 农民或工人

○ G. 其他

5. 您的月收入: [单选题]*

○ A.1000 元及以下

○ B.1001 ～ 3000 元

○ C.3001 ～ 5000 元

○ D.5001 ～ 7000 元

○ E.7001 ～ 9000 元

○ F.9001 元及以上

第二部分: *基本情况*

1. 您来自: [单选题]*

○ A. 中国境内

○ B. 中国境外

2. 您参与桂林国际山水文化旅游节的次数: [单选题]*

○ A. 首次参加

○ B.2 ～ 3 次

○ C.3 次以上

3. 您认为桂林国际山水文化旅游节的物价水平如何：[单选题]*

○ A. 正常

○ B. 过高

4. 您是否愿意向亲友推荐桂林国际山水文化旅游节：[单选题]*

○ A. 是

○ B. 否

5. 您是否愿意再次参加桂林国际山水文化旅游节：[单选题]*

○ A. 是

○ B. 否

第三部分：游客重要性—满意度调查

1. 请您根据参加桂林国际山水文化旅游节的经历在以下选项打√，1～5 非常不重要～非常重要。[矩阵单选题]*

	1	2	3	4	5
节庆活动艺术氛围	○	○	○	○	○
山水文化展现形式	○	○	○	○	○
历史文化底蕴的展示效果	○	○	○	○	○
特色旅游产品及路线	○	○	○	○	○
旅游商品种类及价格	○	○	○	○	○
国际影响力	○	○	○	○	○
住宿	○	○	○	○	○
城市基础设施建设	○	○	○	○	○

续　表

	1	2	3	4	5
现场秩序	○	○	○	○	○
交通状况	○	○	○	○	○
安保措施	○	○	○	○	○
休憩场所	○	○	○	○	○
停车问题	○	○	○	○	○
餐饮及卫生环境	○	○	○	○	○
工作人员的服务态度	○	○	○	○	○

2. 请您根据参加桂林国际山水文化旅游节的经历在以下选项打√，1～5非常不满意～非常满意。[矩阵单选题]*

	1	2	3	4	5
节庆活动艺术氛围	○	○	○	○	○
山水文化展现形式	○	○	○	○	○
历史文化底蕴的展示效果	○	○	○	○	○
特色旅游产品及路线	○	○	○	○	○
旅游商品种类及价格	○	○	○	○	○
国际影响力	○	○	○	○	○
住宿	○	○	○	○	○
城市基础设施建设	○	○	○	○	○
现场秩序	○	○	○	○	○
交通状况	○	○	○	○	○
安保措施	○	○	○	○	○
休憩场所	○	○	○	○	○
停车问题	○	○	○	○	○

续　表

	1	2	3	4	5
餐饮及卫生环境	○	○	○	○	○
工作人员的服务态度	○	○	○	○	○

3. 总体期望和满意度 [矩阵量表题]*

	很不满意	不满意	一般	满意	很满意
总体期望	○	○	○	○	○
总体满意度	○	○	○	○	○

广西龙胜各族自治县红衣节游客满意度调查问卷

尊敬的先生／女士：

您好！非常感谢您填写本次问卷。本团队正在进行一项关于广西龙胜各族自治县红衣节游客满意度的调查问卷，本次问卷实行匿名制，所有数据仅用于统计分析，请您放心作答，感谢您的参与。祝您生活愉快，万事如意！

第一部分：基本资料

1. 您的性别：[单选题]*

○ A. 男

○ B. 女

2. 您的年龄：[单选题]*

○ A.18 岁以下

○ B.19 ～ 35 岁

○ C.36 ～ 59 岁

○ D.59 岁以上

3. 您的学历：[单选题]*

○ A. 初中及以下

○ B. 中专／高中

○ C. 大专／本科

○ D. 研究生及以上

4.您的职业：[单选题]*

○ A. 学生

○ B. 政府或事业单位工作人员

○ C. 个体户、自由职业者

○ D. 农民或工人

○ E. 离 / 退休人员

○ F. 其他

5.您的月收入水平：[单选题]*

○ A.2000 元及以下

○ B.2001 ～ 5000 元

○ C.5001 ～ 10000 元

○ D.10001 元及以上

第二部分：基本情况

1.您来自：[单选题]*

○ A. 中国境内

○ B. 中国境外

2.您参加广西龙胜各族自治县红衣节的次数：[单选题]*

○ A. 首次参加

○ B.2 ～ 3 次

○ C.3 次以上

3.您是否愿意再次参加广西龙胜各族自治县红衣节：[单选题]*

○是

○否

4.您是否愿意向亲友推荐广西龙胜各族自治县红衣节: [单选题]*

○是

○否

5.您是从何处获取广西龙胜各族自治县红衣节的相关信息的: [多选题]*

○ A. 互联网

○ B. 报纸 / 杂志

○ C. 亲友推荐

○ D. 官方网站

○ E. 其他

第三部分：游客重要性—满意度调查

1.请您根据参加广西龙胜各族自治县红衣节的经历给以下选项打√，1 ～ 5 非常不重要～非常重要。[矩阵单选题]*

	1	2	3	4	5
交通便利性	○	○	○	○	○
举办地环境状况	○	○	○	○	○
休憩场所	○	○	○	○	○
现场秩序管理	○	○	○	○	○
节庆氛围	○	○	○	○	○
民族风情的展示效果	○	○	○	○	○
文化底蕴的彰显效果	○	○	○	○	○
节庆活动的融入性	○	○	○	○	○
活动数量	○	○	○	○	○
节庆活动的宣传力度	○	○	○	○	○

续 表

	1	2	3	4	5
节庆活动中商品的种类及价格	○	○	○	○	○
住宿价格	○	○	○	○	○
纪念品价格	○	○	○	○	○
停车问题	○	○	○	○	○
工作人员的服务态度	○	○	○	○	○
安保措施	○	○	○	○	○
消防安全	○	○	○	○	○

2. 请您根据参加广西龙胜各族自治县红衣节的经历给以下选项打√，1～5 非常不满意～非常满意。[矩阵单选题]*

	1	2	3	4	5
交通便利性	○	○	○	○	○
举办地环境状况	○	○	○	○	○
休憩场所	○	○	○	○	○
现场秩序管理	○	○	○	○	○
节庆氛围	○	○	○	○	○
民族风情的展示效果	○	○	○	○	○
文化底蕴的彰显效果	○	○	○	○	○
节庆活动的融入性	○	○	○	○	○
活动数量	○	○	○	○	○
节庆活动的宣传力度	○	○	○	○	○
节庆活动中商品的种类及价格	○	○	○	○	○
住宿价格	○	○	○	○	○
纪念品价格	○	○	○	○	○

续　表

	1	2	3	4	5
停车问题	○	○	○	○	○
工作人员的服务态度	○	○	○	○	○
安保措施	○	○	○	○	○
消防安全	○	○	○	○	○

3.总体期望和满意度 [矩阵量表题]*

	很不满意	不满意	一般	满意	很满意
总体期望	○	○	○	○	○
总体满意度	○	○	○	○	○

4.您认为广西龙胜各族自治县红衣节的举办过程中还存在哪些问题？ [多选题]*

　　○ A. 现场秩序较为混乱

　　○ B. 民宿住宿配套设施不健全

　　○ C. 住宿价格较高

　　○ D. 商品种类较少

　　○ E. 商品价格不合理

　　○ F. 缺乏停车位或车位少

　　○ G. 交通不便

　　○ H. 宣传不到位

　　○ I. 服务质量较差

　　○ J. 融入性较差

　　○ K. 其他 _____*

5.您对本次广西龙胜各族自治县红衣节的改进有什么建议？

资源河灯节游客满意度调查问卷

尊敬的先生 / 女士：

您好！非常感谢您填写本次问卷。本团队正在进行一项关于资源河灯节游客满意度的调查问卷，本次问卷实行匿名制，所有数据仅用于统计分析，请您放心作答，感谢您的参与。祝您生活愉快，万事如意！

第一部分：基本资料

1. 您的性别：[单选题]*

○ A. 男

○ B. 女

2. 您的年龄段：[单选题]*

○ A.17 岁及以下

○ B.18 ～ 35 岁

○ C.36 ～ 59 岁

○ D.60 岁及以上

3. 您的最高学历：[单选题]*

○ A. 初中及以下

○ B. 中专及高中

○ C. 大专及高职

○ D. 本科

○ E. 硕士及以上

4. 您的职业：[单选题]*

○政府或事业单位工作人员

○企业职员

○学生

○工人或农民

○个体工商户

○自由职业者

○其他

5. 您的月收入：[单选题]*

○ 2000 元及以下

○ 2001 ～ 5000 元

○ 5001 ～ 10000 元

○ 10001 元及以上

第二部分：基本情况

1. 您来自：[单选题]*

○中国境内

○中国境外

2. 您是第几次参加资源河灯节：[单选题]*

○首次参加

○ 2 ～ 3 次

○ 3 次以上

3. 您此次游玩资源河灯节的时长是：[单选题]*

○ 1 天以内

○ 2 天左右

○ 3 天以上

4.您是否会向他人推荐资源河灯节：[单选题]*

○是

○否

5.您是否愿意再次参加资源河灯节：[单选题]*

○是

○否

第三部分：游客重要性—满意度调查

1.请您根据参加资源河灯节的经历给以下选项打√，1～5 非常不重要～非常重要。[矩阵单选题]*

	1	2	3	4	5
景区交通	○	○	○	○	○
景区环境	○	○	○	○	○
景区配套设施	○	○	○	○	○
节日氛围影响力	○	○	○	○	○
节庆氛围	○	○	○	○	○
文化底蕴的彰显效果	○	○	○	○	○
民族风情的展示效果	○	○	○	○	○
旅游产品内容的丰富性	○	○	○	○	○
节庆产品的特色性	○	○	○	○	○
活动宣传力度	○	○	○	○	○
餐饮环境	○	○	○	○	○

续表

	1	2	3	4	5
住宿环境	○	○	○	○	○
餐饮价格	○	○	○	○	○
住宿价格	○	○	○	○	○
食品价格	○	○	○	○	○
疫情防控措施	○	○	○	○	○
安保措施	○	○	○	○	○
消防安全	○	○	○	○	○
便利服务	○	○	○	○	○
现场秩序管理	○	○	○	○	○
游客咨询服务	○	○	○	○	○

2.请您根据参加资源河灯节的经历给以下选项打√，1～5非常不满意～非常满意。[矩阵单选题]*

	1	2	3	4	5
景区交通	○	○	○	○	○
景区环境	○	○	○	○	○
景区配套设施	○	○	○	○	○
节日氛围影响力	○	○	○	○	○
节庆氛围	○	○	○	○	○
文化底蕴的彰显效果	○	○	○	○	○
民族风情的展示效果	○	○	○	○	○
旅游产品内容的丰富性	○	○	○	○	○
节庆产品的特色性	○	○	○	○	○
活动宣传力度	○	○	○	○	○

	1	2	3	4	5
餐饮环境	○	○	○	○	○
住宿环境	○	○	○	○	○
餐饮价格	○	○	○	○	○
住宿价格	○	○	○	○	○
食品价格	○	○	○	○	○
疫情防控措施	○	○	○	○	○
安保措施	○	○	○	○	○
消防安全	○	○	○	○	○
便利服务	○	○	○	○	○
现场秩序管理	○	○	○	○	○
游客咨询服务	○	○	○	○	○

3. 总体期望和满意度 [矩阵量表题]*

	很不满意	不满意	一般	满意	很满意
总体期望	○	○	○	○	○
总体满意度	○	○	○	○	○

中国·融水苗族芦笙斗马节游客满意度调查问卷

尊敬的先生／女士：

您好！非常感谢您填写本次问卷。本团队正在进行一项关于中国·融水苗族芦笙斗马节游客满意度的调查问卷，本次问卷实行匿名制，所有数据仅用于统计分析，请您放心作答，感谢您的参与。祝您生活愉快，万事如意！

第一部分：基本资料

1.您的性别：[单选题]*

○ A. 男

○ B. 女

2.您的年龄：[单选题]*

○ A.18 岁及以下

○ B.19 ～ 35 岁

○ C.36 ～ 59 岁

○ D.60 岁及以上

3.您的月平均收入水平：[单选题]*

○ A.2000 元及以下

○ B.2001 ～ 4000 元

○ C.4001 ～ 6000 元

○ D.6001 ～ 8000 元

○ E.8001 元及以上

4.您的最高学历：[单选题]*

○ A. 高中 / 中专及以下

○ B. 大专

○ C. 本科

○ D. 研究生及以上

5.您的职业：[单选题]*

○ A. 学生

○ B. 政府或事业单位工作人员

○ C. 自由工作人员、个体户

○ D. 农民或工人

○ E. 离、退休人员

○ F. 其他

第二部分：基本情况

1.您通过什么渠道了解中国·融水苗族芦笙斗马节：[多选题]*

○ A. 网络媒体

○ B. 报纸杂志

○ C. 当地居民

○ D. 亲朋好友

○ E. 其他

2.您对中国·融水苗族芦笙斗马节哪一方面内容记忆最深刻：[单选题]*

○ A. 开幕式

○ B. 芦笙踩堂舞

○ C. 斗马比赛

○ D. 斗鸟比赛

3. 您参加中国·融水苗族芦笙斗马节的次数：[单选题]*
○ A. 首次参加
○ B.2 次
○ C.3 次
○ D.4 次以上

4. 您是否愿意向亲朋好友推荐中国·融水苗族芦笙斗马节：[单选题]*
○ A. 是
○ B. 否

5. 您是否愿意再次参加中国·融水苗族芦笙斗马节：[单选题]*
○ A. 是
○ B. 否

第三部分：游客重要性—满意度调查

1. 请根据您参加过中国·融水苗族芦笙斗马节的经历进行评价打√，
1～5 表示非常不重要～非常重要 [矩阵单选题]*

	1	2	3	4	5
到达融水的交通便利性	○	○	○	○	○
表演场地周围停车场所	○	○	○	○	○
表演场地厕所数量及卫生	○	○	○	○	○
表演场地规模和设施	○	○	○	○	○
住宿价格	○	○	○	○	○
餐饮价格	○	○	○	○	○
现场开幕式内容及形式	○	○	○	○	○

续 表

	1	2	3	4	5
芦笙踩堂舞现场氛围	○	○	○	○	○
斗马比赛的精彩程度	○	○	○	○	○
斗鸟比赛的精彩程度	○	○	○	○	○
文化底蕴的彰显效果	○	○	○	○	○
民族风情的展示效果	○	○	○	○	○
节庆内容的丰富性	○	○	○	○	○
消防安全	○	○	○	○	○
现场安保措施	○	○	○	○	○
对特殊人群照顾程度	○	○	○	○	○
工作人员态度及志愿者服务意识	○	○	○	○	○

2. 请根据您参加过中国·融水苗族芦笙斗马节的经历进行评价打√，1～5 表示非常不满意～非常满意 [矩阵单选题]*

	1	2	3	4	5
到达融水的交通便利性	○	○	○	○	○
表演场地周围停车场所	○	○	○	○	○
表演场地厕所数量及卫生	○	○	○	○	○
表演场地规模和设施	○	○	○	○	○
住宿价格	○	○	○	○	○
餐饮价格	○	○	○	○	○
现场开幕式内容及形式	○	○	○	○	○
芦笙踩堂舞现场氛围	○	○	○	○	○
斗马比赛的精彩程度	○	○	○	○	○
斗鸟比赛的精彩程度	○	○	○	○	○

续 表

	1	2	3	4	5
文化底蕴的彰显效果	○	○	○	○	○
民族风情的展示效果	○	○	○	○	○
节庆内容的丰富性	○	○	○	○	○
消防安全	○	○	○	○	○
现场安保措施	○	○	○	○	○
对特殊人群照顾程度	○	○	○	○	○
工作人员态度及志愿者服务意识	○	○	○	○	○

3. 总体期望和满意度 [矩阵量表题]*

	很不满意	不满意	一般	满意	很满意
总体期望	○	○	○	○	○
总体满意度	○	○	○	○	○

广西宜州刘三姐文化旅游节游客满意度调查问卷

尊敬的先生 / 女士：

您好！非常感谢您填写本次问卷。本团队正在进行一项关于广西宜州刘三姐文化旅游节游客满意度的调查问卷，本次问卷实行匿名制，所有数据仅用于统计分析，请您放心作答，感谢您的参与。祝您生活愉快，万事如意！

第一部分：基本资料

1. 您的性别：[单选题]*

○ A. 男

○ B. 女

2. 您的年龄：[单选题]*

○ A.20 岁以下

○ B.21 ～ 30 岁

○ C.31 岁～ 40 岁

○ D.41 ～ 50 岁

○ E.50 岁以上

3. 您的学历：[单选题]*

○ A. 初中及以下

○ B. 中专及高中

○ C. 大专及本科

○ D. 研究生及以上

4. 您的职业：[单选题]*

○ A. 政府或事业单位工作人员

○ B. 个体户、自由职业者

○ C. 农民或工人

○ D. 学生

○ E. 其他

5. 您的月收入水平：[单选题]*

○ A.1500 元及以下

○ B.1501 ~ 3000 元

○ C.3001 ~ 5000 元

○ D.5001 ~ 8000 元

○ E.8001 元及以上

6. 您来自：[单选题]*

○ A. 省内

○ B. 省外

第二部分：基本情况

1. 您参加广西宜州刘三姐文化旅游节的次数：[单选题]*

○ A. 首次参加

○ B.2 ~ 3 次

○ C.3 次以上

2. 您是否愿意再次参加广西宜州刘三姐文化旅游节：[单选题]*

○ A. 愿意

○ B. 不愿意

3.您是否愿意向亲友推荐广西宜州刘三姐文化旅游节：[单选题]*

○ A. 愿意

○ B. 不愿意

4.您是从何处获取广西宜州刘三姐文化旅游节举办的相关信息：[单选题]*

○ A. 互联网

○ B. 亲友推荐

○ C. 广告宣传

○ D. 其他

第三部分：游客重要性—满意度调查

1.请您根据您参加广西宜州刘三姐文化旅游节的经历给以下表中选项打√，1 ～ 5 非常不重要～非常重要。[矩阵单选题]*

	1	2	3	4	5
节庆活动艺术氛围	○	○	○	○	○
刘三姐文化的展现形式	○	○	○	○	○
刘三姐文化的展示效果	○	○	○	○	○
对山歌的传承与创新	○	○	○	○	○
宜州特色餐饮文化体验	○	○	○	○	○
旅游商品的种类及价格	○	○	○	○	○
节庆活动的宣传力度	○	○	○	○	○
城市基础设施建设	○	○	○	○	○
城市交通便利性	○	○	○	○	○
酒店住宿	○	○	○	○	○
活动现场餐饮及卫生环境	○	○	○	○	○

续　表

	1	2	3	4	5
活动现场秩序管理	○	○	○	○	○
活动现场安保措施	○	○	○	○	○
活动现场停车服务	○	○	○	○	○
工作人员的服务态度	○	○	○	○	○

2. 请您根据您参加广西宜州刘三姐文化旅游节的经历给以下表中选项打√，1～5非常不满意～非常满意。[矩阵单选题]*

	1	2	3	4	5
节庆活动艺术氛围	○	○	○	○	○
刘三姐文化的展现形式	○	○	○	○	○
刘三姐文化的展示效果	○	○	○	○	○
对山歌的传承与创新	○	○	○	○	○
宜州特色餐饮文化体验	○	○	○	○	○
旅游商品的种类及价格	○	○	○	○	○
节庆活动的宣传力度	○	○	○	○	○
城市基础设施建设	○	○	○	○	○
城市交通便利性	○	○	○	○	○
酒店住宿	○	○	○	○	○
活动现场餐饮及卫生环境	○	○	○	○	○
活动现场秩序管理	○	○	○	○	○
活动现场安保措施	○	○	○	○	○
活动现场停车服务	○	○	○	○	○
工作人员的服务态度	○	○	○	○	○

3. 总体期望和满意度 [矩阵量表题]*

	很不满意	不满意	一般	满意	很满意
总体期望	○	○	○	○	○
总体满意度	○	○	○	○	○

中国壮乡·武鸣"三月三"歌圩节游客满意度调查问卷

尊敬的先生/女士：

您好！非常感谢您填写本次问卷。本团队正在进行一项关于中国壮乡·武鸣"三月三"歌圩节游客满意度的调查问卷，本次问卷实行匿名制，所有数据仅用于统计分析，请您放心作答，感谢您的参与。祝您生活愉快，万事如意！

第一部分：基本资料

1. 您的性别：[单选题]*

○ A. 男

○ B. 女

2. 您的年龄：[单选题]*

○ A.18 岁以下

○ B.18 ～ 45 岁

○ C.46 ～ 69 岁

○ D.69 岁以上

3. 您的最高学历：[单选题]*

○ A. 高中/中专及以下

○ B. 大专

○ C. 本科

○ D. 研究生及以上

4. 您的职业：[单选题]*

○ A. 学生

○ B. 国家机关或事业单位工作人员

○ C. 专业技术人员

○ D. 商业、服务业人员

○ E. 农、林、牧、渔、水利业生产人员

○ F. 其他

5. 您的月收入水平：[单选题]*

○ A.1000 元及以下

○ B.1001 ～ 2000 元

○ C.2001 ～ 5000 元

○ D.5001 ～ 10000 元

○ E.10001 元以上

第二部分：基本情况

1. 您来自：[单选题]*

○ A. 中国境内

○ B. 中国境外

2. 您参加武鸣"三月三"歌圩节的次数：[单选题]*

○ A. 首次参加

○ B.2 ～ 3 次

○ C.3 次以上

3. 您认为武鸣"三月三"歌圩节的物价水平如何：[单选题]*

○ A. 偏低

○ B. 正常

○ C. 偏高

4. 您是否愿意向亲友推荐武鸣"三月三"歌圩节：[单选题]*

○ A. 是

○ B. 否

5. 您是否愿意再次参加武鸣"三月三"歌圩节：[单选题]*

○ A. 是

○ B. 否

第三部分：游客重要性—满意度调查

1. 请您根据参加中国壮乡·武鸣"三月三"歌圩节的经历给以下选项打√，1～5 很不重要～很重要。[矩阵单选题]*

	1	2	3	4	5
城市环境绿化	○	○	○	○	○
防灾设备	○	○	○	○	○
交通便利性	○	○	○	○	○
标牌指引	○	○	○	○	○
停车场所	○	○	○	○	○
住宿环境	○	○	○	○	○
住宿价格	○	○	○	○	○
餐饮环境	○	○	○	○	○
餐饮质量	○	○	○	○	○

续 表

	1	2	3	4	5
餐饮价格	○	○	○	○	○
纪念品价格	○	○	○	○	○
节目内容	○	○	○	○	○
现场气氛	○	○	○	○	○
歌圩节的表现形式	○	○	○	○	○
文化底蕴的彰显效果	○	○	○	○	○
民族风情的展示效果	○	○	○	○	○
当地居民的态度	○	○	○	○	○
工作人员态度及志愿者服务	○	○	○	○	○
安保措施	○	○	○	○	○
对特殊人群照顾程度	○	○	○	○	○

2.请您根据参加中国壮乡·武鸣"三月三"歌圩节的经历给以下选项打√,1～5非常不满意～非常满意。[矩阵单选题]*

	1	2	3	4	5
城市环境绿化	○	○	○	○	○
防灾设备	○	○	○	○	○
交通便利性	○	○	○	○	○
标牌指引	○	○	○	○	○
停车场所	○	○	○	○	○
住宿环境	○	○	○	○	○
住宿价格	○	○	○	○	○
餐饮环境	○	○	○	○	○
餐饮质量	○	○	○	○	○

续　表

	1	2	3	4	5
餐饮价格	○	○	○	○	○
纪念品价格	○	○	○	○	○
节目内容	○	○	○	○	○
现场气氛	○	○	○	○	○
歌圩节的表现形式	○	○	○	○	○
文化底蕴的彰显效果	○	○	○	○	○
民族风情的展示效果	○	○	○	○	○
当地居民的态度	○	○	○	○	○
工作人员态度及志愿者服务	○	○	○	○	○
安保措施	○	○	○	○	○
对特殊人群照顾程度	○	○	○	○	○

3. 总体期望和满意度 [矩阵量表题]*

	很不满意	不满意	一般	满意	很满意
总体期望	○	○	○	○	○
总体满意度	○	○	○	○	○

广西宾阳炮龙节游客满意度调查问卷

尊敬的先生 / 女士：

您好！非常感谢您填写本次问卷。本团队正在进行一项关于广西宾阳炮龙节存在问题的调查问卷，本次问卷实行匿名制，所有数据仅用于统计分析，请您放心作答，感谢您的参与。祝您生活愉快，万事如意！

第一部分：基本资料

1. 您的性别是：[单选题]*

○ A. 男

○ B. 女

2. 您的年龄是：[单选题]*

○ A.18 岁及以下

○ B.19 ～ 30 岁

○ C.31 ～ 40 岁

○ D.41 ～ 60 岁

○ E.60 岁以上

3. 您的职业是：[单选题]*

○ A. 学生

○ B. 农民

○ C. 政府事业单位

○ D. 企业职工

○ E. 自由职业者 / 个体经营

○ F. 其他

4. 您的月收入是：[单选题]*
○ A.2000 元及以下
○ B.2001 ～ 4000 元
○ C.4001 ～ 6000 元
○ D.6001 ～ 8000 元
○ E.8001 ～ 10000 元
○ F.10001 元以上

5. 您是从什么地方来参加广西宾阳炮龙节的：[单选题]*
○ A. 宾阳当地
○ B. 广西区内
○ C. 国内其他地区（除广西外）
○ D. 国外

6. 您是从什么渠道了解到广西宾阳炮龙节：[单选题]*
○ A. 网络媒体
○ B. 亲友推荐
○ C. 旅行机构推荐
○ D. 当地官方宣传
○ E. 其他

第二部分：广西宾阳炮龙节存在问题调查

请根据您参加过广西宾阳炮龙节的经历进行评价打√，1 ～ 5 表示
非常不同意～非常同意 [矩阵单选题]*

	1	2	3	4	5
宣传力度较低，缺乏品牌知名度	○	○	○	○	○
活动较为按部就班，缺少创新	○	○	○	○	○
缺少文化内涵	○	○	○	○	○
发展速度缓慢	○	○	○	○	○
基础设施建设滞后	○	○	○	○	○
餐饮价格环境污染较大	○	○	○	○	○
存在安全隐患	○	○	○	○	○
消费合理	○	○	○	○	○
融入大量狂欢元素	○	○	○	○	○
现场体验良好	○	○	○	○	○
工作人员态度良好	○	○	○	○	○

第三部分：广西宾阳炮龙节优化对策调查

请根据您参加广西宾阳炮龙节的经历进行评价打√，1～5表示非常不同意～非常同意[矩阵单选题]*

	1	2	3	4	5
利用新媒体运营，扩大宣传力度	○	○	○	○	○
增添节日缘由互动活动，继承节日文化内涵	○	○	○	○	○
选有实力的活动承办者，鼓励企业办节	○	○	○	○	○
发展游客体验活动	○	○	○	○	○
完善基础设施	○	○	○	○	○
增加民族特色活动	○	○	○	○	○
倡导不乱丢垃圾，在场地内安排多个垃圾桶	○	○	○	○	○
加强安保措施	○	○	○	○	○
安排限量优惠吃住行名额	○	○	○	○	○

梧州国际宝石节游客满意度调查问卷

尊敬的先生 / 女士：

您好！非常感谢您填写本次问卷。本团队正在进行一项关于梧州国际宝石节游客满意度的调查问卷，本次问卷实行匿名制，所有数据仅用于统计分析，请您放心作答，感谢您的参与。祝您生活愉快，万事如意！

第一部分：基本资料

1. 您的性别：[单选题]*

○ A. 男

○ B. 女

2. 您的年龄：[单选题]*

○ A.18 岁

○ B.18 ～ 25 岁

○ C.26 ～ 35 岁

○ D.36 ～ 45 岁

○ E.46 岁以上

3. 您的受教育程度：[单选题]*

○ A. 小学

○ B. 初中

○ C. 高中 / 中专

○ D. 大专 / 大学本科

○ E. 硕士及以上

4. 您的职业: [单选题]*

○ A. 学生

○ B. 公务员 / 企业管理者

○ C. 服务行业人员

○ D. 军人

○ E. 教科文卫人员 / 离退休人员

第二部分: 基本情况

1. 您得知广西梧州国际宝石节的渠道: [单选题]*

○ A. 网络自媒体，如微信公众号推文

○ B. 亲戚朋友介绍

○ C. 电视报道

○ D. 官方宣传视频

○ E. 其他

2. 您一共参与过多少次梧州国际宝石节: [单选题]*

○ A.1 次

○ B.2 ～ 3 次

○ C.4 次～ 5 次

○ D.6 次～ 7 次

○ E.7 次以上

3. 您一起出游的人数: [单选题]*

○ A. 独自一人

○ B.2 ～ 5 人

○ C.6 ～ 10 人

○ D.11 ～ 20 人

○ E.21 人以上

4.请问您每次到访梧州国际宝石节,平均大约停留多长时间:[单选题]*

○ A. 路过就走

○ B. 半日游

○ C. 一天游

○ D. 两天一夜

○ E. 三天两夜

第三部分:游客重要性—满意度调查

1.请根据您参加梧州国际宝石节的经历进行评价打√,1 ～ 5 表示非常不重要～非常重要 [矩阵单选题]*

	1	2	3	4	5
该地的整体旅游形象	○	○	○	○	○
基础建设设施完善程度	○	○	○	○	○
特色创新活动	○	○	○	○	○
特色景观	○	○	○	○	○
节庆氛围浓厚程度	○	○	○	○	○
现场活动秩序良好程度	○	○	○	○	○
举办活动时当地交通顺畅程度	○	○	○	○	○
卫生整洁度	○	○	○	○	○
节庆活动工作人员的服务态度	○	○	○	○	○
提供特色餐饮服务	○	○	○	○	○

续　表

	1	2	3	4	5
纪念品地方代表性	○	○	○	○	○
娱乐项目多样化	○	○	○	○	○
导游服务专业程度	○	○	○	○	○
现场指示牌等设施设置合理程度	○	○	○	○	○
是否愿意再次参与梧州国际宝石节	○	○	○	○	○
是否愿意将此次活动推荐给其他亲友	○	○	○	○	○
是否给您留下了非常好的印象	○	○	○	○	○
请您给梧州国际宝石节的满意程度打分	○	○	○	○	○

2.请根据您参加梧州国际宝石节的经历进行评价打√，1～5表示非常不满意～非常满意 [矩阵单选题]*

	1	2	3	4	5
该地的整体旅游形象	○	○	○	○	○
基础建设设施完善程度	○	○	○	○	○
特色创新活动	○	○	○	○	○
特色景观	○	○	○	○	○
节庆氛围浓厚程度	○	○	○	○	○
现场活动秩序良好程度	○	○	○	○	○
举办活动时当地交通顺畅程度	○	○	○	○	○
卫生整洁度	○	○	○	○	○
节庆活动工作人员的服务态度	○	○	○	○	○
提供特色餐饮服务	○	○	○	○	○
纪念品地方代表性	○	○	○	○	○
娱乐项目多样化	○	○	○	○	○

	1	2	3	4	5
导游服务专业程度	○	○	○	○	○
现场指示牌等设施设置合理程度	○	○	○	○	○
是否愿意再次参与梧州国际宝石节	○	○	○	○	○
是否愿意将此次活动推荐给其他亲友	○	○	○	○	○
是否给您留下了非常好的印象	○	○	○	○	○
请您给梧州国际宝石节的满意程度打分	○	○	○	○	○

3. 总体期望和满意度 [矩阵量表题]*

	很不满意	不满意	一般	满意	很满意
总体期望	○	○	○	○	○
总体满意度	○	○	○	○	○

后记

　　由于我国节庆活动繁多，广西节庆活动的举办也面临诸多挑战，特别是同期举办的节庆活动已影响游客对旅游目的地的选择。面对诸多同质化产品，如何吸引更多的潜在游客，提高游客的满意度与忠诚度，提升旅游目的地的经济效益，使旅游目的地可持续发展，已成为节庆活动主办方关注的焦点。在日渐激烈的竞争环境下，广西节庆活动亟待发挥自身优势，更好地满足游客需求，提高游客的满意度与忠诚度。在吸引更多潜在游客的同时，广西节庆活动的主办方也要主动防止游客流失，实现广西节庆活动可持续发展，这是本专著写作的重要目的，同时也是本专著的特色所在。

　　本专著为2020年广西创新驱动发展专项资金项目（广西科技重大专项）"5G场景'旅游+'智慧化服务技术研发与应用"（项目任务书编号：桂科AA20302011）和2020年广西哲学社会科学规划研究课题"广西传统村落文化与旅游产业发展耦合机制及实现路径研究"（项目编号：20FJY023）的研究成果，由2022年特色本科高校建设及高校教学质量与改革工程项目、自治区级一流本科专业建设点——桂林旅游学院会展经济与管理专业资助出版。笔者在近几年的科研工作过程中，进行过多项与节庆活动相关的研究。通过研究，笔者发现节庆活动发展较为成熟的地区仍然频繁暴露出环境、社会、经济等问题，进而萌生出了对该问题进行专题研究的想法。

后记

　　行文至此，落笔为终。感谢冯馨平、陈雪兰、黄秋婵、潘洁、徐焕贞、韦若、韦纯露、王琳泽、黄舒慧、卢燕婷、霍宏卿等同学不辞辛苦，收集、撰写相关材料，并赴实地发放问卷，积极参与实地调研；感谢领导、同事们在百忙之中给我提出诸多宝贵的建议；感谢我的家人，感谢他们做我坚强的后盾，始终给我无限关怀与真挚的爱；感谢普通的自己从未驻足，一路平凡而又不断前行。

　　由于本人理论视野与知识储备有限，在撰写本专著的过程中一定存在疏漏和不妥之处，恳请广大读者批评指正。